"十三五"职业教育汽车类专业"互联网+"创新教材

汽车发动机构造与检修

主　编　贾燕红　房宏威　侯立芬
副主编　胡克晓　周华英　潘冬敏　陈晓宝
参　编　冯　帆　王艳超　刘会卿　李世霖
主　审　李臣华

机械工业出版社

本书主要介绍汽油发动机的基本构造、工作原理与故障检修。通过移接企业具体工作任务，引入上合组织国家技能大赛操作规范，并与"1+X"职业技能等级标准对接，突出"教中做、做中学、学中赛"的原则，把行业能力标准和大赛操作标准作为专业课程教学目标和鉴定标准。

本书主要内容包括发动机基本认知、曲柄连杆机构构造与检修、配气机构构造与检修、燃料供给系统构造与检修、润滑系统构造与检修、冷却系统构造与检修和发动机整机拆装七个项目。随着新技术的发展，本书也对废气涡轮增压技术、可变配气相位和缸内直接喷射等新技术进行了讲解。

本书可以用作高职高专院校、中职学校、技校等的汽车维修相关专业的教材，也可作为汽车维修服务人员的自学用书和汽车维修企业的员工培训教学材料。

为了便于读者自主学习、提高学习效率，本书配备了二维码视频资源，可通过手机扫码观看。

本书还配有电子课件、试卷及答案等，凡使用本书作为教材的教师可登录机械工业出版社教育服务网（www.cmpedu.com）注册后免费下载。咨询电话：010-88379375。

图书在版编目（CIP）数据

汽车发动机构造与检修/贾燕红，房宏威，侯立芬主编. —北京：机械工业出版社，2021.3（2024.8 重印）

"十三五"职业教育汽车类专业"互联网+"创新教材

ISBN 978-7-111-67920-2

Ⅰ.①汽⋯ Ⅱ.①贾⋯ ②房⋯ ③侯⋯ Ⅲ.①汽车-发动机-构造-职业教育-教材 ②汽车-发动机-车辆修理-职业教育-教材 Ⅳ.①U472.43

中国版本图书馆 CIP 数据核字（2021）第 060316 号

机械工业出版社（北京市百万庄大街 22 号　邮政编码 100037）
策划编辑：葛晓慧　责任编辑：葛晓慧
责任校对：张　薇　封面设计：严娅萍
责任印制：常天培
北京机工印刷厂有限公司印刷
2024 年 8 月第 1 版第 5 次印刷
184mm×260mm・11.75 印张・287 千字
标准书号：ISBN 978-7-111-67920-2
定价：39.80 元

电话服务　　　　　　　　　　　网络服务
客服电话：010-88361066　　　机　工　官　网：www.cmpbook.com
　　　　　010-88379833　　　机　工　官　博：weibo.com/cmp1952
　　　　　010-68326294　　　金　书　网：www.golden-book.com
封底无防伪标均为盗版　　　　　机工教育服务网：www.cmpedu.com

Preface 前 言

  我国汽车工业快速发展，汽车发动机新结构、新技术不断涌现。同时，国务院印发《国家职业教育改革实施方案》提出的"1+X"证书制度试点工作，对汽车发动机构造与检修有了很多新项目教学的要求。广大职业院校及从事汽修行业的人员亟须内容生动、实用性强的图书，以供学习和参考。为此，我们将新法规、新知识、新技术、新工艺、新装备、新案例有效融合，编写此书。

  本书打破传统的教材编写模式，力求在编写风格和表达形式方面有所突破，充分体现"项目导向、任务驱动"的教学理念，通过构建具体的工作任务作为学生学习的切入点，促使学生主动学习，从而达到"教中做、做中学、学中赛"的目的，全面提升学生解决问题的实战经验和能力。

  本书根据最新资料编写，所有学习任务都是来自汽车维修企业的一线维修案例。本书内容引入上合组织国家技能大赛操作规范，并与"1+X"职业技能等级标准对接，在知识目标和能力目标中对相关内容进行了要求。每个工作任务后都有习题用于巩固所学知识，并对每个任务配备了单独的任务工单，方便学生的实践操作和教师的实训教学。

  本书由烟台汽车工程职业学院贾燕红、房宏威、侯立芬任主编，由山东技师学院胡克晓和烟台汽车工程职业学院周华英、潘冬敏、陈晓宝担任副主编，其他参与编写工作的还有烟台汽车工程职业学院王艳超、刘会卿、李世霖、陕西国防工业职业技术学院冯帆。具体分工如下：项目一由贾燕红编写，项目二由贾燕红、侯立芬编写，项目三由房宏威、潘冬敏编写，项目四由周华英、李世霖编写，项目五由胡克晓、王艳超编写，项目六由刘会卿、侯立芬编写，项目七由房宏威、冯帆编写。全书由烟台汽车工程职业学院李臣华主审。

  本书在编写过程中参考了大量的书籍，并借鉴了汽车维修手册和相关培训资料，谨在此向其作者及资料提供者表示深切的谢意。由于编者水平有限，书中难免存在不妥和疏漏之处，敬请广大读者批评指正。

编 者

二维码索引

名称	图形	页码	名称	图形	页码
柴油机与汽油机工作原理对比		3	气缸圆度和圆柱度的检查		22
发动机的总体构造		3	气缸漏气率的检查		25
实训前准备工作		7	活塞		27
V形发动机		8	活塞连杆组的装配		29
汽油机燃烧室		20	活塞的拆装		31
气缸盖平面度的检查		22	活塞的检查		31

(续)

名称	图形	页码	名称	图形	页码
曲轴轴向间隙检测		38	凸轮轴的安装		71
下置凸轮轴配气机构		50	油底壳的拆检		112
配气机构的工作过程		51	油底壳的安装		112
正时机构的拆卸		52	机油泵工作原理		113
正时机构的装配		52	机油泵的安装		118
凸轮轴的拆卸		71	冷却系统简介		122

目 录

前言
二维码索引
项目一　发动机基本认知 1
　　任务一　发动机基础知识的认知 2
　　任务二　发动机基本工作原理的认知 10
项目二　曲柄连杆机构构造与检修 18
　　任务一　机体组的结构认知与检修 18
　　任务二　活塞连杆组的结构认知与检修 26
　　任务三　曲轴飞轮组的结构认知与检修 33
项目三　配气机构构造与检修 41
　　任务一　配气机构基本知识的认知 41
　　任务二　配气机构的结构认知与检修 47
　　任务三　气门组的结构认知与检修 54
　　任务四　气门传动组的结构认知与检修 64
项目四　燃料供给系统构造与检修 75
　　任务一　燃油喷射系统的结构认知与检修 75
　　任务二　空气供给系统的结构认知与检修 90
项目五　润滑系统构造与检修 104
　　任务一　润滑系统基础知识的认知 104
　　任务二　润滑系统主要部件的结构认知与检修 111
项目六　冷却系统构造与检修 121
　　任务一　冷却系统基础知识的认知 121
　　任务二　冷却系统主要部件的结构认知与检修 127
项目七　发动机整机拆装 137
　　任务　拆装汽车发动机 137
参考文献 158
任务工单 159

项目一 发动机基本认知

本学习项目学习可与 1+X 技能等级考核证书《汽车动力与驱动系统综合分析技术》的相关模块对接，主要对汽车发动机总体构造及工作原理进行学习，分为两个工作任务：发动机基础知识的认知和发动机基本工作原理的认知。通过对两个工作任务的学习，能够描述发动机的定义与分类，能对汽车发动机工作过程进行分析。

素养课堂

传承"工匠精神"，点亮大国制造未来

发动机是汽车的心脏，我国发动机产业技术进步显著，未来发展提升空间巨大，到 2019 年，减排前景依然向好——每年获奖发动机的平均升功率提升 51%、平均升矩提升 59%、平均油耗降幅达 31%。

我国自主品牌发动机开发可分为四个阶段，即最初的逆向开发，及后来的委托开发、跟随开发，到目前的自主开发阶段，如图 1-1 所示。每年获奖发动机中，自主品牌从最初一台增加至 2018 年的六台，自主品牌发动机升功率增长速度高于合资品牌，自主品牌发动机匹配车型油耗减少 33%，已与合资品牌同步。多年来，我国自主品牌企业在新技术应用方面进步明显，很多技术与合资品牌同步发展。但是，受成本和技术复杂性的制约，自主品牌在大流量 EGR、双喷射、深度 Atkinson 循环等技术应用方面依然落后于合资品牌，还需要进一步努力。

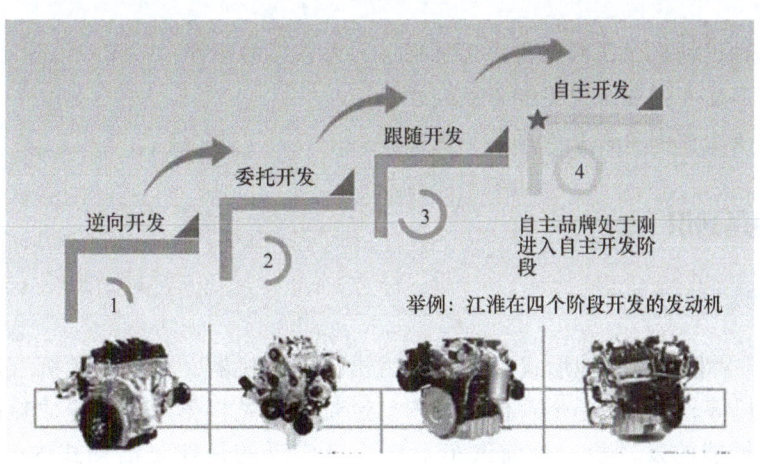

图 1-1　我国自主品牌的开发阶段

中共中央《关于制定国民经济和社会发展第十四个五年规划和二〇三五年远景目标的建议》中提出，要加强创新型、应用型、技能型人才培养，实施知识更新工程、技能提升行动，壮大高水平工程师和高技能人才队伍。当前，我国正处在从制造大国向制造强国跨越转型的历史时期，习近平总书记指出，技术工人队伍是支撑中国制造、中国创造的重要力量。近年来，国家大力发展技工教育，大规模开展职业技能培训，逐步提高技能人才待遇，拓宽技能人才发展通道。可以说，我国技能人才正迎来发展的黄金时期。

任务一　发动机基础知识的认知

任务情境

☞ **任务描述**

某车主到4S店进行车辆维护，咨询了有关发动机种类和结构的问题。作为汽车医生，需熟练掌握汽车发动机的基本构造并能够进行有效讲解。

☞ **任务分析**

根据客户需求，需要将汽车发动机相关知识对客户进行讲解。这个工作任务需要学生掌握发动机的定义、分类、基本结构及其作用。

任务目标

☞ **知识目标**

1. 掌握发动机的定义。
2. 掌握发动机的分类。
3. 掌握发动机的基本结构及其作用。
4. 能熟知安全管理条例以及日常车间安全规定和作业流程。

☞ **能力目标**

1. 能在汽油发动机上正确找出两大机构、五大系统的部件。
2. 能遵守日常车间安全规定和作业流程。
3. 能按照安全管理条例整理工具和设备。

必备知识

一、发动机的定义

发动机是一种能够把其他形式的能转化为机械能的机器，包括内燃机、外燃机（蒸汽机等）和电动机等。内燃机是燃料在机器内部燃烧，首先将化学能转变成热能，进而将热能再转化为机械能的发动机。目前汽车上应用最广泛的是往复活塞式内燃机，如图1-2所示。

二、发动机的分类

（1）按燃料种类分类　按燃料种类的不同，汽车用内燃机可分为汽油机、柴油机和其他燃料发动机。

（2）按点火方式分类　按点火方式的不同，汽车用内燃机可分为点燃式和压燃式两种。

（3）按活塞运动方式分类　按活塞运动方式的不同，汽车用内燃机可分为往复活塞式发动机和旋转活塞式发动机。

（4）按冷却方式分类　按冷却方式的不同，汽车用内燃机可分为水冷式发动机和风冷式发动机。

图 1-2　汽车发动机

柴油机与汽油机工作原理对比

（5）按气缸数目分类　按气缸数目的不同，汽车用内燃机可分为单缸发动机和多缸发动机。

（6）按气缸布置方式分类　按气缸布置方式的不同，汽车用内燃机可分为直列式发动机、水平对置式发动机、V形发动机和W形发动机。

（7）按进气方式分类　按进气方式的不同，汽车用内燃机可分为非增压式发动机和增压式发动机。

三、发动机的总体构造

汽油机通常由曲柄连杆机构、配气机构和燃料供给系统、润滑系统、冷却系统、点火系统、起动系统组成。汽油机的组成如图 1-3 所示。

发动机的总体构造

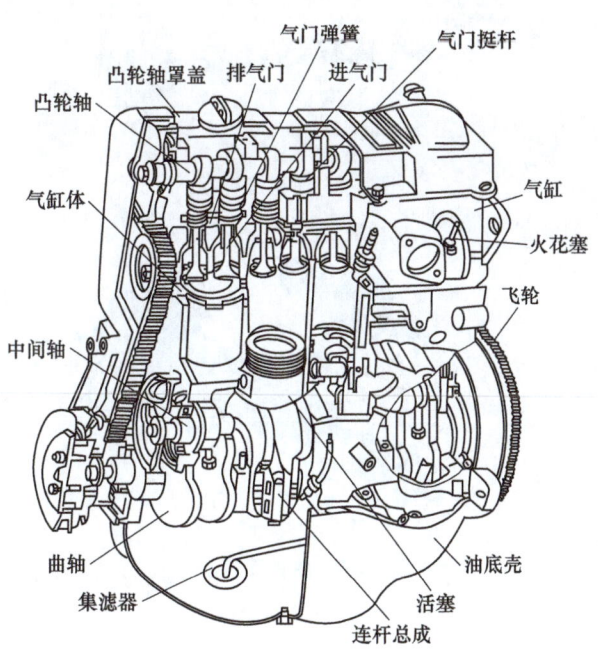

图 1-3　汽油机的组成

1. 曲柄连杆机构

曲柄连杆机构是发动机实现热能转化为机械能的核心机构，其功用是将燃料燃烧所产生的热能转变成机械能并输出。曲柄连杆机构的主要零件可以分为机体组、活塞连杆组和曲轴飞轮组三组，如图1-4~图1-6所示。

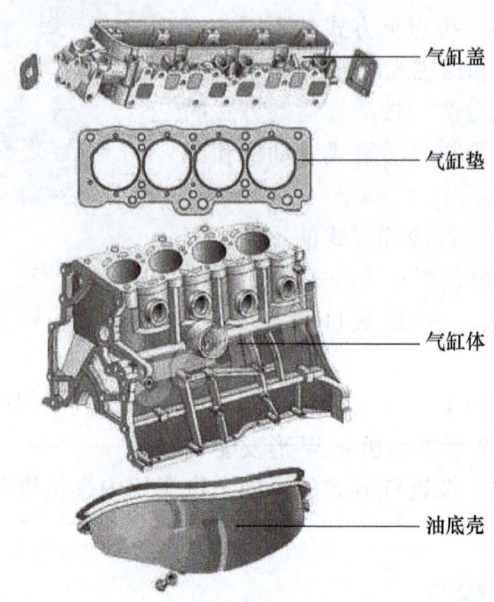

图1-4 机体组

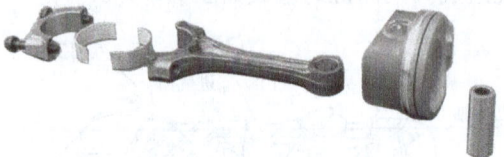

图1-5 活塞连杆组

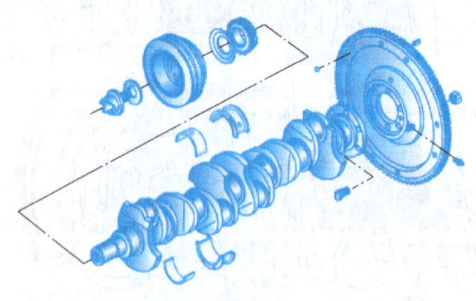

图1-6 曲轴飞轮组

2. 配气机构

配气机构的功用是根据发动机的工作需要适时打开和关闭气门，使新鲜气体适时进入气缸并及时从气缸中排出废气。它主要由进气门、排气门、液压顶柱、凸轮轴和凸轮轴正时齿轮等组成，如图 1-7 所示。

3. 燃料供给系统

汽油机必须按需要向气缸内供给空气和燃料按比例混合而成的可燃混合气；柴油机则需向气缸内供给纯空气，并在合适的时刻向气缸内喷射燃油。现在的燃料供给系统都为电控燃油喷射式燃料供给系统，主要由空气供给系统、燃料供给系统和电子控制系统组成。柴油机燃料供给系统主要由燃油箱、喷油泵、喷油器、燃油滤清器和空气滤清器等组成，如图 1-8 所示。

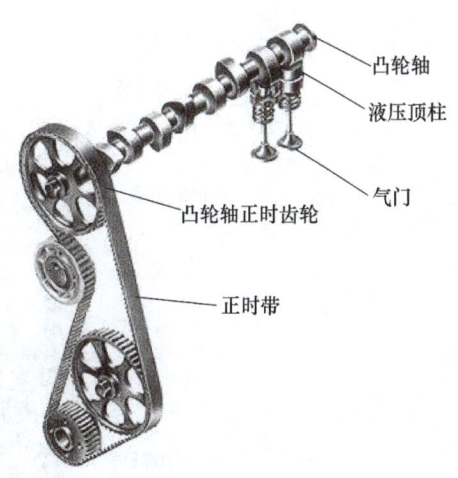

图 1-7　配气机构

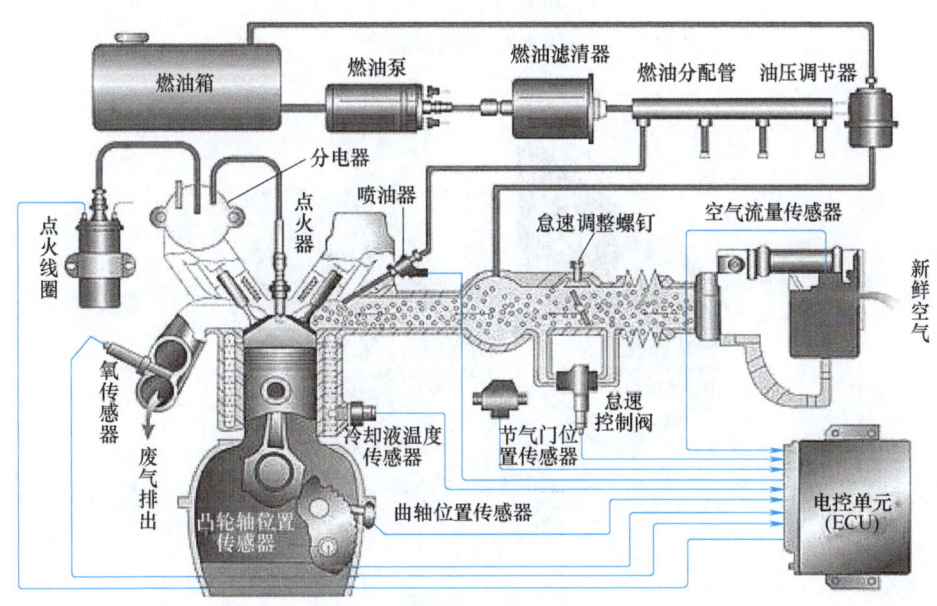

图 1-8　燃料供给系统

4. 润滑系统

润滑系统的作用是向发动机内做相对运动的零件表面提供清洁的润滑油，以减少摩擦和磨损，并对摩擦表面进行清洗和冷却。润滑系统主要由集滤器、机油泵、限压阀、油道和机油滤清器等组成，如图 1-9 所示。

5. 冷却系统

冷却系统是将机件多余的热量散发到空气中，以保持发动机正常的工作温度。冷却系统有水冷式或风冷式两种。水冷式主要由散热器、风扇、水泵和水套等组成，风冷系统主要由风扇和散热片等组成，如图 1-10 所示。

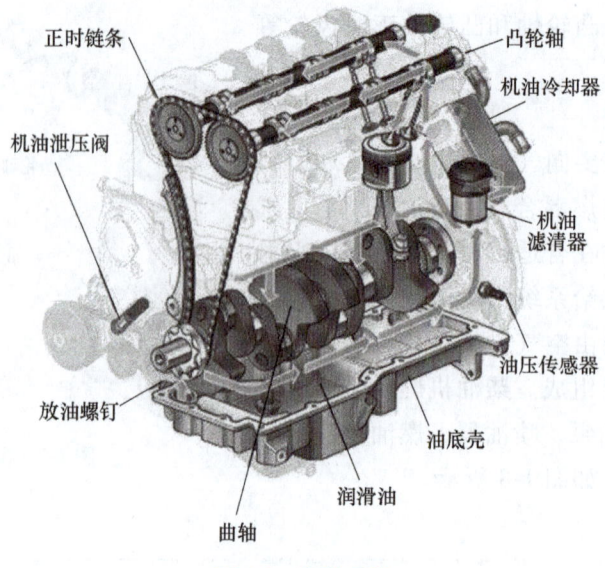

图 1-9 润滑系统

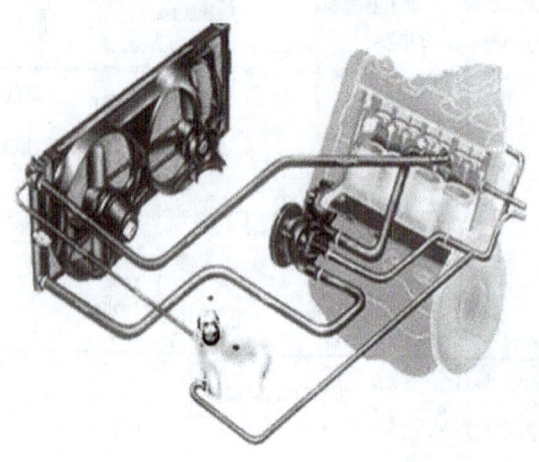

图 1-10 冷却系统

6. 点火系统（柴油机没有此系统）

点火系统的作用是根据发动机的工作需要，适时地点燃气缸内的混合气。它主要由电源、点火线圈和火花塞等组成，如图 1-11 所示。

7. 起动系统

因发动机不能自行由静止转入工作状态，必须用外力转动曲轴，直到曲轴达到发动机开始燃烧所必需的转速，保证混合气的形成、压缩和点火能够顺利进行。发动机由静止转入工作状态的全过程，称为发动机的起动过程。

发动机起动系统主要由蓄电池、起动机和起动控制电路等组成，起动控制电路包括点火开关、起动继电器、线束插接器以及导线等，如图 1-12 所示。

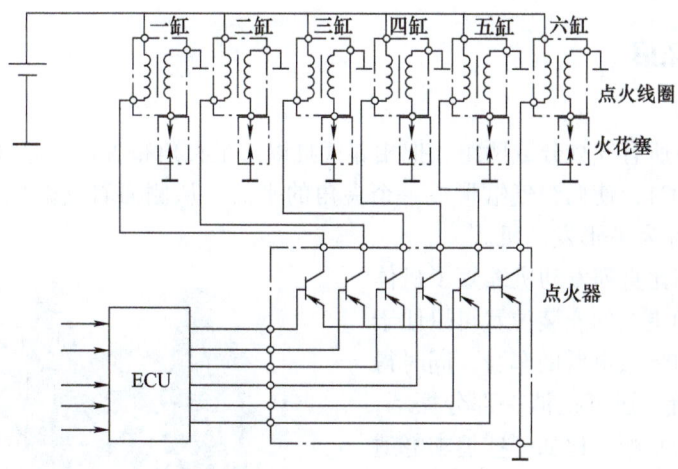

图 1-11 点火系统

图 1-12 起动系统

任务实施

1. 准备工作

1）将发动机台架摆放在实训区域，确保人员和设备的安全。
2）检查实训室通风系统设备工作是否正常。
3）准备汽油发动机台架一台、柴油发动机台架一台、V形发动机台架一台。

2. 实施步骤

根据任务要求，每六人一组，每组选出一名组长，组长对小组成员进行任务分配。以小组为单位，根据实训室的发动机台架配置，完成以下相关的操作：

1）在实训指导老师的引导下，完成发动机总体结构的认知。
2）观察实训发动机，对发动机型号进行记录。
3）观察发动机，认识发动机外围各部件，说出其名称并记录。
4）分组讨论发动机的总体结构，做好记录并向指导老师汇报。
5）完成实训任务后，对工作过程进行自我评价。
6）整理清洁工作场所，把发动机台架放回原处并确保安全。

实训前准备工作

知识拓展

1. V形发动机

V形发动机将所有气缸分成两组，把相邻气缸以一定夹角布置在一起（左右两列气缸中心线的夹角γ<180°），使两组气缸形成一个夹角的平面，从侧面看气缸呈V字形（通常的夹角为60°），故称为V形发动机。

V形发动机相比直列发动机缩短了机体的长度和高度，而更低的安装位置可以便于设计师设计出风阻系数更低的车身，同时得益于气缸对向布置，还可抵消一部分振动，使发动机运转更为平顺。比如一些追求舒适平顺驾乘感受的中高级车型，还是在坚持使用大排量V形布置发动机，而不使用技术更先进的"小排量直列型布置发动机+增压器"的动力组合，如图1-13所示。

2. W形发动机

许多人认为就像V形发动机的气缸呈V形排列那样，W形发动机的气缸排列形式也一定呈W形，其实不然，它只是近似W形排列。W形发动机是德国大众专属发动机技术。将V形发动机的每侧气缸再进行小角度错开，就成了W形发动机。或者说W形发动机的气缸排列形式由两个小V形组成一个大V形，两组V形发动机共用一根曲轴。严格说来W形发动机应属V形发动机的变种。

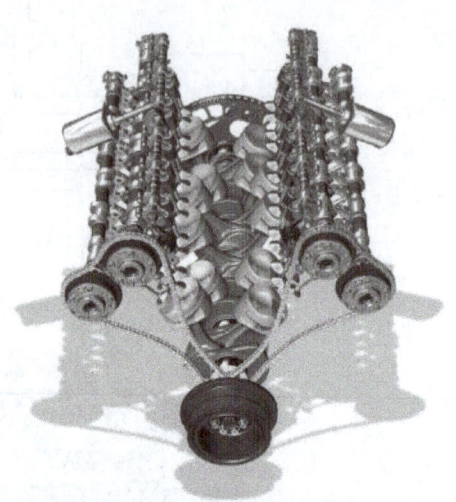

图1-13 V形发动机

V形发动机

W形与V形发动机相比可将发动机做得更短一些，曲轴也可短些，这样就能节省发动机所占的空间，同时重量也可轻些，但它的宽度更大，使得发动机舱更满。W形发动机最大的问题是发动机由一个整体被分割为两个部分，在运作时必然会引起很大的振动。针对这一问题，大众在W形发动机上设计了两个反向转动的平衡轴，让两个部分的振动在内部相互抵消。

目前应用W形发动机的只有大众以及它旗下品牌的车辆，比如大众辉腾的W8、宾利欧陆和奥迪A8的W12以及布加迪的W16，如图1-14所示。

3. 水平对置发动机

在上面介绍气缸V形排列发动机的时候已经提过，V形布局形成的夹角通常为60°（左右两列气缸中心线的夹角γ<180°），而水平对置发动机的气缸夹角为180°。但是水平对置发动机的制造成本和工艺难度相当高，所以目前世界上只有保时捷和斯巴鲁两个厂商在使用。

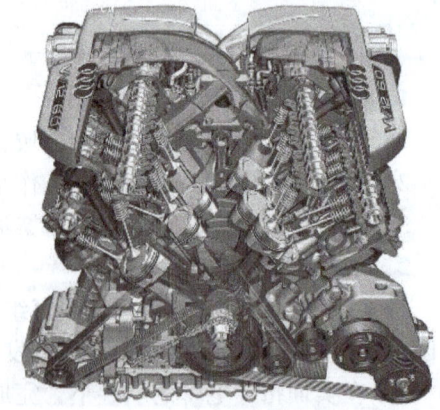

图1-14 W形发动机

水平对置发动机的最大优点是重心低。由于它的气缸为"平放",不仅降低了汽车的重心,还能让车头设计得又扁又低,这些因素都能增强汽车的行驶稳定性。同时,水平对置的气缸布局是一种对称稳定结构,这使发动机的运转平顺性比V形发动机更好,运行时的功率损耗也更小。当然更低的重心和均衡的分配也为车辆带来了更好的操控性。

那为什么其他厂家没有研发水平对置发动机呢?

除了因为水平对置结构较为复杂外,还有如机油润滑等问题很难解决。横置的气缸因为重力的原因,会使机油流到底部,使一边气缸得不到充分润滑。虽然保时捷和斯巴鲁都很好地解决了众多技术难题,但高精度的制造要求也带来了更高的养护成本,并且由于机体较宽,并不利于布局,如图1-15所示。

4. 转子发动机

相比常见的L形、V形气缸布局形式,很多人对三角转子发动机感到陌生。转子发动机又称为米勒循环发动机,这项技术由马自达公司收购。传统的往复活塞式发动机,工作时活塞在气缸里做往复直线运动,而为了把活塞的直线运动转化为旋转运动,必须使用曲柄连杆机构。转子发动机则不同,它直接将可燃气的燃烧膨胀力转化为驱动转矩。与往复式发动机相比,转子发动机取消了无用的直线运动,因而同样功率的转子发动机尺寸较小,重量较轻,而且振动和噪声较小,具有较大优势。

除了以上的优点外,转子发动机还有重心低的优点。其缺点是发动机在使用一段时间之后容易因为油封材料磨损而造成漏气,增加油耗,另外其独特的机械结构也造成这类发动机维修难度较高,如图1-16所示。

图1-15 水平对置发动机

图1-16 转子发动机

学习小结

1. 发动机是一种能够把其他形式的能转化为机械能的机器,包括内燃机、外燃机(蒸汽机等)和电动机等。

2. 汽油机一般由两大机构和五大系统组成,即曲柄连杆机构、配气机构、燃料供给系统、润滑系统、冷却系统、点火系统和起动系统。

3. 汽油机的英文表达是 Gasoline Engine。

自我评估

1. 填空题

1）柴油机比汽油机缺少了_____。
2）曲柄连杆机构主要由_____、_____和_____等组成。
3）配气机构大多采用顶置式气门配气机构，主要包括_____和_____两部分。

2. 判断题

1）汽油机的最高燃烧压力高于柴油机的最高燃烧压力。（   ）
2）汽油发动机燃料供给系统由空气供给系统、燃油喷射系统和电子控制系统组成。（   ）
3）为了减轻磨损，减小摩擦阻力，延长使用寿命，发动机上都必须有润滑系统。（   ）

3. 选择题

1）曲轴转一圈，活塞运动两个冲程完成一个工作循环的发动机称为（   ）发动机。
　　A. 一冲程　　　　B. 两冲程　　　　C. 三冲程　　　　D. 四冲程
2）润滑系统主要组成部件有（   ）。
　　A. 集滤器　　　　B. 机油泵　　　　C. 机油滤清器　　D. 油底壳

任务二　发动机基本工作原理的认知

任务情境

☞ **任务描述**

某车主到 4S 店进行车辆维护，咨询了有关发动机相关术语和工作过程的问题。作为汽车医生，需熟练掌握汽车发动机的基本工作原理，并能够进行有效讲解。

☞ **任务分析**

根据客户需求，需要将汽车发动机工作过程对客户进行讲解。这个工作任务需要学生掌握发动机的基本术语和工作原理。

任务目标

☞ **知识目标**

1. 掌握发动机的基本术语。
2. 掌握发动机的基本工作原理。

☞ **能力目标**

1. 能正确测量发动机活塞的行程。
2. 能正确计算发动机的工作容积和压缩比。

必备知识

一、发动机的基本术语

发动机每次将热能转变为机械能,都必须经过进气、压缩、做功及排气四个连续的过程,每进行一次这样的循环就叫作发动机的一个工作循环。

曲轴旋转两周,活塞往复四个行程完成一个工作循环的发动机,称为四冲程发动机;曲轴旋转一周,活塞往复两个行程完成一个工作循环的发动机,称为二冲程发动机。

图 1-17 展示了发动机的最基本组成及其运动关系和一些基本术语。

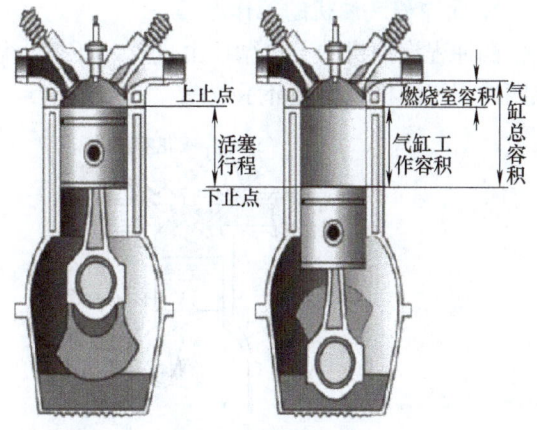

图 1-17 发动机基本组成及基本术语示意图

1. 上止点

活塞离曲轴回转中心最远处,通常为活塞运动到的最高位置,称为上止点。

2. 下止点

活塞离曲轴回转中心最近处,通常为活塞运动到的最低位置,称为下止点。

3. 活塞行程

上、下止点间的距离称为活塞行程,用 S 表示。

4. 曲柄半径

曲轴与连杆下端的连接中心至曲轴中心的距离 R 称为曲柄半径。显然 $S=2R$。

5. 气缸工作容积

活塞在上止点时,活塞上方的容积称为燃烧室容积,用 V_c 表示,单位为 L。

6. 燃烧室容积

一个气缸中活塞运动一个行程所扫过的容积,用 V_s 表示,单位为 L。

7. 气缸总容积

活塞在下止点时,活塞顶上方的气缸容积称为气缸总容积,一般用 V_a 表示,单位为 L。气缸工作容积、燃烧室容积与气缸总容积之间的关系为 $V_a = V_s + V_c$。

8. 发动机排量

多缸发动机各气缸工作容积的总和称为发动机排量,一般用 V_{st} 表示。若发动机的气缸数为 i,则 $V_{st} = V_s i$。

9. 压缩比

气缸总容积与燃烧室容积的比值,称为压缩比,一般用 ε 表示。压缩比表示活塞由下止点运动到上止点时,气缸内气体被压缩的程度。压缩比越大,压缩终了时气缸内气体的压力和温度越高。

$$\varepsilon = \frac{V_a}{V_c} = \frac{V_s + V_c}{V_c} = 1 + \frac{V_s}{V_c} \tag{1-1}$$

二、发动机的工作原理

1. 四冲程汽油机的工作原理

四冲程汽油机的工作循环由进气、压缩、做功和排气四个行程组成,图 1-18 所示为单缸四冲程汽油机工作循环示意图。

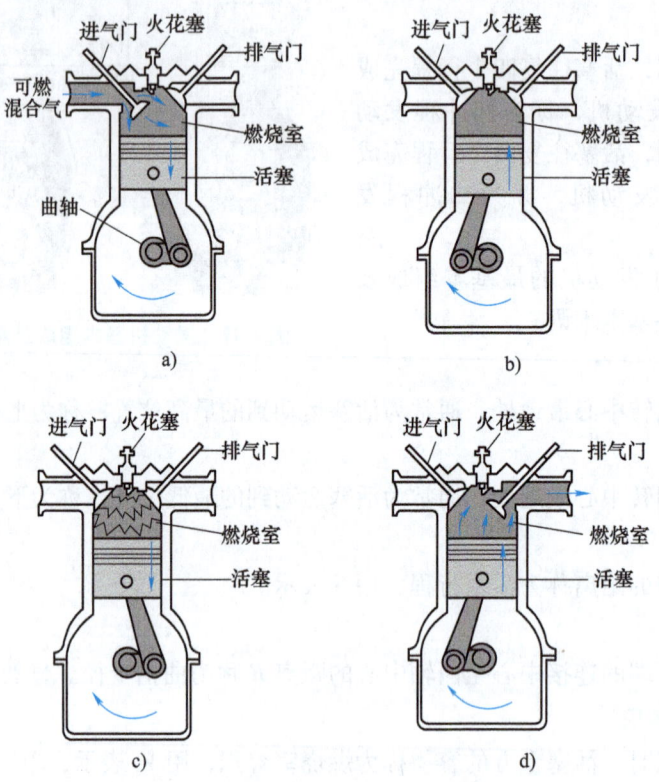

图 1-18 单缸四冲程汽油机工作循环示意图
a) 进气行程　b) 压缩行程　c) 做功行程　d) 排气行程

(1) 进气行程　活塞由曲轴带动从上止点向下止点运行,进气门打开,排气门关闭。活塞从上止点向下止点移动的过程中,气缸容积增大,形成一定的真空度,于是混合气经进气门被吸入气缸。

(2) 压缩行程　进气行程结束后,活塞由曲轴带动从下止点向上止点运动,气缸内容积减小,由于进、排气门均关闭,进入气缸的可燃混合气被压缩,至活塞到达上止点时,压缩结束。

(3) 做功行程　当活塞运动到压缩行程上止点附近时,火花塞跳火点燃气缸内的混合气,此时进气门和排气门均处于关闭状态,混合气燃烧后气体的温度、压力迅速升高而膨胀,推动活塞从上止点向下止点运动,通过连杆使曲轴旋转并输出机械能。

(4) 排气行程　在做功行程终了时,排气门打开,进气门关闭。曲轴通过连杆推动活塞从下止点向上止点运动，废气在自身剩余压力和活塞的推动下排除气缸，至活塞到达上止点附近时，排气门关闭，排气结束。

综上所述，四冲程汽油机经过进气、压缩、做功、排气四个行程完成一个工作循环。这期间活塞在上下止点间往复运动四个行程，相应地曲轴旋转了两周。

2. 四冲程柴油机的工作原理

每个工作循环也包括进气、压缩、做功和排气四个行程。图 1-19 所示为单缸四冲程柴油机的工作循环示意图。

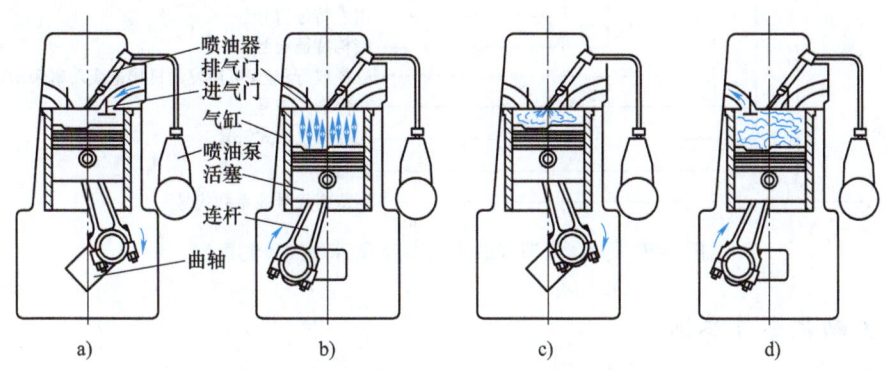

图 1-19　单缸四冲程柴油机的工作循环示意图
a）进气行程　b）压缩行程　c）做功行程　d）排气行程

（1）进气行程　进气行程和四冲程汽油机基本相同，不同的是进入气缸的不是混合气，而是纯空气。

（2）压缩行程　压缩行程不同于汽油机的是压缩的是纯空气，且由于柴油机的压缩比高，压缩终了的温度和压力都比汽油机高。

（3）做功行程　在柴油机的压缩行程接近终了时，喷油泵将高压柴油经喷油器呈雾状喷入气缸内的高温空气中，迅速汽化后与空气形成混合气，此时气缸内的温度高于柴油的自燃温度，柴油自行着火燃烧，在此后的一段时间内边喷油边燃烧，气缸内的压力和温度急剧升高，推动活塞下行做功。

（4）排气行程　排气行程与汽油机基本相同。

四冲程发动机在一个工作循环的四个行程中，只有一个行程是做功的，其他三个行程是做功的准备行程。因此，在单缸发动机内，曲轴每转两周中只有半周是由于膨胀气体的作用使曲轴旋转，其余半周则依靠飞轮惯性维持转动。在做功行程时，曲轴的转速比其他行程要大，所以曲轴的转速是不均匀的，因而发动机的运转就不均匀，因此飞轮必须具有较大的转动惯量，才能使发动机运转平稳，但使发动机质量和尺寸增加。

在多缸四冲程发动机的每一个气缸内，所有的工作过程都是相同的，但各个气缸的做功行程并不同时发生，而是按照一定的工作顺序进行。

三、国产内燃机型号编制规则

根据《内燃机产品名称和型号编制规则》（GB/T 725—2008）规定：内燃机型号由第一部分、第二部分、第三部分和第四部组成。内燃机型号的排列顺序及符号代表的意义如图 1-

20 所示。

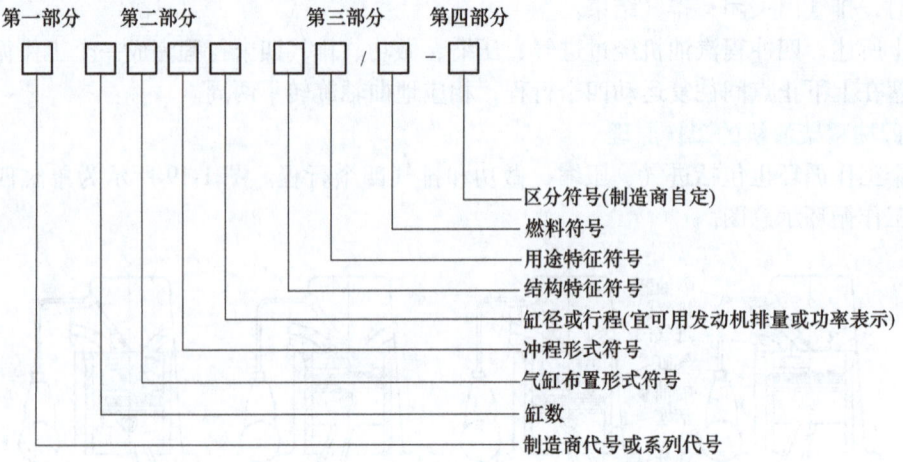

图 1-20 内燃机型号的排列顺序及符号代表的意义

发动机型号举例

（1）汽油机

IE65F/P：表示单缸、两冲程、缸径 65mm、风冷、通用型。

492Q/P-A.：表示四缸、直列、四冲程、缸径 92mm、冷却液冷却、汽车用。

（2）柴油机

G12V190ZLD：表示 12 缸、V 形、四冲程、缸径 190mm、冷却液冷却、增压中冷、发电用。

YZ6102Q：表示六缸直列、四冲程、缸径 102mm、冷却液冷却、汽车用。

任务实施

1. 准备工作

1）将发动机摆放在实训区域，确保人员和设备的安全。

2）检查实训室通风系统设备工作是否正常。

3）准备汽油发动机台架一台、发动机检修工作台一台、游标卡尺一个、扭力扳手一把、常用工具一套。

4）与实训用发动机配套的维修手册一本（纸质或电子版及计算机终端）。

2. 实施步骤

根据任务要求，每六人一组，每组选出一名组长，组长对小组成员进行任务分配。以小组为单位，根据实训室的发动机台架配置，完成以下相关的操作：

1）将工具分类摆放，观察并认识工具，记录本次实训所领用的主要工具。

2）查阅维修手册，按照维修手册的指导拆卸发动机相关附件。

3）查阅维修手册，按照维修手册的指导拆卸发动机气缸盖罩和气缸盖。

4）通过转动曲轴，把活塞摇转到上止点，记录上止点的位置。

5）通过转动曲轴，把活塞摇转到下止点，用游标卡尺测量上止点和下止点间的距离。

项目一　发动机基本认知

6) 完成实训任务后,对工作过程进行自我评价,提交实训工作单,接受指导老师的技能考核。

7) 整理并清洁工作场所,清点和收拾借出的工具、设备和资料,交回实训室。

知识拓展

1. 发动机主要性能指标

发动机的性能指标用来表征发动机的性能特点,并作为评价各类发动机性能优劣的依据。发动机的性能指标主要有动力性指标、经济性指标、环境指标、可靠性指标和耐久性指标。

(1) 动力性指标　动力性指标是表征发动机做功能力大小的指标,一般用发动机的有效功率、有效转矩作为评价指标。

1) 有效功率。发动机通过飞轮对外输出的功率称为有效功率,用 P_e 表示,单位为 kW。它等于发动机的有效转矩与曲轴角速度的乘积。有效功率可以利用测功机在发动机试验台架上测出。

2) 有效转矩。发动机对外输出的转矩称为有效转矩,用 M_e 表示,单位一般为 N·m。M_e 和 P_e 之间有如下关系:

$$M_e = \frac{60 \times 1000 P_e}{2\pi n} = \frac{9550 P_e}{n} \quad (1\text{-}2)$$

式中　n——发动机转速,单位为 r/min。

(2) 经济性指标　发动机经济性指标一般用有效燃油消耗率表示。发动机每输出 1kW·h 的有效功所消耗的燃油量(以 g 为单位)称为有效燃油消耗率,用 g_e 表示。g_e 可用下式计算:

$$g_e = \frac{G_T}{P_e} \times 10^3 \quad (1\text{-}3)$$

式中　G_T——发动机工作时每小时耗油量,单位为 kg/h(可由试验确定)。

(3) 环境指标　环境指标主要指发动机排放性能和噪声水平。

1) 发动机排放性能。排放指标主要是指从发动机油箱、曲轴箱排出的气体和从气缸排出的废气中所含的有害排放物的量。汽车排放的主要污染物有一氧化碳(CO)、碳氢化合物(HC)、氮氧化合物(NO_x)、二氧化碳(CO_2)和微粒物(PM),如图 1-21 所示。

图 1-21　发动机的污染源及其污染物

2) 发动机噪声。发动机噪声是发动机工作时产生的声强很大的声音,直接从发动机机

15

体及其主要附件向空间传出的声音，都属于发动机噪声。发动机噪声随机型、转速、负荷及运行情况等的不同而有差异，其主要来源于燃烧噪声、机械噪声和空气动力噪声。

2. 发动机特性

发动机的主要性能指标（动力性能与经济性能等）随工况变化而变化的关系称为发动机特性。其中与发动机有关的性能特性主要有发动机速度特性、负荷特性及万有特性等。将发动机功率、转矩与发动机曲轴转速之间的函数关系以曲线表示，此曲线称为发动机特性曲线。

（1）速度特性　发动机速度特性是指发动机节气门开度、功率和转矩随转速变化的关系，包括外特性和部分速度特性，目的是研究发动机的动力性。速度特性是用实验方法在内燃机试验台上测定的。

（2）负荷特性　发动机负荷特性是指发动机的转速不变时，其性能指标随负荷的变化关系。发动机负荷特性曲线是指发动机在转速不变的情况下，其动力性能指标和经济性能指标的变化规律，即发动机每小时燃油消耗量及燃油消耗率等指标随发动机负荷而变化的关系曲线。

（3）万有特性　内燃机的速度特性和负荷特性都只能表达两个参数之间的关系，为了表示三个或者三个以上参数之间的关系，可以采用多参数特性，即万有特性。万有特性曲线是以转速为横坐标，以转矩或平均有效压力为纵坐标，在图上画出许多等耗油率曲线和等功率曲线。

学习小结

1. 发动机每次将热能转变为机械能，都必须经过进气、压缩、做功及排气四个连续的过程，每进行一次这样的循环就叫作发动机的一个工作循环。
2. 四冲程汽油发动机工作过程依次为进气行程、压缩行程、做功行程和排气行程。
3. 内燃机型号由第一部分、第二部分、第三部分和第四部组成。

自我评估

1. 填空题

1）_____是指活塞在运动过程中从上止点到下止点间所扫过的容积。

2）四冲程发动机中，每完成一个行程，曲轴旋转_____，每完成一个工作循环，曲轴旋转_____。

3）气缸总容积与燃烧室容积之比称为_____。

2. 判断题

1）柴油发动机理论空燃比为14.7。　　　　　　　　　　　　　　　　　　（　　）

2）四冲程汽油发动机工作过程依次为进气行程、压缩行程、做功行程和排气行程。
　　　　　　　　　　　　　　　　　　　　　　　　　　　　　　　　　（　　）

3）G12V190ZLD．：表示12缸、V形、四冲程、缸径190mm、冷却液冷却、增压中冷、发电用。　　　　　　　　　　　　　　　　　　　　　　　　　　　　　（　　）

3. 选择题

1) 活塞位于上止点时，其顶部与气缸盖之间的容积是（   ）。
   A. 气缸总容积　　B. 燃烧室容积　　C. 气缸工作容积　　D. 发动机工作容积

2) 四冲程发动机中，每完成一个行程，曲轴旋转（   ）。
   A. 90°　　　　　B. 180°　　　　　C. 360°　　　　　D. 720°

项目二 曲柄连杆机构构造与检修

本学习项目可与1+X技能等级考核证书《汽车动力与驱动系统综合分析技术》的相关模块对接，主要对汽车发动机曲柄连杆机构构造与检修进行学习，分为三个工作任务：机体组的结构认知与检修、活塞连杆组的结构认知与检修、曲轴飞轮组的结构认知与检修。通过对三个工作任务的学习，能够掌握曲柄连杆机构的组成、结构特点与原理，能对汽车曲柄连杆机构进行拆装检测。

素养课堂

以动能转换战略为支点撬动高质量发展

习近平总书记在参加十三届全国人大一次会议广东代表团审议时指出：中国如果不走创新驱动发展道路，新旧动能不能顺利转换，就不能真正强大起来。从国家"真正强大起来"的高度强调新旧动能转换的重要性，其含义深远，需要深入领会、认真落实。

当前，世界和中国都处在一个大发展、大变革、大调整的关键期。从世界看，新一轮科技革命和产业变革孕育兴起，世界经济格局正处于深度调整之中，与旧动能相关的资源要素配置矛盾和产业结构矛盾更加突出，世界经济虽有望继续复苏，但不稳定、不确定因素很多。从国内看，我国经济发展进入了新时代，基本特征是经济已由高速增长阶段转向高质量发展阶段。受科技创新和制度创新双重驱动，原有经济格局正在发生变化，与新动能相关的智能制造、"互联网+"、数字经济、共享经济等迅猛发展，为高质量发展提供了更多支持；同时，经济发展也面临土地和劳动力等生产要素价格提高、资源环境约束趋紧、经济结构不合理、发展方式粗放等问题。总体看，我国经济正处在转变发展方式、优化经济结构、转换增长动力的攻关期，在探寻新的增长动力和发展路径方面面临重大机遇和挑战。走创新驱动发展道路，推动新旧动能顺利转换，才能抓住机遇、跨越关口，使我国经济在高质量发展上不断取得新进展，使国家真正强大起来。

任务一 机体组的结构认知与检修

任务情境

☞ **任务描述**

某车主到4S店反映其轿车润滑油损耗异常，且气缸体一侧有漏油现象，作为汽车医生，需掌握发动机机体组的构造与原理，并能对机体组进行拆检。

项目二　曲柄连杆机构构造与检修

任务分析

根据客户描述，气缸体一侧有漏油现象，极可能是气缸垫损坏导致润滑油泄漏，应对发动机机体进行拆卸，更换气缸垫。

任务目标

知识目标

1. 掌握机体组的作用与组成。
2. 掌握机体组主要部件的结构特点与原理。
3. 掌握气缸盖的拆卸、解体、清洗的作业流程和缸盖的检查技术规范。
4. 掌握缸体检查的技术规范及注意事项。

能力目标

1. 能拆卸、解体和清洗气缸盖。
2. 能目视检查气缸盖有无裂缝，气缸垫表面有无翘曲、腐蚀、渗漏，并检查其通畅性。
3. 能解体发动机缸体，并进行清洗和检查。
4. 能规范对气缸圆度与圆柱度进行检测。

必备知识

一、机体组的概述

机体组是发动机的支架，是曲柄连杆机构、配气机构和各系统部件安装和配合的基体。机体组主要由气缸盖、气缸盖罩、气缸垫、气缸体、主轴承盖和油底壳等组成，如图2-1所示。而机体组的部分又分别是曲柄连杆机构、配气机构、汽油喷射系统、冷却系统、润滑系统的组成部分，因此，严格地区别发动机各系统所归属零部件比较困难。

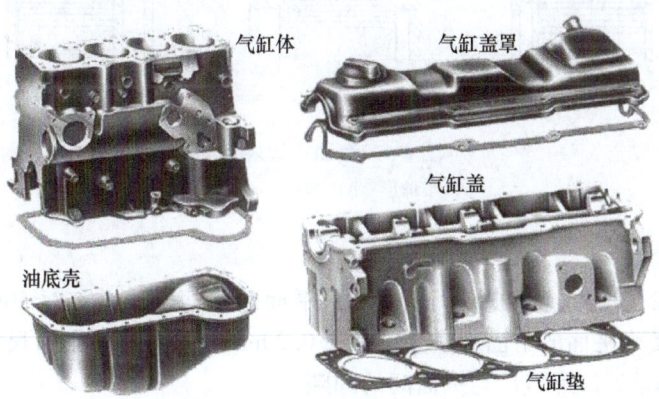

图2-1　发动机机体组

二、气缸盖

1. 气缸盖的组成

气缸盖上加工有进、排气门座孔，气门导管孔，火花塞安装孔（汽油机）或喷油器安

19

装孔（柴油机），在气缸盖内还铸有水套、进排气道和燃烧室或部分燃烧室，如图2-2所示。

2. 气缸盖的作用

气缸盖用来封闭气缸顶部，并与活塞顶和气缸壁一起形成燃烧室。另外，气缸盖内的水套和油道也是冷却系统和润滑系统的组成部分。

3. 燃烧室

（1）柴油机燃烧室　柴油机燃烧室在缸盖的部分主要为涡流室或预燃室，直喷式柴油机的燃烧室则几乎全部在活塞上，如图2-3所示。

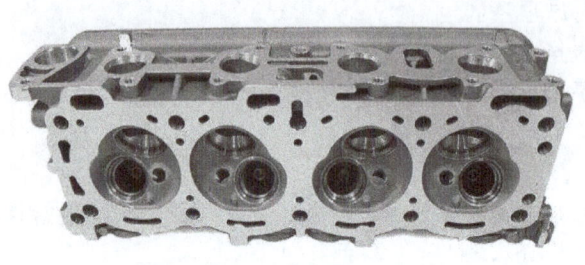

图2-2　气缸盖

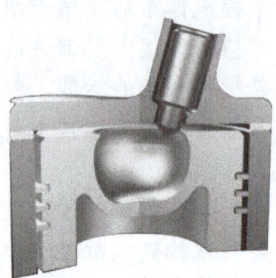

图2-3　柴油机燃烧室

（2）汽油机燃烧室　汽油机的燃烧室主要在气缸盖上，汽油机燃烧室按其形状的不同可分为半球形、楔形与盆形燃烧室，如图2-4所示。

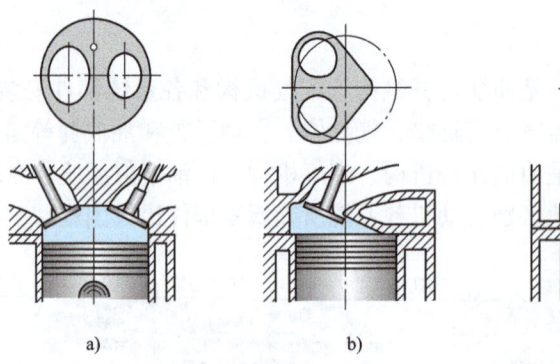

图2-4　汽油机燃烧室

a）半球形　b）楔形　c）盆形

4. 气缸盖的检修

（1）检验要求　气缸盖无破裂，气缸盖下平面的平面度误差：每50mm×50mm范围内不大于0.05mm，整个平面的平面度误差不大于0.20mm，可把刀口形直尺放在缸盖的下平面上，然后用塞尺测量刀口形直尺与平面间的间隙。

（2）损坏形式　气缸盖的主要损坏形式是裂纹和变形。

（3）修复方法　修复方法有黏合法、焊修法和堵漏法等。

三、气缸体

1. 气缸体的分类

（1）按气缸排列形式分类　按气缸排列形式的不同，发动机机体有直列式、对置式、V

形、W 形等，如图 2-5 所示。

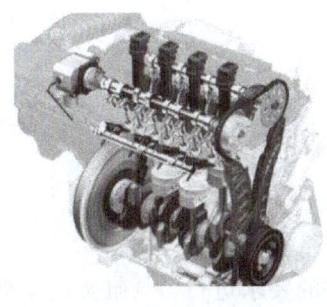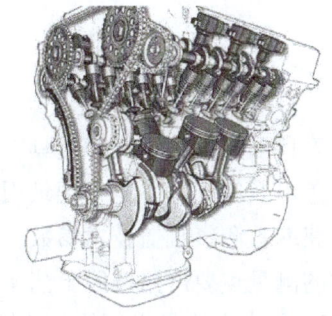

图 2-5　不同的发动机形式

（2）按气缸结构形式分类　按气缸结构的不同，发动机机体分为无缸套式、干式缸套式和湿式缸套式三类，如图 2-6 所示。

（3）按曲轴箱结构形式分类　按曲轴箱结构的不同，发动机机体可分为平底式、龙门式和隧道式，如图 2-7 所示。

2. 发动机气缸的圆度误差和圆柱度误差

在气缸同一断面上测量到的最大与最小直径差值的一半，即为该断面的圆度误差，取气缸三个测量断面上测量到的最大的圆度误差作为气缸的圆度误差。

在三个断面上所测得的所有读数中最大与最小直径差值的一半即为气缸的圆柱度误差。

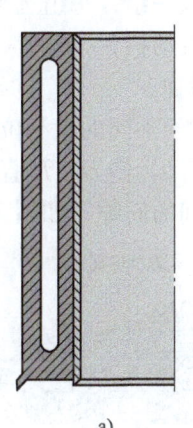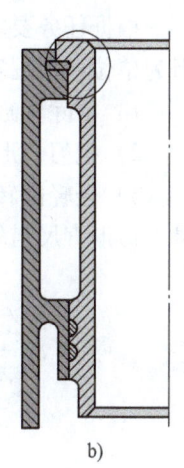

图 2-6　气缸结构形式分类
a）干式缸套　b）湿式缸套

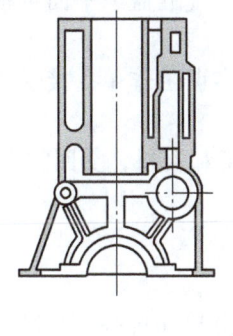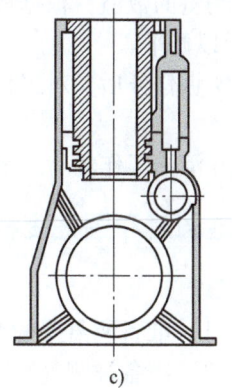

图 2-7　曲轴箱结构形式分类
a）平底式　b）龙门式　c）隧道式

任务实施

一、气缸盖平面度检测

1. 准备工作

气缸盖平面度的检查

1）准备所需要的刀口形直尺、塞尺等量具。
2）准备被测气缸盖以及笔记本、笔等记录用具。
3）查询技术资料获取被测气缸盖技术参数。
4）气缸盖测量时的测量点要严格按照工艺文件的要求进行，气缸盖的平面度不大于 0.05mm 时可用，最大允许量必须使凸轮轴能够自由转动。

2. 实施步骤

根据任务要求，每六人一组，每组选出一名组长，组长对小组成员进行任务分配。以小组为单位，根据实训室的发动机台架配置，完成以下相关的操作：

1）清除气缸盖表面污物。
2）把刀口形直尺平放于不同的检测位置。
3）轻轻翻转刀口形直尺，使刀口形直尺的刃口与气缸盖被测位置表面接触。用塞尺测量刀口形直尺与气缸盖之间的间隙，如图 2-8 所示。

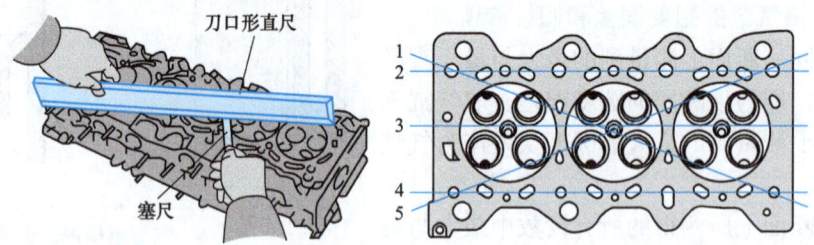

图 2-8　气缸盖平面度测量（1~5 为刀口形直尺所放位置）

4）记录测量的数值，根据所测数据进行检测结果判断。气缸盖下平面可根据情况采用磨削等方法予以修平。
5）完成实训任务后，对工作过程进行自我评价，提交实训工作单，接受指导老师的技能考核。
6）整理并清洁工作场所，清点和收拾借出的工具、设备和资料，交回实训室。

二、气缸圆度和圆柱度检测

1. 准备工作

气缸圆度和圆柱度的检查

1）准备所需要的游标卡尺、量缸表、外径千分尺和百分表等量具。
2）准备被测气缸，以及笔记本、笔等记录用具。
3）查询技术资料获取被测气缸的标准参数，或用游标卡尺测取大概直径。
4）量具误差检验校准。

2. 实施步骤

根据任务要求，每六人一组，每组选出一名组长，组长对小组成员进行任务分配。以小组为单位，根据实训室的发动机台架配置，完成以下相关的操作：

1）用游标卡尺预测量气缸直径，确定被测气缸的标准缸径。

2）根据气缸直径选择适合的接杆，组装量缸表。

3）把量缸表装入表杆的上端，并使表盘朝向测量杆的活动点，以便于观察。

4）用外径千分尺测量量缸表下端接杆处长度，调整使其大于缸径 2~3mm，锁紧测量杆螺母，并记录，如图 2-9 所示。

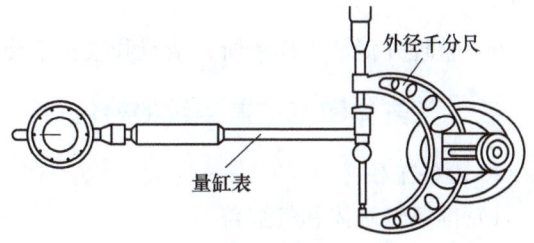

图 2-9 量缸表测量

5）将量缸表的测量杆伸入气缸，分别对气缸上、中、下位置的横纵两个方向进行测量，共计测量 6 次，并记录。在测量上、下位置时，都是距气缸上下平面 10mm 处测量，如图 2-10 所示。

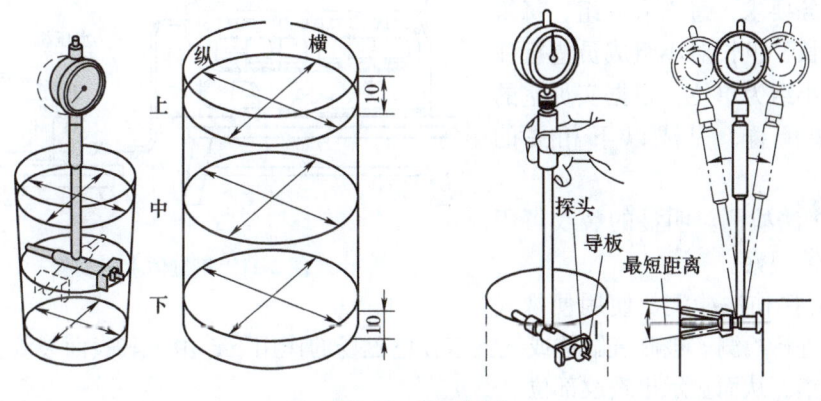

图 2-10 气缸测量

6）数值计算。基准长度减去测量表中变化的数值即为所测的直径。

7）计算与判断。

①气缸圆度计算。圆度误差=（测量最大值-测量最小值）/2，最大值、最小值分别是同一平面的测量数据。

②气缸圆柱度计算。圆柱度误差=（测量最大值-测量最小值）/2，最大值、最小值分别是所有的测量数据。

③参考标准见表 2-1。

表 2-1 气缸圆度和圆柱度参考数据

机　型	圆度极限/mm	圆柱度极限/mm
汽油发动机	0.05	0.20
柴油发动机	0.065	0.25

④气缸圆度公差：汽油机为 0.05mm，柴油机为 0.065mm。气缸圆柱度公差：汽油机为 0.20mm，柴油机为 0.25mm。如超出此范围，则应进行镗缸修理。

8）完成实训任务后，对工作过程进行自我评价，提交实训工作单，接受指导老师的技能考核。

9）整理并清洁工作场所，清点和收拾借出的工具、设备和资料，交回实训室。

三、气缸体和气缸盖裂纹的检修

1. 准备工作

1）准备气缸体和气缸盖。

2）准备放大镜、磁力探伤仪和水压机。

3）当需要镶换气缸套（干式）时，应在镶好气缸套后再进行一次水压试验。气缸体在焊接修理后，也应进行水压试验。

4）气缸盖出现裂纹一般应予以更换。

5）磁力探伤法不适合铝合金气缸体和气缸盖。

2. 实施步骤

根据任务要求，每六人一组，每组选出一名组长，组长对小组成员进行任务分配。以小组为单位，根据实训室的发动机台架配置，完成以下相关的操作：

1）观察法检测。明显的裂纹可用眼睛或放大镜观察。

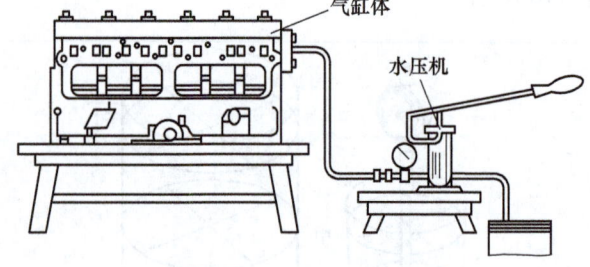

图 2-11 气缸体水压试验

2）磁力探伤法检测。使用便携式磁力探伤仪进行检测。被测气缸体或气缸盖在电磁场的作用下，由于其表面裂纹会产生磁力线泄漏或聚集，从而显示出裂纹部位。

3）水压试验法检测。如图 2-11 所示，试验时，应用专用的盖板封住气缸体水道口，用水压机将水压入缸体水道中，要求在 0.3~0.4MPa 的压力下，保持约 5min，应没有任何渗漏现象。

4）完成实训任务后，对工作过程进行自我评价，提交实训工作单，接受指导老师的技能考核。

5）整理并清洁工作场所，清点和收拾借出的工具、设备和资料，交回实训室。

气缸体的检验项目

1. 气缸体基准面的检验

检验前应彻底清除平面上的水垢、积炭、毛刺，铲平或刮平螺孔周围的轻微凸起。

2. 气缸体变形的检验

可用刀口形直尺放在平面上，然后用塞尺测量刀口形直尺与平面间的间隙，塞入塞尺片的最大厚度值就是变形量。

3. 气缸体主轴承座孔、凸轮轴座孔的检验

装上主轴承盖并按规定力矩拧紧，先检验座孔圆度及圆柱度误差，用内径千分尺或量缸表沿圆周测量气缸体的裂纹检验。

4. 气缸体裂纹的检验

检验气缸体裂纹的主要方法有水压试验和气压试验。对于新镶气缸套的气缸体或修补过的气缸体，均应对其进行水压试验。

5. 气缸压缩压力的检测

检测气缸的压缩压力，可说明气缸的密封性。测量时，应使发动机运转至正常温度（冷却液温度为80～90℃）后熄火。

气缸漏气率的检查

6. 气缸漏气率的检验

气缸漏气率可以判断气缸磨损情况，从而诊断发动机的技术状况。气缸活塞组正常的漏气率为6%～15%，不得大于20%。

学习小结

1. 机体组是发动机的支架，是曲柄连杆机构、配气机构和各系统部件安装和配合的基体。
2. 按照气缸体与油底壳安装平面位置的不同分为平分式、龙门式和隧道式三种类型。
3. 活塞位于上止点时，活塞顶面以上与气缸盖底面以下所形成的空间称为燃烧室。

自我评估

1. 填空题

1）现在越来越多的气缸体采用_____，以减轻重量。

2）_____安装在气缸套座孔内，其外壁不与冷却液接触，壁厚一般为_____。

3）铝合金气缸盖因其具有_____、_____、_____等优点，现在被越来越多的发动机采用。

2. 判断题

1）干式气缸套外壁与冷却液直接接触，其壁厚达5～9mm。（   ）

2）气缸盖罩有曲轴箱通风的功能，通常用一根管子连接气缸盖罩和进气道，以便内部气体流通循环。（   ）

3）气缸垫应该具有足够的强度，并且要耐压、耐热和耐腐蚀。（   ）

3. 选择题

1）按照气缸排列方式来分，气缸体可分为（   ）。

　　A. 直列式　　B. V形　　C. 水平对置式　　D. 分体式

2）铝合金气缸体的特点是（   ）。

　　A. 重量轻　　B. 耐磨损　　C. 散热性好　　D. 强度及刚度好

任务二　活塞连杆组的结构认知与检修

任务情境

☞ 任务描述

某车主到 4S 店反映其轿车热车后排气管冒蓝烟，出现典型的"烧机油"现象。作为汽车医生，需掌握发动机活塞连杆组的构造与原理，并能够对活塞连杆组进行拆检。

☞ 任务分析

根据客户描述，出现典型的"烧机油"现象，极可能是活塞环磨损严重，在活塞上下运动过程中，机油经活塞环进入燃烧室燃烧，应更换活塞环。

任务目标

☞ 知识目标

1. 掌握活塞连杆组的组成、作用与工作原理。
2. 掌握活塞环、活塞、活塞连杆的拆装流程。

☞ 能力目标

能检查、测量、拆装或更换活塞环、活塞和活塞连杆，按照维修手册更换和紧固螺栓。

必备知识

一、活塞连杆组的作用及组成

活塞连杆组是承受气缸中可燃混合气燃烧后产生的作用力，并将此力通过活塞销传给连杆，以推动曲轴旋转的组件。

活塞连杆组主要由活塞、活塞销、活塞环、连杆、连杆轴承盖和连杆轴承等零件组成，如图 2-12 所示。

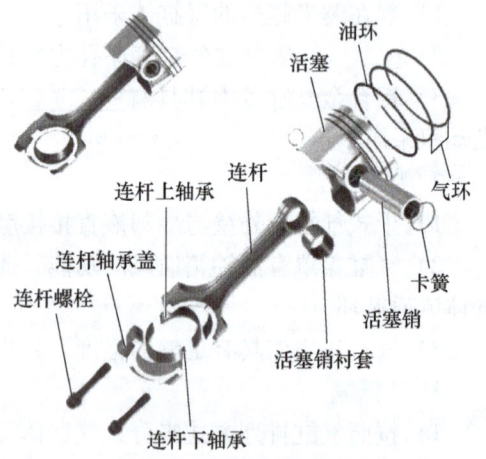

图 2-12　活塞连杆组

二、活塞

1. 活塞的作用及组成

活塞的作用是与气缸盖、气缸体等共同组成燃烧室，承受气缸中气体压力所造成的作用力，并将此力通过活塞销传给连杆，以推动曲轴旋转。

活塞的组成主要可分为顶部、头部和裙部三个部分，如图 2-13 所示。

2. 活塞顶部

活塞顶部是组成燃烧室的主要部分，其形状与所选用的燃烧室形式有关，主要有平顶、凸顶、凹顶和成型顶。汽油机多采用平顶活塞，其优点是吸热面积小。柴油机活塞顶部常常有各种各样的凹坑，其具体形状、位置和大小都必须与柴油机的混合气形成与燃烧的要求相适应，如图2-14所示。

3. 活塞头部

活塞头部是指第一道活塞环槽到活塞销孔以上部分。它有数道环槽，用以安装活塞环，起密封作用。活塞头部的作用是能够安装活塞环，与活塞环一起密封气缸，防止可燃混合气漏到曲轴箱内，并将顶部吸收的热量通过活塞环传给气缸壁。

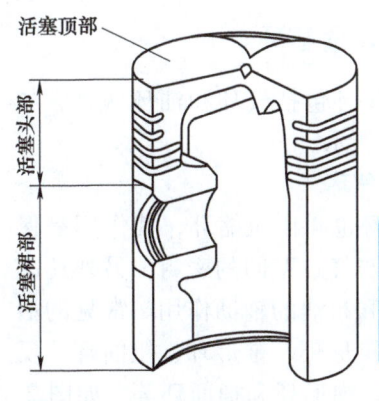

活塞

图2-13 活塞

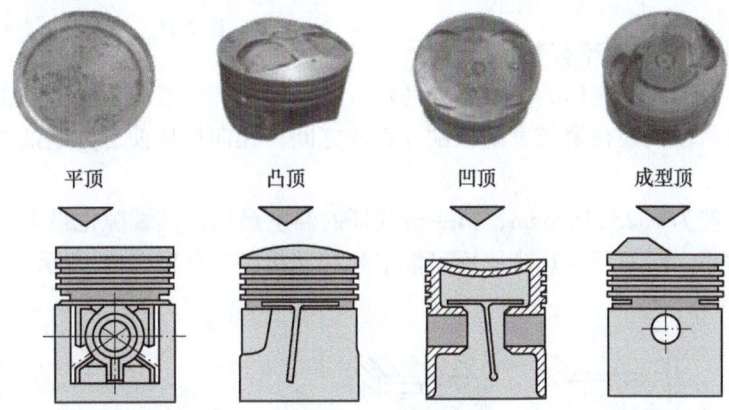

图2-14 活塞顶部

4. 活塞裙部

活塞裙部是指从油环槽下端面起至活塞最下端的部分，包括装活塞销的销座孔。活塞裙部的作用是对活塞在气缸内的往复运动起导向作用，并承受侧压力，防止破坏油膜，如图2-15所示。

5. 工作环境

（1）高温　活塞直接与高温气体接触，瞬时温度可达2500K以上，散热条件差，且温度分布很不均匀。

（2）高压　活塞顶部承受气体压力很大，特别是做功行程压力最大，汽油机高达3～5MPa，柴油机高达6～9MPa，这就使活塞产生冲击和侧压力。

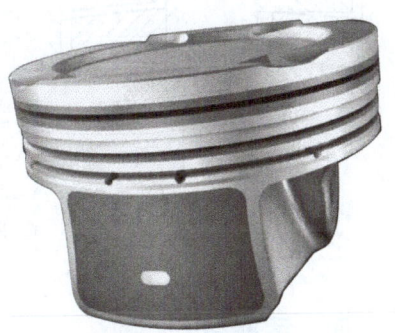

图2-15 活塞裙部

（3）高速　活塞在气缸内以很高的速度（8～12m/s）往复运动，且速度在不断地变化，这就产生了很大的惯性力，使活塞受到很大的附加载荷作用。

（4）腐蚀　受到燃气的化学腐蚀作用。

三、活塞环

活塞环包括气环和油环两种,如图 2-16 所示。

1. 气环

气环也叫作压缩环,其作用是保证活塞与气缸壁间的密封,另外还起到刮油和布油的辅助作用。常见的活塞环有矩形环、锥形环、扭曲环、反扭曲环、梯形环和桶面环等,如图 2-17 所示。

2. 油环

汽车发动机采用的油环有整体式和组合式两种,目前广泛应用的是组合式油环。组合式油环一般由三个刮油钢片和两个弹性衬环组成,轴向衬环夹装在第二、第三刮油钢片之间,径向衬环使三片刮油钢片压紧在气缸壁上。

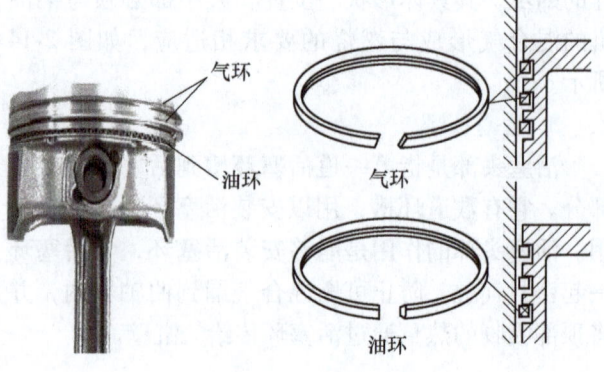

图 2-16 活塞环

开口端隙一般为 0.25～0.8mm,第一道气环的温度最高,其端隙也最大。端隙过大,漏气严重;端隙过小,活塞环受热膨胀后可能卡死甚至折断,如图 2-18 所示。

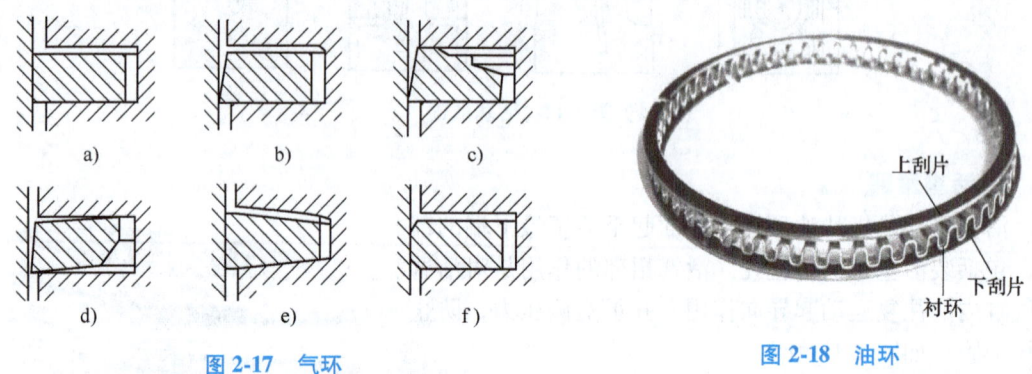

图 2-17 气环
a) 矩形环 b) 锥形环 c) 扭曲环
d) 反扭曲环 e) 梯形环 f) 桶面环

图 2-18 油环

四、活塞销

活塞销的功用是连接活塞和连杆小头,将活塞承受的气体作用力传递给连杆。活塞销的结构形状基本是一个厚壁空心圆柱(图 2-19),内孔形状有圆柱形、两段截锥形和组合形。

圆柱形孔加工容易,但活塞销的质量较大;两段截锥形孔的活塞销质量较小,且因为活塞销所受的弯矩在其中部最大,所以接近于等强度梁,但锥孔加工较难。

活塞销与活塞销座孔的连接方式有两种,即全浮式和半浮式,如图 2-20 所示。

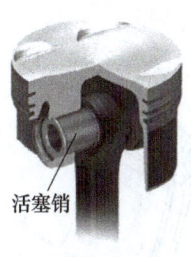

图 2-19 活塞销

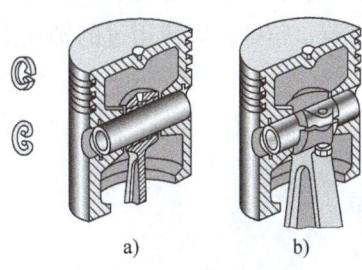

图 2-20 活塞销的连接方式
a）全浮式 b）半浮式

五、连杆

连杆的作用是将活塞承受的力传递给曲轴，并使活塞的往复运动转变为曲轴的旋转运动。连杆由连杆小头、连杆杆身和连杆大头（包括轴承盖）三部分组成，汽油机均采用平切口连杆。柴油机连杆既有平切口的，也有斜切口的，如图 2-21 所示。

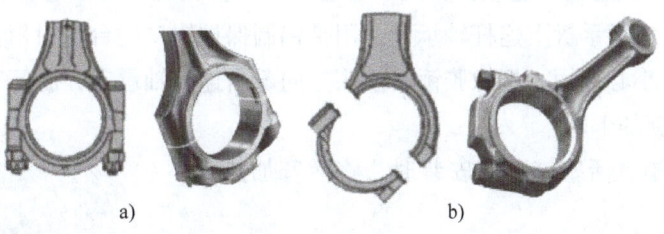

图 2-21 连杆
a）平切口 b）斜切口

任务实施

一、活塞连杆组的装配

1. 准备工作

1）将 EA211 发动机的活塞连杆组部件放置于拆装桌上。
2）准备常用的拆装工具、橡胶锤、台虎钳和活塞环拆装钳等。
3）准备润滑油、擦拭纸和清洁剂。
4）检查实训室通风系统设备工作是否正常。

2. 实施步骤

根据任务要求，每六人一组，每组选出一名组长，组长对小组成员进行任务分配。以小组为单位，根据实训室的发动机台架配置，完成以下相关的操作：

1）更换连杆螺栓。用机油润滑螺纹和接触表面，拧紧力矩为 30N·m。
2）通过胀断法（断裂）加工连杆，连杆轴承盖只有一个安装位置且只能安装在所属的连杆上，在 B 处标出所属气缸，安装位置 A 指向曲轴带轮侧，如图 2-22 所示。

活塞连杆组的装配

3）安装轴瓦。轴瓦安装位置如图2-23所示，将轴瓦居中装入连杆和连杆轴承盖内，轴瓦距连杆轴承盖间距 a 相等，更换用过的轴瓦。

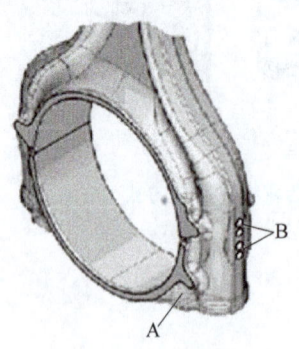

图2-22 活塞连杆组装配图

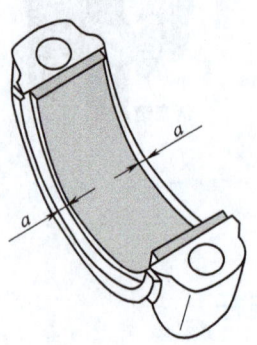

图2-23 轴瓦装配

4）分离新连杆。连杆只能成套更换，新连杆可能会出现杆身和连杆轴承盖没有完全分离的情况。如果无法用手拆下连杆轴承盖，用带铝制保护钳口的台虎钳稍稍夹紧连杆，旋松两个螺栓约五圈，小心地用一把橡胶锤沿箭头方向敲击连杆轴承盖，脱开轴承盖。

5）更换两个新的卡环。

6）安装活塞销。活塞销不易安装时，将活塞加热到60℃左右。

7）安装活塞。标记活塞所属气缸，如图2-24所示；活塞顶部标记箭头指向曲轴带轮侧，如果之前的活塞需进行重新安装，在活塞顶部用彩色标记所属的气缸。

8）安装活塞环。检查压缩环开口间隙；检测活塞环与活塞凹槽间隙；用通用活塞环钳拆卸和安装活塞环，开口错开120°。

9）安装刮油环。小心地用活塞环钳拆卸和安装三道刮油环，刮油环开口间隙开口错开120°。

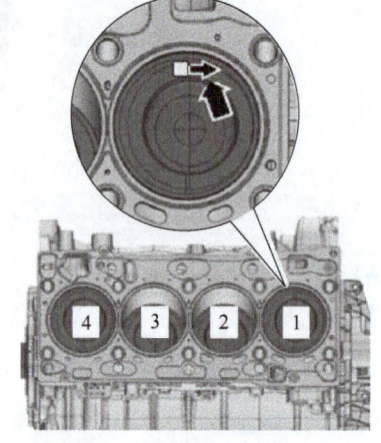

图2-24 活塞标记

10）完成实训任务后，对工作过程进行自我评价，提交实训工作单，接受指导老师的技能考核。

11）整理并清洁工作场所，清点和收拾借出的工具、设备和资料，交回实训室。

二、活塞拆装

1. 准备工作

1）准备已拆卸活塞的EA211发动机台架。

2）准备塞尺、活塞环卡钳、外径千分尺（50~75mm）。

3）准备润滑油、擦拭纸、清洁剂。

4）记录所用的纸和笔。

2. 实施步骤

根据任务要求，每六人一组，每组选出一名组长，组长对小组成员进行任务分配。以小组为单位，根据实训室的发动机台架配置，完成以下相关的操作：

1）拆卸气缸盖。

2）拆卸油底壳，取下防油挡板。

3）标出活塞所属气缸，对连杆和连杆轴承盖所属气缸进行标记。

4）拆卸连杆轴承盖，将连杆连同活塞一起从气缸体中拆出。

5）从活塞销孔中取出卡环，使用冲头 SVW222a 或 VW22A 推出活塞销。

6）安装。安装以拆卸的相反顺序进行。

7）完成实训任务后，对工作过程进行自我评价，提交实训工作单，接受指导老师的技能考核。

8）整理并清洁工作场所，清点和收拾借出的工具、设备和资料，交回实训室。

活塞的拆装

三、活塞检查

1. 准备工作

1）准备已拆卸活塞的 EA211 发动机台架。

2）准备塞尺、活塞环卡钳、外径千分尺（50~75mm）。

3）准备润滑油、擦拭纸、清洁剂。

4）记录所用的纸和笔。

2. 实施步骤

根据任务要求，每六人一组，每组选出一名组长，组长对小组成员进行任务分配。以小组为单位，根据实训室的发动机台架配置，完成以下相关的操作：

1）检测活塞。从距下边缘约 7mm，且与活塞销的轴线错开 90°处进行测量，如图 2-25 所示。

2）检测活塞环开口间隙。活塞环垂直于气缸壁从上推入下面的气缸开口，离缸边缘约 15mm，推入时使用不带环的活塞，如图 2-26 所示。

3）检测活塞环高度间隙。清洁活塞环及环槽，将活塞环放入对应的环槽中，用塞尺测量活塞环与环槽的间隙，如图 2-27 所示。

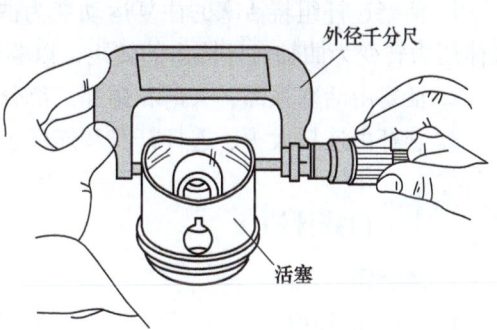

图 2-25 活塞测量

4）完成实训任务后，对工作过程进行自我评价，提交实训工作单，接受指导老师的技能考核。

5）整理并清洁工作场所，清点和收拾借出的工具、设备和资料，交回实训室。

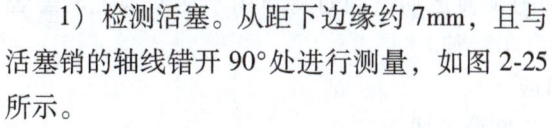
活塞的检查

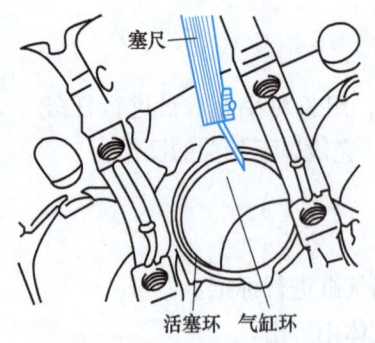

图 2-26 活塞环开口间隙检测

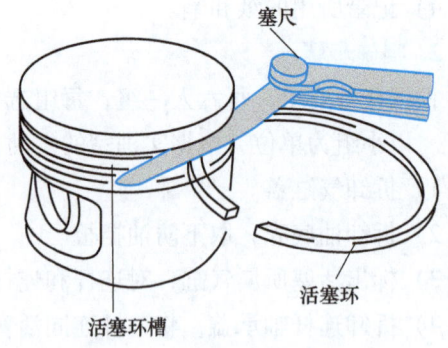

图 2-27 活塞环高度间隙检测

知识拓展

1. 活塞的选配

发动机大修时，应更换全部活塞。更换时应注意选择与气缸同一修理尺寸的活塞，同一台发动机应选用同一厂牌的同一组活塞，以使活塞的材料、性能、质量和尺寸一致。活塞裙部的圆柱度及圆度应符合技术标准的规定。对膨胀槽应开到底，而未开通的活塞，装配前应将膨胀槽开通。

2. 活塞环的选配

活塞环的端隙、侧隙和背隙应符合技术标准的规定。活塞环开口处左右 30°范围内不允许漏光。每处漏光弧长所对应的圆心角不超过 25°，同一环上漏光弧长所对应的圆心角总和不超过 45°，漏光处的间隙不大于 0.03mm。活塞环的弹力应符合技术标准的规定。

学习小结

1. 活塞连杆组将活塞的往复运动变为曲轴的旋转运动，同时将作用于活塞顶上的燃烧气体压力转变为曲轴对外输出的转矩，以驱动汽车行驶。
2. 活塞由活塞顶部、头部和裙部三部分组成。
3. 连杆由连杆大头、连杆杆身和连杆小头三部分组成。

自我评估

1. 填空题

1）组合油环由_____和_____组成。

2）连杆的作用是将活塞承受的力传给曲轴，将活塞的_____转变为曲轴的_____。

3）连杆轴承也称为_____。

2. 判断题

1）柴油机多采用平顶活塞，其优点是吸热面积小。　　　　　　　　　　　　（　　）

2）活塞销内孔形状有圆柱形、两段截锥形和组合形。　　　　　　　　　　　（　　）

3) 汽油机均采用平切口连杆，柴油机连杆既有平切口的也有斜切口的。 （　　）

3. 选择题

1) 活塞在制造中，其头部有一定锥度，主要是由于（　　）。
  A. 节省材料   B. 可减少往复运动惯性力
  C. 活塞在工作中受热不均   D. 润滑可靠

2) 活塞环三隙包括（　　）。
  A. 端隙   B. 背隙
  C. 侧隙   D. 两气环间隙

任务三　曲轴飞轮组的结构认知与检修

任务情境

☞ 任务描述

某车主到4S店反映其轿车出现曲轴主轴承盖异响现象。作为汽车医生，需掌握曲轴飞轮组的构造与原理，并能够对曲轴飞轮组进行拆检。

☞ 任务分析

根据客户描述，出现主轴承盖异响现象，极可能是由于主轴承原因所引起的，应拆装曲轴，以更换曲轴主轴承。

任务目标

☞ 知识目标

1. 掌握曲轴的结构特点与工作原理。
2. 掌握曲轴检查及测量的技术规范。
3. 掌握主轴承和曲轴的安装方法，轴承间隙和末端间隙的测量方法。
4. 掌握飞轮的结构与工作原理。

☞ 能力目标

1. 能目视检查曲轴表面及轴颈有无裂缝、磨损，检查油路是否通畅，确定维修内容。
2. 能拆装主轴承和曲轴，检查轴承间隙和末端间隙，按照维修手册的规范更换和紧固螺栓。
3. 能规范对曲轴径向圆跳动量进行检测。
4. 能规范对曲轴轴颈圆度、圆柱度进行检测。

必备知识

一、曲轴飞轮组的组成

曲轴飞轮组主要由曲轴、飞轮、转速传感器齿盘、曲轴正时齿轮和带减振器的带轮等组成，如图2-28所示。

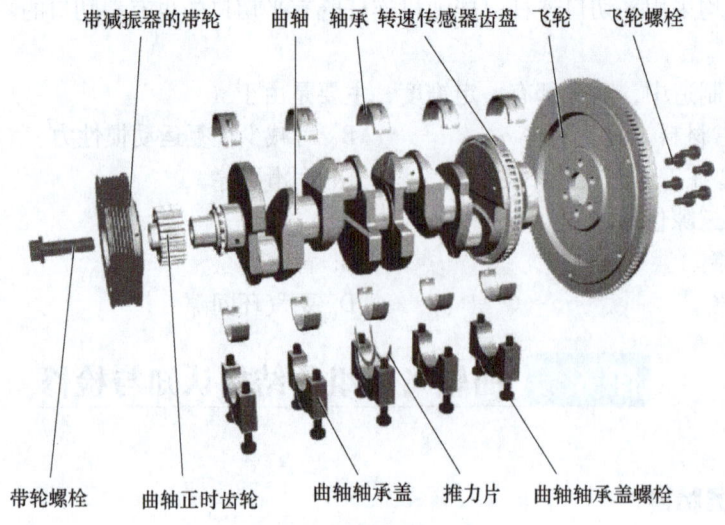

图 2-28　曲轴飞轮组件

二、曲轴

1. 曲轴的功用

曲轴是承受连杆传来的力,并将其转变为转矩,然后通过飞轮输出,另外,还用来驱动发动机的配气机构及其他辅助装置(如发电机、风扇、水泵、转向液压泵等)。

在发动机工作中,曲轴承受周期性变化的气体压力、旋转质量的离心力和往复惯性力以及它们的力矩的共同作用,使曲轴承受弯曲与扭转载荷,产生疲劳应力状态。为了保证工作可靠,因此要求曲轴应具有足够的刚度和强度,各工作表面要求耐磨而且润滑良好,还必须有很高的动平衡要求,如图 2-29 所示。

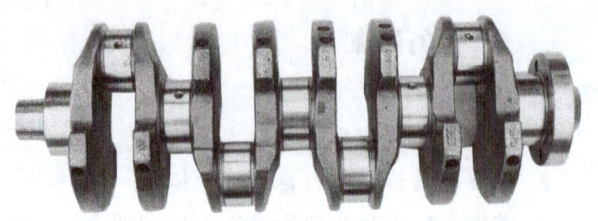

图 2-29　曲轴

2. 曲轴的结构

曲轴一般由前端(自由端)、主轴颈、曲柄、平衡重、连杆轴颈(曲柄销)和后轴端(动力输出)组成。由一个连杆轴颈、和它左右主轴颈组成一个曲拐,如图 2-30 所示。

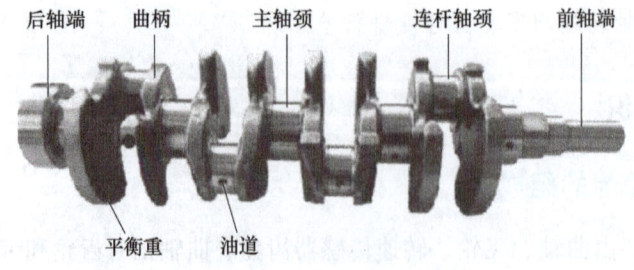

图 2-30　曲轴的结构

曲轴的曲拐数取决于气缸的数目和排列方式。直列式发动机曲轴的曲拐数等于气缸数，V 形发动机曲轴的曲拐数等于气缸数的一半。

按照曲轴的主轴颈数，可以把曲轴分为全支承曲轴和非全支承曲轴两种。在相邻的两个曲拐之间，都设置一个主轴颈的曲轴，称为全支承曲轴，否则称为非全支承曲轴。

3. 曲轴的材料

曲轴一般都采用优质中碳钢（如 45 钢）或中碳合金钢（如 45Mn2、40Cr 等）模锻。为了提高曲轴的耐磨性，其主轴颈和连杆轴颈表面上均需高频淬火或氮化。有部分发动机采用了高强度的稀土球墨铸铁铸造曲轴，但这种曲轴必须采用全支承，以保证刚度。

4. 曲轴的构造

多缸发动机的曲轴一般做成整体式的。连杆大头为整体式的某些小型汽油机或采用滚动轴承作为曲轴主轴承的发动机，必须采用组合式曲轴，即将曲轴的各部分分段加工，然后组合成整个曲轴，其主轴承可为滚动轴承，相应地，气缸体必须是隧道式的。轿车发动机多为整体式曲轴。

有些曲轴的曲柄销和主轴颈做成空心的目的是为减小质量和离心力。主轴颈、曲柄销和轴瓦上都钻有径向油孔，这些油孔由斜向的油道相连。这样机油就可以进入主轴颈和曲柄销的工作表面进行润滑。当曲柄销上的油孔与连杆大头上的油孔对准时，机油可以从中喷出，对配气机构和气缸壁进行飞溅润滑。

平衡重的作用是平衡连杆大头、连杆轴颈和曲柄等产生的离心惯性力及其力矩，有时也平衡活塞连杆组的往复惯性力及其力矩，以使发动机运转平稳，并且还可减小曲轴轴承的负荷。四缸以上的直列发动机，虽从整体来说，其惯性力及其力矩是平衡的，但曲轴局部却受弯矩作用。图中惯性力 $F_1=F_2=F_3=F_4$，$M_{1-2}=M_{3-4}$，所以整体上曲轴受力和力矩是平衡的。但从局部上看，1、2 缸曲轴和 3、4 缸曲轴分别受弯矩 M_{1-2} 和 M_{3-4} 的作用，两个力矩给曲轴造成了弯曲负荷，会造成曲轴弯曲并加重轴承的负荷。为了减轻主轴承负荷，改善其工作条件，一般都在曲柄的相反方向上设置平衡重，分别在曲柄的背面设置平衡重，使其产生的力矩与上述惯性力矩 M_{1-2}、M_{3-4} 相平衡，如图 2-31 所示。

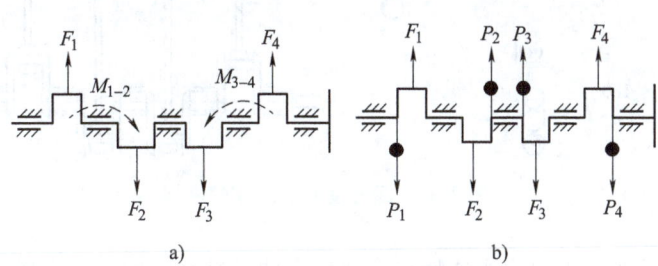

图 2-31 曲轴的平衡

a）无平衡重　b）加平衡重

F_1、F_2、F_3、F_4—曲拐和活塞连杆组的惯性力　P_1、P_2、P_3、P_4—平衡重的离心力

为了平衡曲轴的离心力和离心力矩，有时还用来平衡一部分活塞连杆组的往复惯性力。对于四缸、六缸、八缸和十二缸发动机，由于曲拐是对称布置的，往复惯性力和离心力是平衡的，从整体上看能相互抵消，但曲轴的局部受到弯矩的作用。部分曲柄设置平衡重，如果

曲轴支承刚度好，也可不设置平衡重，CA6102 型发动机曲轴不设平衡重。

有的平衡重与曲轴制成一体，有的单独制成后再用螺栓固定在曲轴上，称为装配式平衡重。曲轴不论有无平衡重，都要求进行动平衡试验，对不平衡的曲轴常在其偏重一侧钻孔以除去些质量。装配式平衡重曲柄如图 2-32 所示。

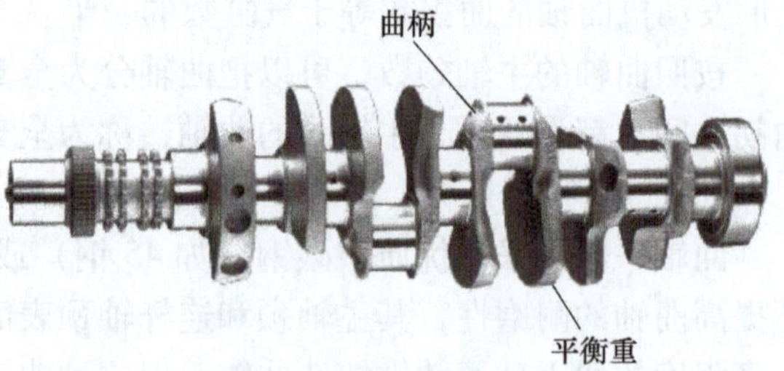

5. 多曲拐的布置

曲轴的形状和各曲拐的相对位置取决于缸数、气缸排列方式和发火次序。在安排多缸发动机的发火次序时，应使连续做功的两缸相距尽可能远，以减轻主轴承的载荷，同时避免可能发生的进气重叠现象（即相邻两缸进气门同时开启），以免影响充气；发火间隔应力求均匀，在发动机完成一个工作循环的曲轴转角内，每个气缸应做功一次，而且各缸发火的时间间隔（以曲轴转角表示，称为发火间隔角）应力求均匀。对缸数为 i 的四冲程发动机而言，发火间隔角为 $720°/i$ 时，即曲轴每转 $720°/i$ 时，就应有一缸做功，以保证发动机运转平稳。

图 2-32 装配式平衡重曲柄

三、点火次序

直列四缸发动机曲拐布置特点：曲拐在曲轴轴线方向对称布置于同一平面，相邻做功气缸的曲轴转角为 180°，发动机工作顺序有：1-3-4-2 或 1-2-4-3，如图 2-33 所示。

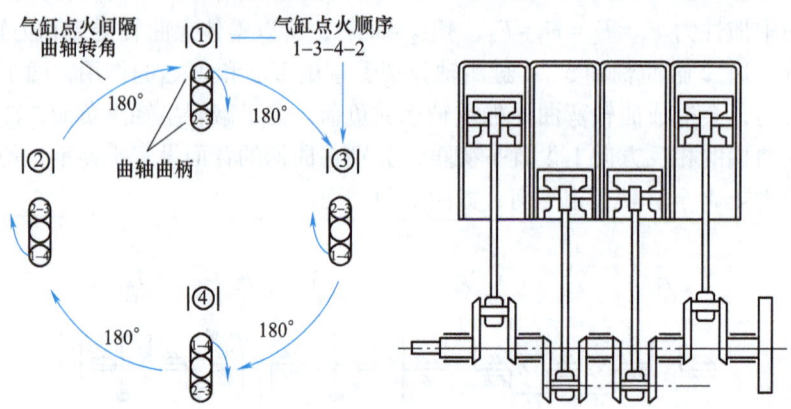

图 2-33 四缸发动机工作顺序

直列六缸四冲程发动机曲拐布置特点：曲拐在曲轴轴线方向对称布置于三个平面内，相邻做功气缸的曲轴转角为 120°，发动机工作顺序有：1-5-3-6-2-4 或 1-4-2-6-3-5，如图 2-34 所示。

四冲程 V6 发动机曲拐布置特点是：曲拐在曲轴轴线方向对称布置于三个平面内，相邻做功气缸的曲轴转角为 120°，发动机工作顺序通常是：1-2-3-4-5-6。

四冲程 V8 发动机曲拐布置特点是：曲拐在曲轴轴线方向对称布置于四个平面内（或一个平面）、相邻做功气缸的曲轴转角为 90°，发动机工作顺序通常是：1-8-4-3-6-5-7-2。

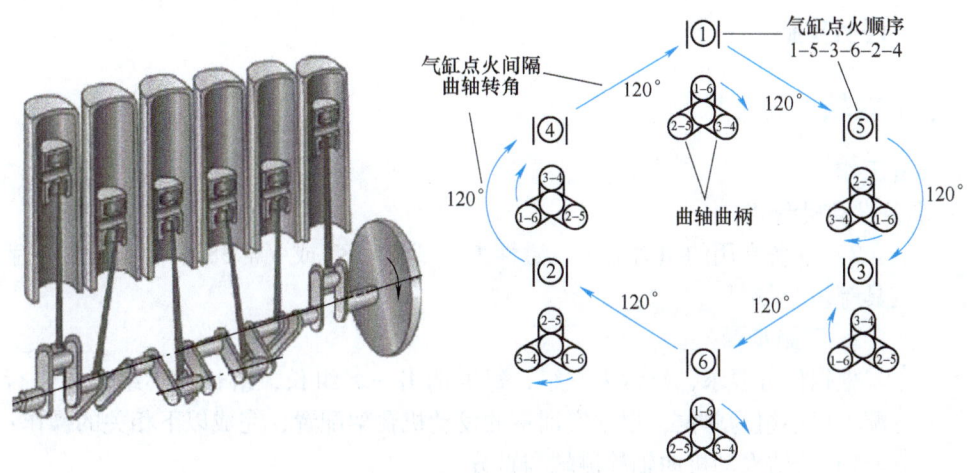

图 2-34 六缸发动机工作顺序

四、飞轮

1. 单质量飞轮

发动机飞轮的功用是储能、传力。它将做功行程中曲轴输出能量的一部分储存起来,用以在活塞其他行程中克服阻力,带动曲柄连杆机构越过上、下止点,保证曲轴的旋转角速度和输出转矩尽可能均匀,并使发动机有克服短时间载荷的能力;此外,飞轮又用作离合器的驱动件,将发动机动力传至离合器,如图2-35所示。

2. 双质量飞轮

双质量飞轮将原来的一个飞轮分成两个部分:一部分保留在原来发动机一侧的位置上,起到原来飞轮的作用,用于起动和传递发动机的转动转矩,这一部分称为初级质量;另一部分则放置在传动系统变速器一侧,用于提高变速器的转动惯量,这一部分称为次级质量。两部分飞轮之间有一个环形的油腔,在腔内装有弹簧减振器,由弹簧减振器将两部分飞轮连接为一个整体,如图2-36所示。

图 2-35 单质量飞轮

图 2-36 双质量飞轮

任务实施

一、曲轴轴向间隙检测

1. 准备工作

1）准备发动机台架。

2）准备常用的扭力扳手、磁性表座 SVW 387 或 VW 387、百分表、一字螺钉旋具等。

2. 实施步骤

曲轴轴向间隙检测

根据任务要求，每六人一组，每组选出一名组长，组长对小组成员进行任务分配。以小组为单位，根据实训室的发动机台架配置，完成以下相关的操作：

1）清洁发动机曲轴检测端与百分表。

2）检查主轴承紧固螺栓力矩，用螺钉旋具轴向前后撬动，使止推片在同一平面。

3）将百分表与百分表支座 SVW 387 或 VW 387 用螺栓固定在气缸体上与曲轴臂相对的方向进行安装，如图 2-37 所示。

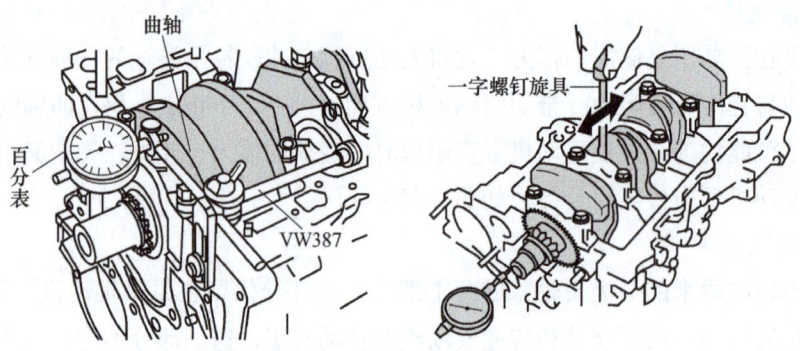

图 2-37 百分表的安装

4）用一字螺钉旋具撬动曲轴至前后极限位置，分别观察并记录百分表的两个数值。

5）计算曲轴轴向间隙，百分表所对应曲轴两个极限位置的数值之差即为曲轴轴向间隙。

6）数据判断。轴向间隙应为 0.066～0.233mm。

7）完成实训任务后，对工作过程进行自我评价，提交实训工作单，接受指导老师的技能考核。

8）整理并清洁工作场所，清点和收拾借出的工具、设备和资料，交回实训室。

二、曲轴径向圆跳动量检测

1. 准备工作

1）准备已拆下的曲轴。

2）准备 V 形架支承、检测平板、磁性表座、百分表。

2. 实施步骤

根据任务要求，每六人一组，每组选出一名组长，组长对小组成员进行任务分配。以小组为单位，根据实训室的发动机台架配置，完成以下相关的操作：

1）清洁曲轴、平板、V形架。

2）将V形架置于平板上，确保平稳。

3）将曲轴两端主轴颈置于V形架的V形槽中。

4）安装磁性表座和百分表，使表头垂直于中间一道主轴颈中央，并与曲轴轴颈接触，如图2-38所示。

5）转动曲轴一周，百分表上指针的最大与最小读数之差，即为中间主轴颈对两端主轴颈的径向圆跳动误差（通常也用指针的最大与最小读数差值之半作为直线度误差或弯曲度值）。

6）完成实训任务后，对工作过程进行自我评价，提交实训工作单，接受指导老师的技能考核。

7）整理并清洁工作场所，清点和收拾借出的工具、设备和资料，交回实训室。

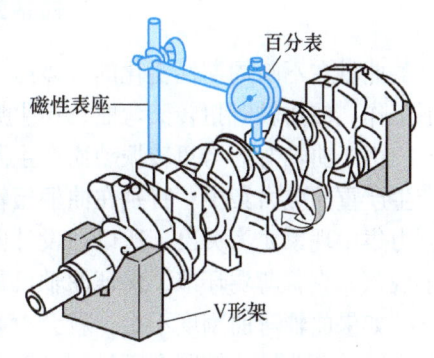

图2-38 百分表的安装

三、曲轴轴颈圆度和圆柱度检测

1. 准备工作

1）准备已拆下的曲轴。

2）准备V形架支承、拆装桌、外径千分尺。

2. 实施步骤

根据任务要求，每六人一组，每组选出一名组长，组长对小组成员进行任务分配。以小组为单位，根据实训室的发动机台架配置，完成以下相关的操作：

1）清洁曲轴、V形架。

2）将V形架置于平面上，确保平稳。

3）将曲轴两端主轴颈置于V形架的V形槽中。

4）用外径千分尺先在油孔两侧测量，然后旋转90°再测量，如图2-39所示。同一截面最大直径与最小直径之差的1/2为圆度误差，轴颈各部位测得的最大直径与最小直径之差的1/2为圆柱度误差。

5）数据判断，圆度、圆柱度的误差大于0.025mm时，应按修理尺寸磨修。

6）完成实训任务后，对工作过程进行自我评价，提交实训工作单，接受指导老师的技能考核。

7）整理并清洁工作场所，清点和收拾借出的工具、设备和资料，交回实训室。

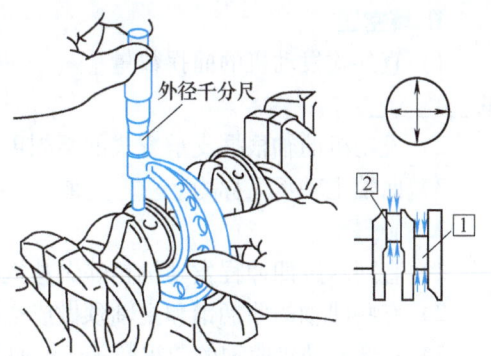

图2-39 曲轴圆度和圆柱度的测量

曲轴的工作条件和设计要求

曲轴在不断周期性变化的气体压力、往复和旋转运动质量的惯性力以及它们的力矩作用下工作，使曲轴既扭转又弯曲，产生疲劳应力状态。

由于曲轴弯曲与扭转振动而产生附加应力，再加上曲轴形状复杂、结构变化急剧，使其产生严重的应力集中。特别在曲柄至轴颈的圆角过渡区、润滑油孔附近以及加工粗糙的部位应力集中现象尤为突出。所以在设计曲轴时，要使它具有足够的疲劳强度，尽量减小应力集中现象，克服薄弱环节，保证曲轴可靠工作。

如果曲轴弯曲刚度不足，就会大大恶化活塞、连杆的工作条件，影响它们的工作可靠性和耐磨性，曲轴扭转刚度不足则可能在工作转速范围内产生强烈的扭转振动，所以设计曲轴时，应保证它有尽可能高的弯曲刚度和扭转刚度。

此外，曲轴主轴颈与曲柄销是在高压状态下进行高速转动的，因而还会产生强烈的磨损。所以设计曲轴时，要使其各摩擦表面耐磨，各轴颈应具有足够的承压面积，同时给予尽可能好的工作条件。

学习小结

1. 曲轴飞轮组主要由曲轴、飞轮、转速传感器齿盘、曲轴正时齿轮和带减振器的带轮等组成。
2. 主轴颈的数目不仅与发动机气缸数目有关，还取决于曲轴的支承方式。
3. 曲拐由主轴颈、连杆轴颈和曲柄组成。

自我评估

1. 填空题

1）直列式发动机的曲拐数量＿＿＿＿气缸数量，V形发动机的曲拐数量等于气缸数量的＿＿＿＿。

2）发动机曲轴根据支承方式的不同可以分为＿＿＿＿和＿＿＿＿。

3）曲轴主轴承又称为＿＿＿＿或＿＿＿＿。

2. 判断题

1）直列八缸四冲程发动机相邻做功气缸的曲拐夹角为120°。（　　）

2）有些曲轴的曲柄销和主轴颈做成空心的，其目的是为减小质量和离心力。（　　）

3）V形发动机曲轴的曲拐数等于气缸数的一半。（　　）

3. 选择题

1）检测曲轴时通常使用的工具是（　　）。
　　A. 塞尺　　　　　B. 钢直尺　　　　　C. 百分表　　　　　D. 千分尺

2）锻造式曲轴的特性是（　　）。
　　A. 较高的强度　　B. 成本低　　　　　C. 曲柄上有分割线　D. 平衡重密度小

项目三 配气机构构造与检修

本学习项目可与1+X技能等级考核证书《汽车动力与驱动系统综合分析技术》的相关模块对接,主要对汽车发动机配气机构构造与检修进行学习,分为四个工作任务:配气机构基本知识的认知、配气机构的结构认知与检修、气门组的结构认知与检修、气门传动组的结构认知与检修。通过四个工作任务的学习,能够掌握配气机构的组成、结构特点与原理,能对汽车配气机构进行拆装检测。

素养课堂

坚决打赢蓝天保卫战

配气机构的作用是按照内燃机的工作循环与工作顺序的要求,控制新鲜气体及时地进入气缸,同时排出燃烧后的废气。配气机构严重地影响着发动机的燃烧特性和排放特性,通过对配气机构机械性能进行优化设计可以降低、限制汽车的废气排放,如采用可变气门配气相位、气门升程电子控制系统和智能可变气门正时等技术,有效地实现了节能减排。

2018年5月18日至19日,习近平总书记在全国生态环境保护大会上提出坚决打赢蓝天保卫战是重中之重。这既是国内民众的迫切期盼,也是就办好北京冬奥会向国际社会做出的承诺。

十九大报告要求:"坚持全民共治、源头防治,持续实施大气污染防治行动,打赢蓝天保卫战"。在全国生态环境保护大会上,习近平总书记指出要有效防范生态环境风险。生态环境安全是国家安全的重要组成部分,是经济社会持续健康发展的重要保障,并强调要把解决突出生态环境问题作为民生优先领域。坚决打赢蓝天保卫战是重中之重,要以空气质量明显改善为刚性要求,强化联防联控,基本消除重污染天气,还老百姓蓝天白云、繁星闪烁。

任务一 配气机构基本知识的认知

任务情境

任务描述

某车主到4S店做进气系统维护,询问如何改善充气效率的问题,作为汽车医生,需掌握发动机配气机构的构造与原理,并能够进行有效讲解。

🔎 任务分析

根据客户需求,需要将发动机配气机构相关知识对客户进行讲解。这个工作任务需要学生掌握发动机的换气过程及充气效率。

任务目标

🔎 知识目标

1. 掌握发动机的换气过程。
2. 掌握充气效率的概念及影响因素。
3. 掌握改善充气效率的措施。

🔎 能力目标

能在实车上找出进、排气系统中的主要部件。

必备知识

配气机构对于发动机而言,就像呼吸系统之于人体,其重要性不言而喻。发动机的进排气都要通过配气机构来完成,它的表现好坏对发动机的性能的影响是至关重要的。与此同时,汽车配气机构也经历了一个演变的过程,大大提升发动机效率和性能。在学习配气机构检修前,需要对配气机构基本知识进行系统掌握。配气机构的工作分为几个过程,具体如下:

一、换气过程

1. 进气过程

进气过程是指新鲜空气从外界进入发动机气缸内的过程。当进气门打开时,新鲜空气经空气滤清器滤去尘埃等杂质后,沿节气门通道进入动力腔,再经进气歧管分配到各个气缸中;部分发动机冷车怠速运转时,一部分空气经附加空气阀或怠速控制阀绕过节气门进入气缸。

2. 排气过程

排气过程是指气缸内混合气燃烧后生成的废气从气缸内排放到外界的过程。发动机工作过程中,当排气门打开时,气缸内的可燃混合气燃烧后的废气,自排气门排出气缸后,随即进入排气歧管,各缸的排气歧管汇集后,经过排气管将废气排出。

(1) 自由排气阶段 排气门从开启到气缸内压力接近排气管内压力的时期,称为自由排气阶段。此时,废气流量与排气管内的压力无关,只取决于气缸内的气体状态和气门开启面积的大小。自由排气阶段排出的废气可达 60% 以上。

(2) 强制排气阶段 从自由排气阶段结束,活塞上行至上止点,称为强制排气阶段。由于排气通道特别是排气门开启处的阻力,使强制排气阶段内的气缸平均压力比排气管内平均压力略高 10kPa,且流速越高,阻力与压差越大,则排气耗功越多。

(3) 气门叠开与燃烧室扫气 燃烧室扫气是指由于气门叠开,使进气管、气缸、排气管连通起来,使一定数量的新鲜充量直接扫过燃烧室,达到清除废气、填充新鲜空气、降低燃烧室温度的目的,称为燃烧室扫气。

二、配气相位

配气相位就是用曲轴转角来表示的进排气门的实际开闭时刻和开启的持续时间,如用曲轴转角的环形图来表示配气相位,这种图形即称为配气相位图。从配气相位图上可直接看出进排气门实际开启的曲轴转角(时间)。

1. 进气过程曲轴转角

在排气行程接近终了,活塞到达上止点之前,即曲轴转到活塞处于上止点位置还差一个角度α时,进气门便开始开启,直到活塞过了下止点后又上行,即曲轴转到活塞下止点位置以后一个角度β时,进气门才关闭。这里,α称为进气提前角,一般为10°~30°;β称为进气迟闭角,一般为40°~80°。这样,整个进气过程中,进气门开启持续时间的曲轴转角,即进气持续角为180°+α+β,如图3-1所示。

2. 排气过程曲轴转角

在做功行程接近终了,活塞到达下止点前,排气门便开始开启,提前开启的角度γ称为排气提前角,一般为40°~80°。经过整个排气行程,在活塞越过上止点后,排气门才关闭,排气门关闭的延迟角δ称为排气迟闭角,一般为10°~30°。这样,整个排气过程中,排气门开启持续时间的曲轴转角,即排气持续角为180°+γ+δ,如图3-2所示。

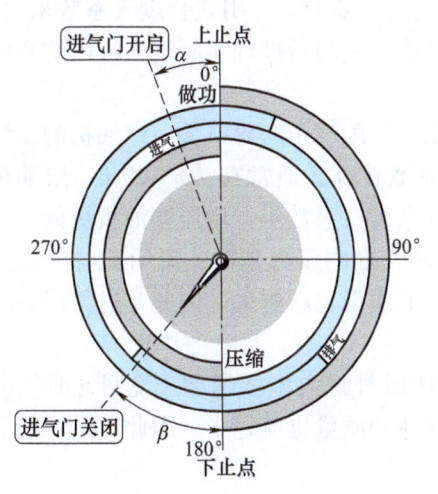

图3-1 进气相位图

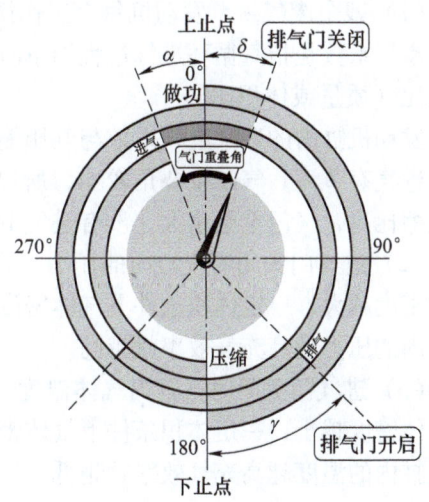

图3-2 排气相位图

3. 气门重叠与气门重叠角

由于进气门早开和排气门晚关,在排气终了和进气刚开始、活塞处于上止点附近时,进、排气门同时开启,这种现象称为气门重叠。进、排气门同时开启过程对应的曲轴转角,称为气门重叠角。气门重叠角的大小为α+δ,如图3-2所示。

由于新鲜气流和废气气流都有各自的流动惯性,在短时间内不会改变流向,只要角度选择合适,就不会出现废气倒流进气道和新鲜气体随废气一起排出的现象。气门重叠期间进气管、气缸、排气管连通起来,可以利用气流压力差和惯性来清除气缸内的残余废气,增加进气量。非增压发动机的进、排气门重叠角一般为20°~60°,若气门重叠角过大,很可能会引起废气倒流入进气管的现象。

三、充气效率

1. 充气效率的概念

发动机换气过程中,新鲜混合气或空气充满气缸的程度,用充量系数(ϕ_c)来表示。充量系数是衡量不同发动机性能和进气过程完善程度的重要指标,又称为充气效率和容积效率。所谓充量系数就是指发动机每缸每循环实际吸入气缸的新鲜空气质量(M)与进气状态下理论计算充满气缸工作容积的空气质量(M_0)的比值,即

$$\phi_c = \frac{M}{M_0}$$

充气效率越高,表明进入气缸内的新鲜空气或可燃混合气质量越多,燃烧混合气可能发出的热量越大,发动机的功率越大。对一定容积的发动机而言,进气质量与进气终了的温度和压力有关,进气的温度越低和压力越高,则进气质量越大,充气效率越高。但由于进气系统对气体造成阻力使进气终了时的气缸内压力下降,又因为上一轮循环中残余的高温废气,使进气终了气体温度升高,实际进入气体的质量总小于在一般状态下的充满气缸气体的质量。也就是说,充气效率总小于1,一般为0.8~0.9。

2. 充气效率的影响因素

(1) 残余废气量　发动机每个工作循环残余废气量的多少,可用残余废气系数来衡量,残余废气系数是指每循环进气过程结束时,缸内残余废气量与每循环实际进入缸内的新鲜充量之比(质量或体积比)。

发动机缸内的残余废气系数与其压缩比、进气压力、配气正时等有关。汽油机的压缩比低,进气有节流,气门重叠角较小,所以残余废气系数较高,通常在7%~20%。柴油机由于压缩比高,气门重叠角大,没有进气节流,所以残余废气系数小,增压柴油机更低。

(2) 进气门关闭时气缸内的压力　进气门关闭时气缸内压力越高,说明此时气缸内的气体密度越大,一定体积条件下气体密度越高,气体的质量也就越大。因此,进气门关闭时气缸内的压力越高充气效率就越高。

(3) 进气门关闭时气缸内气体温度　进气门关闭时气缸内温度越高,说明此时气缸内的气体密度越小,一定体积条件下气体密度越小,气体的质量也就越小。因此,进气门关闭时气缸内的温度越高充气效率就越低。

(4) 进排气相位角　进排气相位角会影响换气质量,其中气门重叠角直接影响燃烧室的扫气,最终影响残余废气量及充气效率。合理的进气相位角有利于减小残余废气系数,提高充气效率。

(5) 压缩比　压缩比是影响发动机性能的重要参数之一,压缩比越高,残余废气量就越少,充气效率就越高。但压缩比过高容易引起爆燃。

(6) 进气状态　外界大气的气体压力和温度将直接影响充气量的多少,进气温度越低和压力越高,则进气质量越大,充气效率越高。

3. 提高充气效率的措施

1) 降低排气系统的阻力损失,以减小气缸内的残余废气系数。

2) 减少高温零件在进气系统中对新鲜充量的加热,以降低进气终了时的充量温度。

3) 遵循合理的配气正时和气门升程规律。

项目三 配气机构构造与检修

4）采用增压技术。
5）采用可变配气相位技术。
6）采用可变气门升程技术。
7）降低进气系统的阻力损失，提高气缸内进气终了时的压力，具体技术措施如下：
①采用较大的进气流通截面面积。
②采用光滑的进气管道壁面。
③减小进气截面的突变和转弯角度。
④尽量采用圆形截面进气管道。

**任务实施**

1. 准备工作

1）准备大众轿车一辆、大众 EA211 发动机一台。
2）准备一套车辆室内外防护件套。
3）常用工具一套。

2. 实施步骤

根据任务要求，每六人一组，每组选出一名组长，组长对小组成员进行任务分配。以小组为单位，根据实训室的车辆与发动机台架配置，完成以下相关的操作：

1）集体观看四冲程发动机换气过程视频。
2）按照工作任务单的引导，完成以下发动机进排气系统的认知。
①本次实训所用的发动机型号是什么？
②你所看到的发动机系统部件有哪些？
③请对照发动机实物说出并指示发动机的进气流通路径。
④对照实物指出哪些部件会影响发动机的充气效率？
⑤你所看到的发动机系统部件有哪些？
⑥请对照发动机实物说出并指示发动机的废气排放流通路径。
⑦对照实物指出哪些部件会影响发动机的残余废气量？
3）完成实训任务后，对工作过程进行自我评价，提交实训工作单，接受指导老师的技能考核。
4）整理并清洁工作场所，清点和收拾所用工具、设备和资料，交回实训室。

**知识拓展**

可变配气相位

在现在的汽车发动机上，经常可以看见像 VVT-i、i-VTEC 等技术标号。这些醒目的标号代表了它们的与众不同，与普通的发动机不一样，这些发动机都采用了发动机可变配气的技术。

可变配气技术，从大类上分，包括可变气门正时和可变气门行程两大类，有些发动机只匹配可变气门正时，如丰田的 VVT-i 发动机；有些发动机只匹配了可变气门行程，如本田的

45

VTEC；有些发动机既匹配的可变气门正时，又匹配的可变气门行程，如丰田的 VVTL-i、本田的 i-VTEC。

1. 可变气门正时

可变气门正时技术在整个可变配气技术里，属于结构简单、成本低的机构系统。它通过液压和齿轮传动机构，根据发动机的需要动态调节气门正时。由于结构简单，增加的成本有限，只需要一套液压装置就能调整凸轮轴相位，而不像其他系统那样，在每个气缸都需要布置一个液压机构，因而这个技术现在已经配备在大多数主流发动机上。

但可变气门正时不能改变气门开启持续时间，只能控制气门提前打开或推迟关闭的时刻。同时，它也不能像可变凸轮轴一样控制气门开启行程，所以它对提升发动机的性能所起的作用有限。

2. 连续可变气门正时和不连续可变气门正时

简单的可变配气相位 VVT 只有两段或三段固定的相位角可供选择，通常是 0°或 30°中的一个。更高性能的可变配气相位 VVT 系统能够连续可变相位角，根据转速的不同，在 0°~30°范围内线性调教配气相位。显而易见，连续可变气门正时系统更适合匹配各种转速，因而能有效提高发动机的输出性能，特别是发动机的输出平顺性。

3. 进气可变气门正时和排气可变气门正时

有一些像宝马汽车公司的双可变配气相位系统，它能同时改变进气凸轮轴和排气凸轮轴的相位角，从而获得与转速更匹配的气门叠加角，因此其拥有效率更高的配气效率。这就是为什么宝马 M3 3.2 发动机［升功率为 100 匹（1 匹＝735.5W）］拥有比前一代仅配备了进气门可变相位系统的 M3 3.0 发动机（升功率为 95 匹）更高的性能。

学习小结

1. 配气相位通常用相对于上、下止点曲拐位置的曲轴转角的环形图来表示。
2. 进、排气门同时开启过程对应的曲轴转角，称为气门重叠角。
3. 充量系数是衡量不同发动机性能和进气过程完善程度的重要指标，又称为充气效率和容积效率。

自我评估

1. 填空题

1) _____ 就是指发动机每缸每循环实际吸入气缸的新鲜空气质量（M）与进气状态下理论计算充满气缸工作容积的空气质量（M_0）的比值。

2) 压缩比越_____ 残余废气量就越少，充气效率就越_____。

3) 从自由排气阶段结束，活塞上行至上止点，称为_____。

2. 判断题

1) 废气流量与排气管内的压力有关，只取决于气缸内的气体状态和气门开启面积的大小。（　　）

2) 自由排气阶段排出的废气可达 60% 以上。（　　）

3) 燃烧室扫气的目的是清除废气、填充新鲜空气、降低燃烧室温度。（　　）

3. 选择题

1) 提高充气效率的措施包括（　　）。
   A. 采用增压技术　　　　　　　　B. 采用可变配气相位技术
   C. 采用可变气门升程技术　　　　D. 降低排气系统的阻力损失
2) 降低进气系统阻力损失的措施包括（　　）。
   A. 采用较大的进气流通截面面积　　B. 采用光滑的进气管道壁面
   C. 减小进气截面的突变和转弯角度　D. 尽量采用圆形截面进气管道

任务二　配气机构的结构认知与检修

任务情境

☞ 任务描述

某车主到 4S 店反映其轿车起步出现加速无力和油耗上升的现象。作为汽车医生，需掌握配气机构的主要部件结构与工作原理，并能够对配气机构正时链或正时皮带进行装配。

☞ 任务分析

根据客户描述，出现起步加速无力和油耗上升的现象，极可能是由于配气正时错乱所致，应拆装配气机构调整配气正时。

任务目标

☞ 知识目标

1. 掌握配气机构的功能和分类。
2. 掌握配气机构主要部件的结构与工作原理。
3. 掌握配气机构拆装的作业流程与技术规范及注意事项。
4. 掌握驱动带、张紧轮及带轮更换的流程。
5. 掌握发动机机械正时的判读方法。

☞ 能力目标

1. 能检查、拆装和更换气门弹簧、气门弹簧座、气门杆等密封件。
2. 能检查、更换或调整驱动带、张紧度及带轮。
3. 能规范对配气机构正时链或正时带进行装配并能检查带轮和正时带的校正情况。

必备知识

一、配气机构的功用与组成

1. 配气机构的功用

按照发动机工作顺序和工作循环的要求，与各气缸活塞的运动相配合，定时开启和关闭各缸的进、排气门，使新鲜可燃混合气（汽油机）或空气（柴油机）进入气缸，废气从气缸排出；在压缩与膨胀行程中，保证燃烧室的密封。

2. 配气机构的组成

配气机构主要包括气门组和气门传动组。气门组包括气门、气门座圈、气门导管、气门弹簧、气门弹簧座和气门锁片（锁销）等，气门传动组包括凸轮轴驱动件（包括正时齿轮、正时链条、正时带）、凸轮轴、气门挺杆、推杆、摇臂及摇臂轴总成等，如图3-3所示。

二、配气机构的分类

1. 按气门的布置形式分类

根据气门的布置形式，可分为顶置气门式和侧置气门式。

（1）顶置气门式的特点　气门行程大，燃烧室结构紧凑，有利于燃烧及散热，同时可提高发动机的压缩比，改善了发动机的动力性。

（2）侧置气门式的特点　结构简单、零件数目少。但由于燃烧室结构不太紧凑，热量损失较大，气道比较曲折，气门升程受到一定的限制，影响充气和排气，从而影响发动机的动力性和经济性，如图3-4所示。

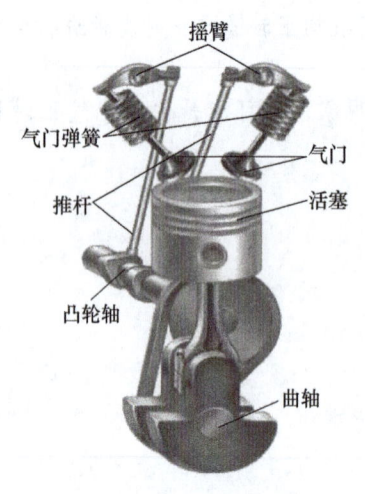

图3-3　典型的顶置双凸轮轴带传动配气机构

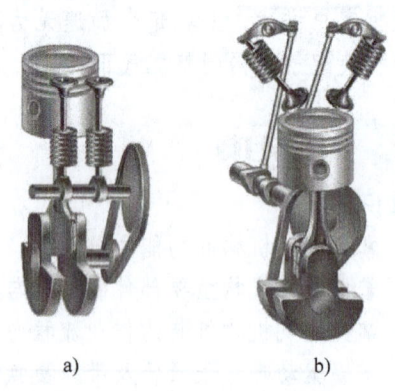

图3-4　配气机构的分类
a）气门侧置　b）气门顶置

2. 按凸轮轴的布置方式分类

根据凸轮轴的布置形式分类，可分为顶置凸轮轴式、中置凸轮轴式和下置凸轮轴式，如图3-5所示。

（1）顶置凸轮轴配气机构　顶置凸轮轴配气机构是将凸轮轴直接布置在气缸盖上，直接通过摇臂或凸轮来推动气门的开启和关闭。这种传动机构没有推杆等运动件，系统往复运动构件的质量大大减小，非常适合现代的高速发动机，尤其是轿车发动机。

顶置凸轮轴配气机构根据顶置气门凸轮轴的个数分为单顶置凸轮轴（SOHC）式和双顶置凸轮轴（DOHC）式两种。单顶置凸轮轴仅用一根凸轮轴同时驱动进、排气门，布置紧凑。双顶置凸轮轴由两根凸轮轴分别驱动进、排气门，有两种布置形式，一种是凸轮通过摇臂驱动气门，另一种是凸轮直接驱动气门，这种双凸轮轴布置有利于增加气门数目，提高进排气效率，提高发动机转速，是现代高速发动机配气机构的主要形式，如图3-6所示。

项目三　配气机构构造与检修

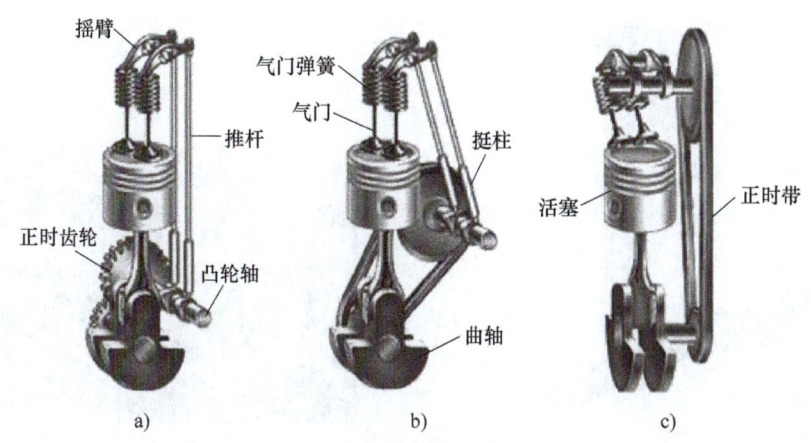

图 3-5　配气机构的分类
a）下置式　b）中置式　c）顶置式

（2）中置凸轮轴配气机构　中置凸轮轴配气机构是将凸轮轴布置在曲轴箱上。与下置凸轮轴相比省去了推杆，由凸轮轴经过挺柱直接驱动摇臂，减小了气门传动机构的往复运动质量，适应更高速的发动机，如图 3-7 所示。

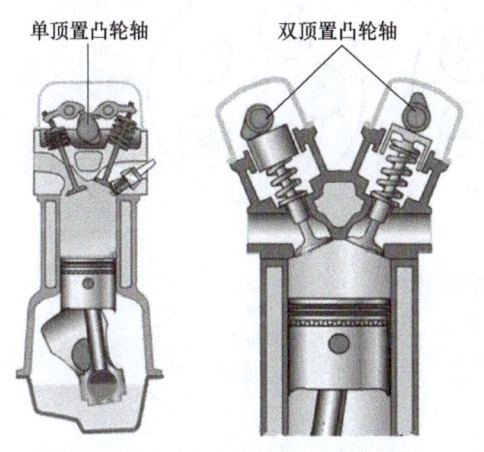

图 3-6　顶置凸轮轴配气机构

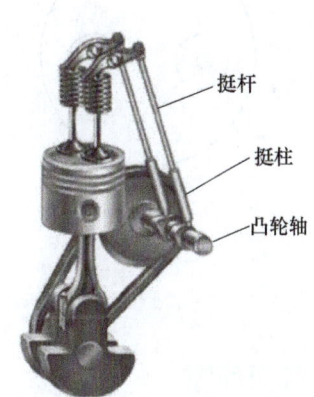

图 3-7　中置凸轮轴配气机构

（3）下置凸轮轴配气机构　下置凸轮轴配气机构是将凸轮轴布置在曲轴箱上，由曲轴正时齿轮带动凸轮轴旋转。这种结构布置的主要优点是凸轮轴离曲轴较近，可用齿轮驱动，传动简单。但是，存在零件较多、传动链长、系统弹性变形大、影响配气准确性等缺点，如图 3-8 所示。

3. 按气门数目分类

根据每个气缸的气门数目分类，可分为二气门式、三气门式、四气门式和五气门式。

传统发动机都采用每缸两气门（一个进气门、一个排气门）。为了改善发动机的充气性能，应尽量加大气门的直径，但由于气缸的限制，气门的直径不能超过气缸直径的一半，如图 3-9 所示。

49

下置凸轮轴
配气机构

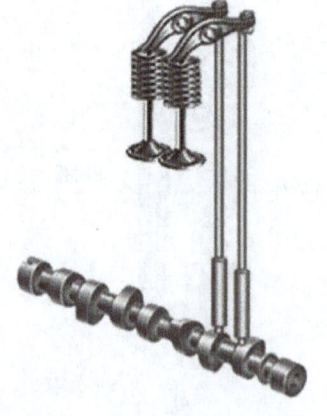

图 3-8 下置凸轮轴配气机构

图 3-9 气门

当每缸采用四气门时，气门的排列方式有两种：一种是同名气门排成两列，由一根凸轮轴通过 T 形驱动杆同时驱动；另一种是同名气门排成一列，这种结构在组织进气涡流、保证排气门及缸盖热负荷均匀等方面都具有优越性，但一般需要两根凸轮轴，结构较复杂，如图 3-10 所示。

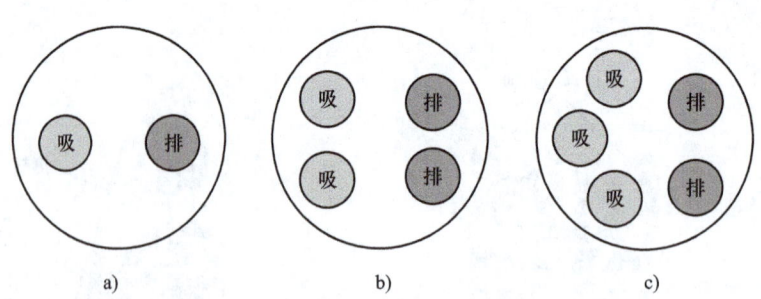

图 3-10 发动机气门数
a) 二气门 b) 四气门 c) 五气门

三、气门间隙

发动机工作时，配气机构零部件由于受热温度升高产生热膨胀，如果运动件之间在冷态时没有间隙或间隙过小，热态时由于运动件受热膨胀，容易引起气门关闭不严，使发动机在压缩和做功行程漏气，导致功率下降，严重时还会造成起动困难。为了消除这种现象，通常发动机冷态装配时，在气门与传动机构中留有适当的间隙，以补偿受热后的热膨胀量，这一间隙通常称为气门间隙，如图 3-11 所示。

气门间隙的大小一般由发动机制造厂根据实验确定。进气门的间隙一般为 0.25~0.30mm，排气门由于温度高，一般为 0.30~0.35mm。如果间隙过小，发动机在热态时可能会关闭不严而漏气，使发动机功率下降。如果间隙过大，则会使气门有效升程减小，使实际进气充量系数下降，此外还加大了传动件之间的冲击，使配气机构噪声增大。

使用液力挺柱的发动机，挺柱的长度能自动变化，补偿气门的热膨胀量，所以不需要预留气门间隙，同时也减小了配气机构的振动和噪声，因此被广泛用在发动机中。

四、配气机构的工作过程

如图 3-12 所示,以凸轮轴上置式配气机构为例说明配气机构的工作过程。

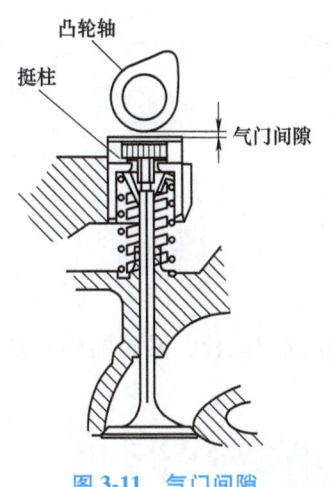

图 3-11　气门间隙

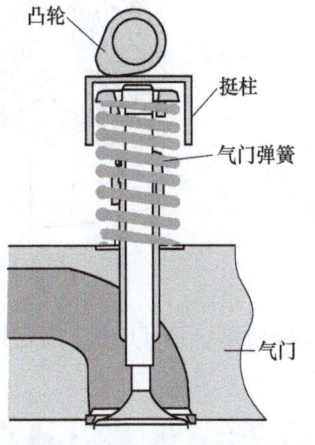

图 3-12　配气机构的工作过程

配气机构的工作过程

1)凸轮轴凸轮基圆部分与挺柱接触时,挺柱不升高,气门处于关闭状态。

2)当凸轮轴转动时,凸轮凸起部分与挺柱接触,将挺柱压下,挺杆推动气门克服气门弹簧力使气门打开。

3)当凸轮轴继续转动,凸轮凸起部分转过挺柱后又恢复凸轮基圆与挺柱接触。凸轮不再驱动挺柱,气门在弹簧张力的作用下,开度逐渐减小,直至关闭,恢复到关闭状态。

从上述工作过程可以看出,气门的开启是通过气门传动组的作用而完成的,而气门的关闭是由气门弹簧来完成的,气门的开闭时刻与规律完全取决于凸轮的轮廓曲线形状。每次气门打开时,压缩弹簧为气门关闭积蓄能量。

 **任务实施**

1. 准备工作

1)准备大众发动机台架、润滑油、擦拭纸、清洁剂。

2)准备常用工具,用专用工具固定曲轴带轮扳手 S3415、固定卡具 CT80009、曲轴垫圈 T10368、定位扳手 T10172、凸轮轴固定工具 T10477、30mm 特殊扳手 T10499、13mm 环形扳手 T10500。

2. 实施步骤

根据任务要求,每六人一组,每组选出一名组长,组长对小组成员进行任务分配。以小组为单位,根据实训室的发动机台架配置,完成以下相关的操作:

(1)拆卸延时机构

1)用 S3415 及 CT80009 固定曲轴带轮,用 Hazet 6294-1 将其螺栓拆除,如图 3-13 所示。

2)将 T10368 套入螺栓中并拧入曲轴带轮孔中,按顺序拆下凸轮轴罩盖、曲轴前罩盖、中间罩盖。

正时机构的拆卸

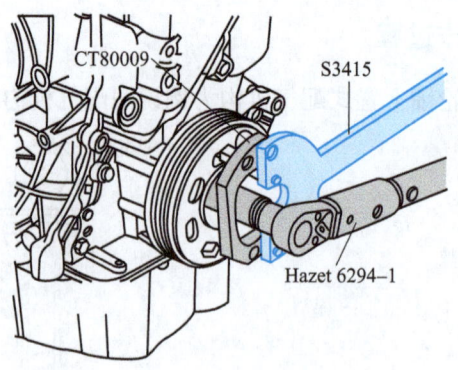

图3-13 拆卸曲轴带轮

3）如图3-14a所示，用T10172固定进气凸轮轴带轮，拧松固定螺栓，并用同样的方法拧松排气凸轮轴。

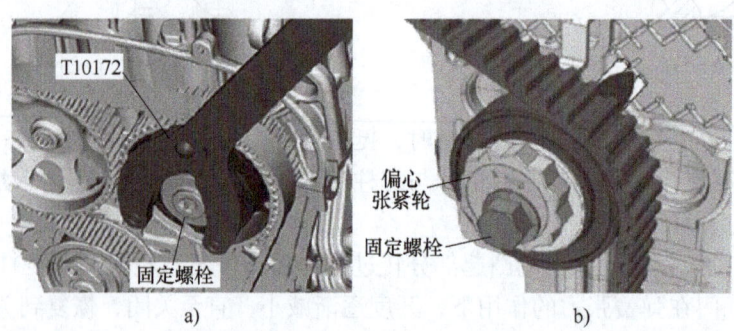

图3-14 拆卸正时带

4）将两个凸轮轴正时带的固定螺栓松开一圈，如图3-14b所示，松开张紧轮固定螺栓，用T10499松开偏心张紧轮。

5）将正时带拆下。

（2）装配正时机构

正时机构的装配

1）拆下第一缸火花塞，放入长条形工具（如螺钉旋具），旋转曲轴，找到曲轴的第一缸上止点大概位置。然后顺时针转动曲轴，使其转过第一缸上止点270°左右。

2）将缸体上用于密封"一缸上止点"孔的锁定螺栓拧出，装入T10340并以30N·m的力矩拧紧。然后将曲轴沿顺时针方向转动，至限位位置。

3）用凸轮轴定位工具T10477将凸轮轴固定在上止点位置，如图3-15所示。

4）更换凸轮轴带轮固定螺栓，并将其拧上，但不要拧紧，使凸轮轴带轮能在凸轮轴上转动，但不能晃动。

5）安装张紧轮，使张紧轮的凸耳（如图3-16中箭头所示）嵌入在气缸盖的铸造孔内，将张紧轮的固定螺栓用手拧紧。

6）按下列顺序装上正时带：曲轴正时带轮、张紧轮、排气凸轮轴带轮、进气凸轮轴带轮、导向轮。

项目三 配气机构构造与检修

图 3-15 装配正时带

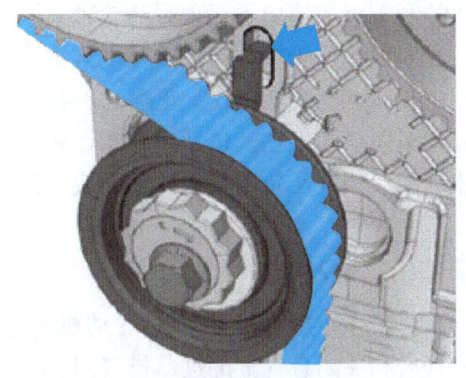

图 3-16 正时带张紧轮

7）用 T10499 将张紧轮的偏心轮沿顺时针方向转动，直到指示针位于缺口右侧 10mm 处（目的是使传动带绷紧），接着逆时针转动偏心轮，直到指示针正好位于缺口中间。将偏心轮保持在该位置上，同时用 T10500 拧紧固定螺栓，如图 3-17 所示。

8）用 T10172/2 和 T10172 将凸轮轴带轮的两个固定螺栓拧紧至 50N·m，拧紧此两个螺栓的反作用力，必须由 T10172/2 和 T10172 承受。

9）拆卸 T10477 和 T10340，并安装缸体上密封上止点孔的锁定螺栓。

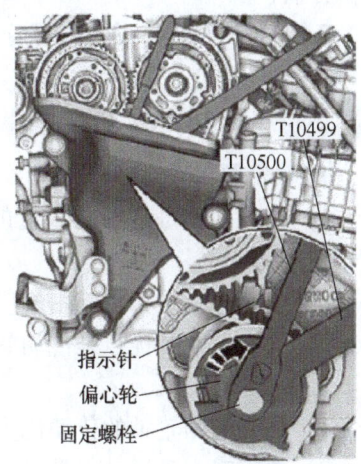

图 3-17 张紧正时带

（3）检查

1）拆下一缸火花塞，放入长条形工具（如螺钉旋具），旋转曲轴，找到曲轴的一缸上止点大概位置。然后顺时针转动曲轴，使其转过一缸上止点 270°左右。

2）将缸体上用于密封"一缸上止点"孔的锁定螺栓拧出，装 T10340 并以 30N·m 的力矩拧紧。然后将曲轴沿顺时针方向转动，至限位位置。

3）T10494 可以很容易地安装到凸轮轴的上止点位置，并能用固定螺栓轻易地拧到底，则正时调整正确，否则，需重新调整正时。

4）完成实训任务后，对工作过程进行自我评价，提交实训工作单，接受指导老师的技能考核。

5）整理并清洁工作场所，清点和收拾所用工具、设备、资料，交回实训室。

知识拓展

最早一批采用双顶置凸轮轴设计的发动机分别是由菲亚特（于 1912 年）、标致（于 1913 年）、阿尔法·罗密欧（于 1914 年）设计制造的。其中后两者还采用了每缸四气门的设计。在后来的阿尔法·罗密欧 6C（1925 年）、玛莎拉蒂蒂波 26（1926 年）、布加迪 51 型（1931 年）以及早期的奥迪等车上也采用了这一技术。此外，早期采用每缸两气门技术的法拉利车大多使用了双顶置凸轮轴。

当双顶置凸轮轴技术被最初引入主流汽车市场时，汽车制造商对这一技术进行了大量的推广。在 20 世纪 60 年代，正当这一技术还仅限于用于少数限量生产的汽车和运动车上时，菲亚特集团果断地在其包括轿跑车、轿车、敞篷车和旅行车在内的产品线上全面使用了传动带驱动的双顶置凸轮轴技术，从而成为第一家全面应用这一技术的公司。

学习小结

1. 配气机构的功用是按照发动机每一个气缸内所进行的工作循环和点火顺序的要求，定时开启和关闭各气缸的进、排气门。
2. 凸轮轴的布置形式根据凸轮轴在机体中安装位置的不同，分为下置式、中置式和顶置式三种。
3. 按照凸轮轴传动形式可分为链传动、同步带传动和齿轮传动三种。

自我评估

1. 填空题

1) 按发动机每缸气门数量的不同，可分为_____、_____、_____、_____配气机构。

2) _____是目前应用最广泛的一种配气机构形式。

3) _____的优点是传动的准确性和可靠性好，但是噪声较大。

2. 判断题

1) 曲轴与凸轮轴的传动比为 4∶1。　　　　　　　　　　　　　　　　（　　）

2) 热态时由于运动件受热膨胀，容易引起气门关闭不严，使发动机在压缩和做功行程漏气，导致功率下降。　　　　　　　　　　　　　　　　　　　　（　　）

3) 使用液力挺柱的发动机，挺柱的长度能自动变化，补偿气门的热膨胀量，所以不需要预留气门间隙。　　　　　　　　　　　　　　　　　　　　　　（　　）

3. 选择题

1) 按凸轮轴的布置形式分类中没用的是（　　）。
　　A. 顶置　　　　B. 中置　　　　C. 下置　　　　D. 侧置

2) 配气机构按气门数分类，没有的是（　　）。
　　A. 每缸一气门　B. 每缸三气门　C. 每缸四气门　D. 每缸五气门

任务三　气门组的结构认知与检修

任务情境

☞ **任务描述**

某车主到 4S 店反映其轿车出现加速无力的现象。作为汽车医生，需掌握气门组的主要部件结构与工作原理，并能够对气门组进行拆装。

项目三 配气机构构造与检修

任务分析

根据客户描述，出现起步加速无力的现象，极可能是由于气门关闭不严所致，需要对气门组零件进行拆装与维修。

任务目标

知识目标

1. 掌握气门组的主要组成部件、作用与工作原理。
2. 掌握气门组常见的检修内容。
3. 掌握气门的检查方法和注意事项。
4. 掌握气门弹簧高度、气门杆高度的测量方法。

能力目标

1. 能规范对气门组进行拆装。
2. 能测量气门弹簧的安装高度、气门杆高度，确定维修内容。

必备知识

一、气门组的结构

气门组主要由气门、气门弹簧和气门锁片等组成，通常情况下，进气口的直径要大于排气口，主要是为了增加进气量来提高燃烧效率，从而获得更好的动力输出，如图3-18所示。

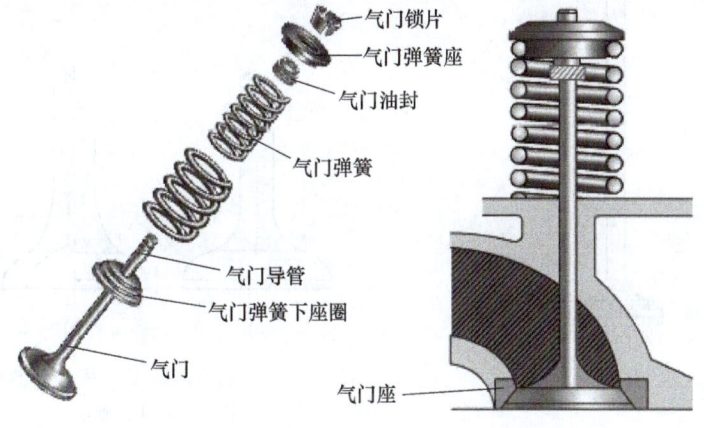

图3-18 气门组的结构

1. 气门

配气机构的气门分为进气门和排气门。进气门的作用是让新鲜空气由此进入气缸内，排气门则让燃烧后的废气排出气缸。许多机型进气门头部的直径大于排气门头部，主要是为了增加充气量，从而提高气缸的燃烧效率和输出功率，如图3-19所示。

（1）材料 进气门一般采用中碳合金钢，排气门采用耐热合金钢，进气门的工作温度为300～400℃，排气门的工作温度为780～980℃，有的发动机排气门杆部充液态钠，在密封锥面和尾部堆焊合金。气门散热原理如图3-20所示。

图 3-19 气门

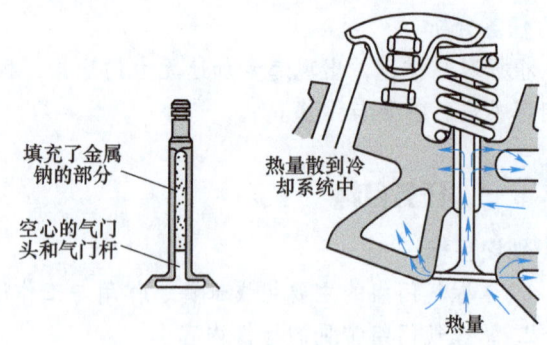

图 3-20 气门散热原理

（2）气门构造　气门的结构主要分为头部和杆身，气门头部又可分为气门顶部和密封锥面，如图 3-21 所示。

气门头部按照其形状的不同可分为平顶、喇叭形顶和球面顶。平顶式结构简单，制造方便，吸热面积小，质量也较小，进、排气门都可采用。喇叭顶头部与杆部的过渡部分具有一定的流线形，可以减小进气阻力，但其顶部受热面积大，故适用于进气门，而不宜用于排气门。球面顶适用于排气门，因为其强度高，排气阻力小，废气的清除效果好，但球形的受热面积大，质量和惯性力大，加工较复杂，如图 3-22 所示。

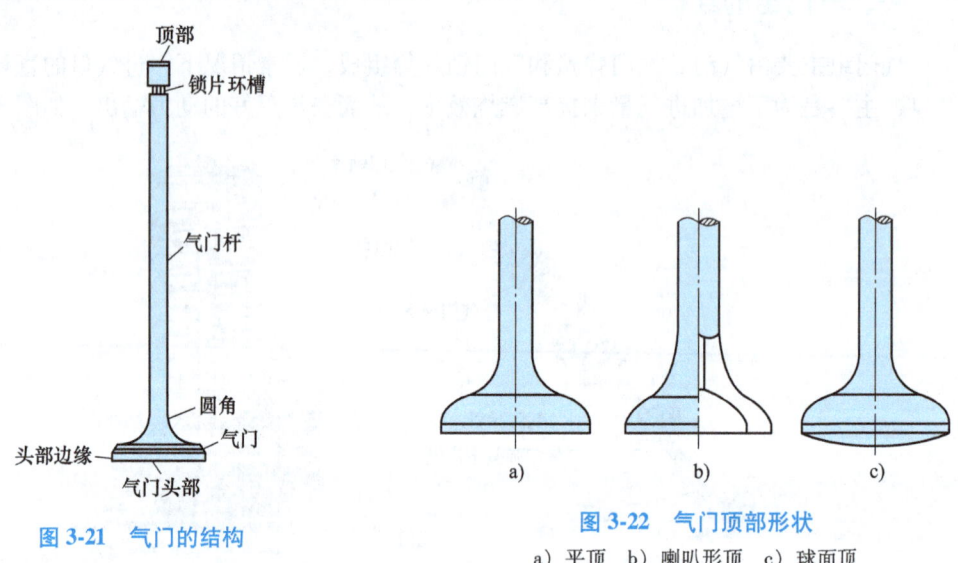

图 3-21 气门的结构

图 3-22 气门顶部形状
a）平顶　b）喇叭形顶　c）球面顶

在传统发动机上，每个气缸都是一个进气门和一个排气门。但是为了提高进气和排气效率，现在的发展趋势多采用多气门技术。每个气缸设置多个气门的好处是：形成紧凑型燃烧室，喷油器布置在中央，这样能使可燃混合气燃烧更迅速、更均匀，可使各气门的重量和开度适当减小，有利于提高气门开启和闭合的速率。

目前气门个数有二、三、四、五四种形式。四气门结构的惯性相对较小，运动更加灵活，开启或关闭的角度也更精准，因此四气门的应用越来越广泛。

2. 气门弹簧

气门弹簧的功用是使气门自动复位关闭，保证气门关闭时能紧密地与气门座或气门座圈贴合，吸收气门关闭过程中配气机构产生的惯性力，使传动件始终受凸轮控制而不相互脱离。安装时进行预压缩。

气门弹簧多种多样，如图 3-23 所示。通常情况，气门弹簧采用等节距圆柱形螺旋弹簧。当气门弹簧的工作频率与其固有的振动频率相等或为整数倍时，气门弹簧会发生共振。共振将使配气定时遭受破坏，气门发生反跳或者冲击，甚至造成弹簧折断。为了防止气门弹簧发生共振，在设计上采取了以下措施（图 3-23）：

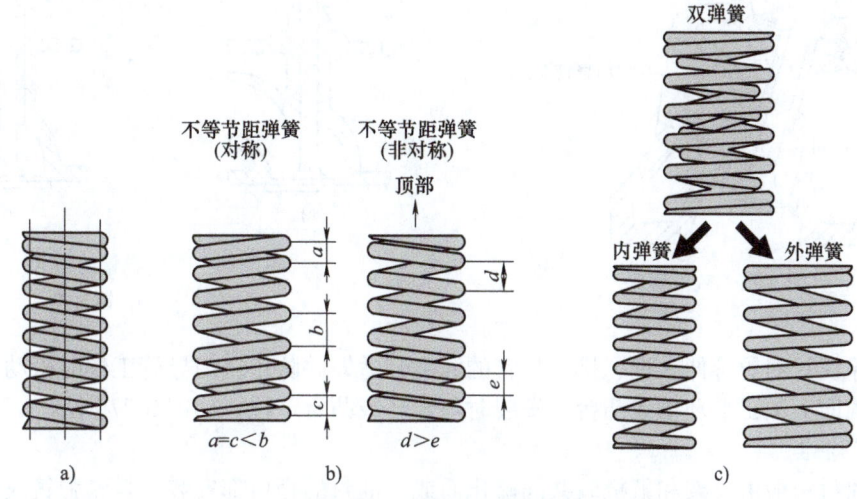

图 3-23　气门弹簧的不同形式
a) 等螺距弹簧　b) 变螺距弹簧　c) 双弹簧

（1）采用双气门弹簧　双气门弹簧就是在每个气门上安装两个直径不同、旋向相反的内外弹簧。由于两个弹簧的固有振动频率不同，当一个弹簧发生共振时，另一个弹簧能起阻尼减振作用。采用双气门弹簧还可以减小气门弹簧的高度。另外，当一个弹簧折断时，另一个弹簧仍可维持气门工作。气门弹簧旋向相反可以防止折断的弹簧圈卡入另一个弹簧内，如图 3-24 所示。

图 3-24　双气门弹簧

（2）采用锥形气门弹簧　锥形气门弹簧的刚度和固有振动频率沿弹簧轴线方向是变化的，因此可以消除共振的可能性。

（3）某些机型采用了不等节距单气门弹簧　由于不等节距气门弹簧的固有振动频率不是定值，从而可以避免共振的产生，如图 3-23 所示。

3. 气门导管

气门导管的作用是为气门的运动导向，保证气门直线运动兼起导热作用。气门导管由灰铸铁、球墨铸铁或铁基粉末冶金制造。气门导管以一定的过盈量压入气缸盖上的气门导管座孔，再精铰气门导管内孔，以保证气门导管与气门杆的正确配合间隙。气门导管的功用是对气门的运动起导向作用，使气门做往复直线运动，并且保证气门与气门座正确贴合。此外，气门导管还能将气门杆的部分热量传送给气缸盖，如图 3-25 所示。

气门导管的润滑条件很差,仅仅依靠发动机运转时飞溅起来的机油来润滑气门杆和气门导管内孔。气门导管的功用是对气门的运动起导向作用,以保证气门做往复直线运动和落座准确。

气门导管有一体式和镶入式两种类型,如图3-26所示。

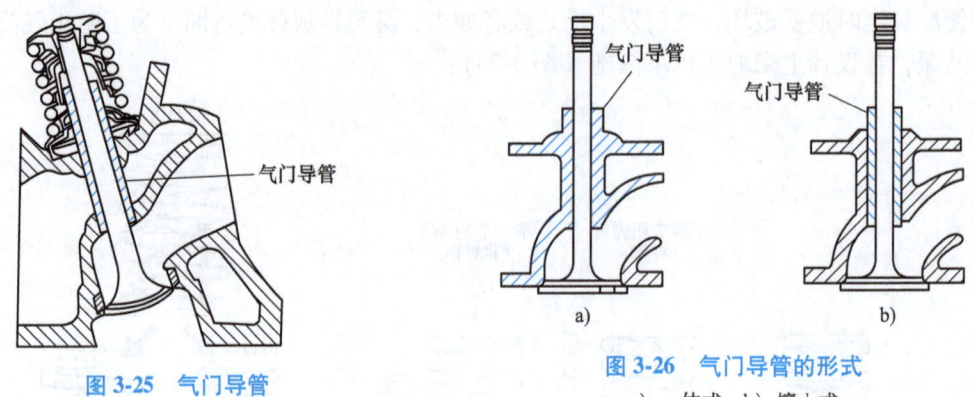

图3-25 气门导管

图3-26 气门导管的形式
a)一体式 b)镶入式

为了保证气门导管伸入进、排气歧管的深度合适,并防止气门导管工作时松动,有的气门导管在圆面上加工卡环槽或凸台,安装时由卡环或凸台定位,如图3-27所示。

4. 气门油封

气门油封一般由骨架和氟橡胶共同硫化而成。油封的径口部安装有自紧弹簧或钢丝,用于箍紧气门杆。气门油封可以防止发动机的机油经由气门进入进气管、排气管,或者进入燃烧室,减少机油的损耗量。气门油封在高温条件下工作,因此采用耐热性和耐油性优良的氟橡胶制作,如图3-28所示。

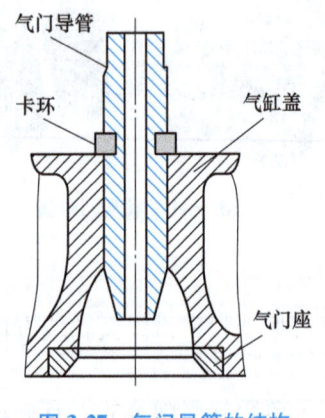

图3-27 气门导管的结构

图3-28 气门油封

5. 气门座

气缸盖的进、排气道与气门锥面相贴合的部位称为气门座。可在气缸盖上直接镗出,但大多数是用耐热合金钢单独制成座圈(称为气门座圈),压入气缸盖中,以延长使用寿命和便于维修更换。

(1)气门座的作用 气门座的作用是依靠其内锥面与气门锥面的紧密贴合来密封气缸接受气门传来的热量。

（2）气门座的形式　气门座主要有两种形式，一种是直接在气缸镗出，这种形式散热效果好，但不耐磨、耐高温，不便修理。另一种是气门座圈镶嵌，这种形式耐磨、耐高温、耐冲击，但导热性差。

气门座或气门座圈的锥角与气门锥角相适应。在磨削气门时，一般应使气门锥角比气门座或气门座圈锥角小0.5°~1°。这一角度称为干涉角，如图3-29所示。

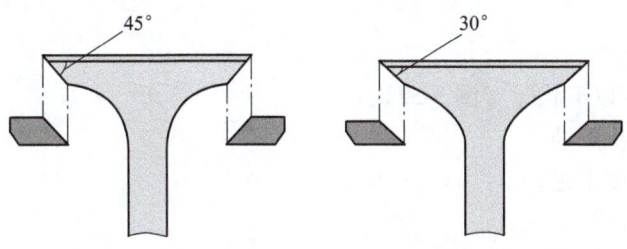

图3-29　气门和气门座圈的锥角

6. 弹簧座的固定方式

弹簧座的固定方式主要有锁环式和锁销式，如图3-30所示。

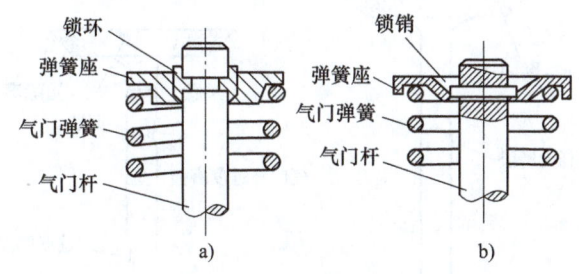

图3-30　弹簧座的固定方式
a）锥形锁环式　b）锁销式

7. 气门间隙

为了防止受热膨胀后气门关闭不严，大多数发动机预留了气门间隙，但这又会造成气门开启、关闭时的冲击，产生磨损和噪声。通常发动机在冷态装配时，在气门杆尾端与气门驱动零件（摇臂、挺柱或凸轮）之间留有适当的间隙，如图3-31所示。

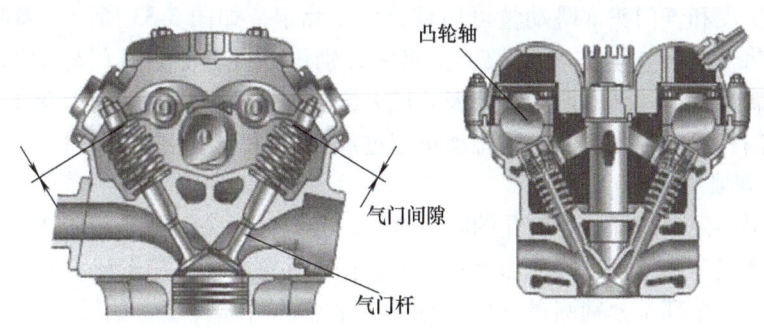

图3-31　气门间隙

二、气门检查

发动机工作时,气门受冲击性交变载荷较大,当气门跳动或气门间隙过大时,载荷将显著增加,而导致气门杆及气门头部变形、漏气或严重磨损。气门常见的损坏形式有:气门及气门座工作面磨损和烧蚀、气门杆弯曲和磨损、气门杆端面磨损、气门杆与导管配合松旷及积炭等。

1. 气门外观的检查

检查气门是否有以下状况(图3-32):
1) 气门锥角部位点蚀。
2) 气门边缘厚度不足。
3) 气门杆弯曲。
4) 气门杆点蚀或严重磨损。
5) 气门锁片槽磨损。
6) 气门杆端面磨损。

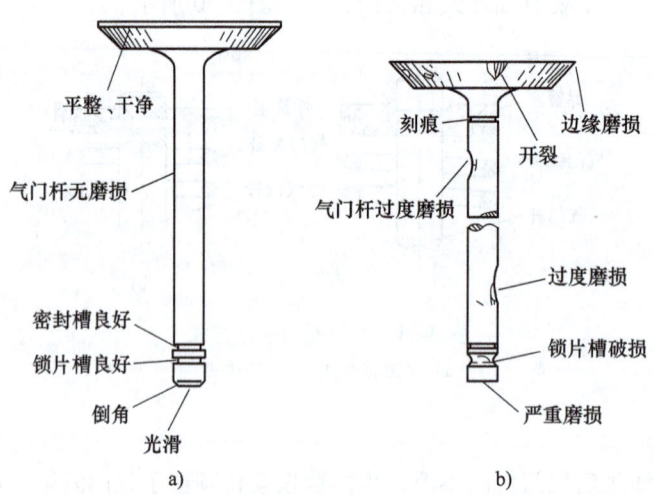

图 3-32 气门损坏形式

2. 气门杆弯曲度和气门头部跳动的检查

气门杆弯曲度和气门头部跳动量可用百分表来测定,如图3-33所示。清除气门积炭并将气门擦净,将气门杆支承在V形架上,然后分别用百分表测量气门杆中部和气门头部。安装百分表,转动气门一圈,两只百分表的最大读数与最小值之差分别为弯曲度和气门头部跳动量。若气门杆弯曲度或气门头部跳动量超过规定范围,则应更换气门。

3. 气门杆磨损的检查

气门杆磨损会使气门杆与导管孔的间隙增大,导致气门关闭不严而漏气,高温废气通过导管孔间隙,使气门及导管过热,加速它们的磨损,并可能使气门卡死。用外径千分尺在气门杆上、中、下三个部位分别测量气门杆圆周四个点的磨损程度,如图3-34所示,将测量的尺寸与标准值比较,若超过规定范围,则更换气门。

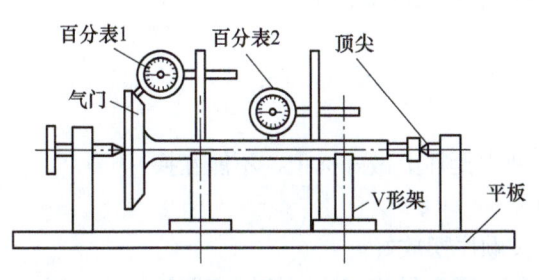

图 3-33 气门杆弯曲度和气门头部跳动量的检测

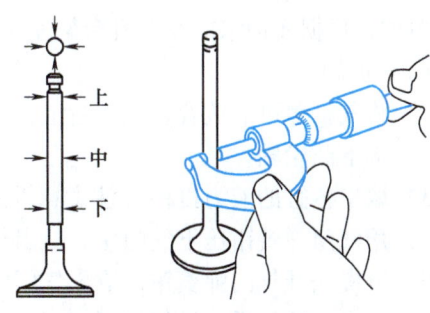

图 3-34 气门杆磨损的检测

三、气门弹簧的检查

气门弹簧的检查包括自由长度检查、垂直度检查和弹簧弹力检查。气门弹簧的自由长度可用游标卡尺测量,若超过规定范围应更换气门弹簧。

气门弹簧垂直度可用直角尺进行测量,如图 3-35 所示。若气门弹簧轴线垂直度或弹簧外径的垂直偏差超过规定范围,应更换气门弹簧。

气门弹簧的弹力应在专用弹簧检验仪上进行检查,如图 3-36 所示。用专用弹簧检验仪对气门弹簧施加压力,在规定压力下的气门弹簧高度(或规定气门弹簧高度下的压力)应符合标准,否则,应更换气门弹簧。

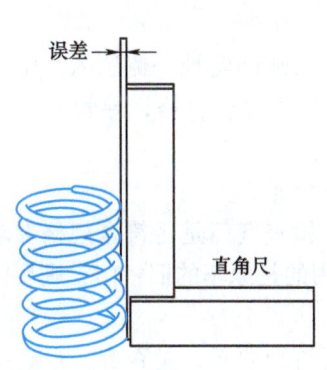

图 3-35 气门弹簧垂直度的检测

图 3-36 气门弹簧弹力的检查

任务实施

1. 准备工作

1)准备发动机气缸盖、拆装桌、常用工具、气门拆装钳、小一字螺钉旋具、专用工具 3047A 和 3121。

2)准备润滑油脂、毛巾、手套、清洁剂。

2. 实施步骤

根据任务要求,每六人一组,每组选出一名组长,组长对小组成员进行任务分配。以小

组为单位,根据实训室的发动机台架配置,完成以下相关的操作:

(1) 拆卸

1) 将气缸盖可靠放置在工作台上,并垫上毛巾。

2) 拆下凸轮轴。

3) 取出各缸的液力挺柱(注意:拆卸时在液力挺柱上做好标记,不能互换)。

4) 用气门弹簧钳压下气门座,取出气门锁片。

5) 慢慢松开气门弹簧钳,取出气门弹簧,按顺序摆放好。

6) 取出各缸的进、排气门(注意:拆卸时气门需要做好记号,按顺序摆放)。

7) 用专用工具 3047A 取出气门油封,如图 3-37 所示。

8) 用专用工具 3121 取出气门导管,如图 3-38 所示。

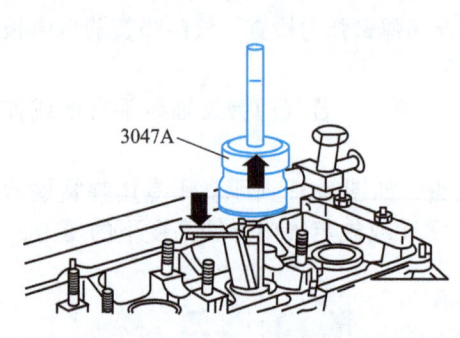

图 3-37　取出气门油封

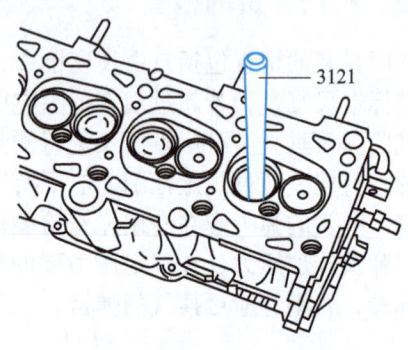

图 3-38　取出气门导管

(2) 装配

1) 安装气门导管。将气门导管涂上机油后用专用工具从凸轮轴一侧压入气缸盖,并且要压到规定位置。注意:安装气门导管前应检查座孔和导管是否合格;导管安装为过盈配合,用专用工具 3121 压入。

2) 安装气门油封。此时要检查气门油封规格是否符合要求。

3) 安装气门。安装气门前要在气门杆上涂上机油,检查气门是否符合规格要求,在安装的时候注意不要把进、排气门的位置装错位,如果使用的是原车的旧气门,则要注意各缸的气门不可互换。

4) 装入气门弹簧,安装前检查气门弹簧的高度是否符合要求,是否有变形、裂纹和折断损坏的现象。

5) 装入气门弹簧垫片。

6) 用专用工具压下气门弹簧垫(注意:在安装前应检查弹簧垫、锁片是否有磨损、变形、裂纹等损坏情况,安装新的锁片时应检查规格是否符合要求)。

7) 装入弹簧锁片。

8) 装液力挺柱时,要注意液力挺柱不可互换。

9) 完成实训任务后对工作过程进行自我评价,提交实训工作单,接受指导老师的技能考核。

10) 整理并清洁工作场所,清点和收拾所用工具、设备、资料,交回实训室。

知识拓展

1)气门响准确地说应该叫作气门脚响,其故障表现一般有以下几种特征:
①响声明显、清脆、连续而有节奏,在气门室一侧察听,响声尤其明显。
②响声随发动机转速高低而产生疏密变化。
③怠速运转时,在气门间隙处插入塞尺,响声减弱或消失。
2)产生故障的原因及解决办法如下:
①气门间隙过大。此种情况下通过调整气门间隙即可解决问题。
②凸轮轴或气门脚磨损过甚,运转中挺杆产生跳动。此种情况下必须更换凸轮轴或气门脚才能解决问题。
③机油黏度过大。这种情况比较特殊,并不多见。一般都发生在比较先进的车型上,配气系统的气门挺杆部分使用了液压挺柱,如红旗、奥迪和桑塔纳等轿车。使用液压挺柱,可保证气门间隙为零,从根本上消除气门响。此时,机油在液压挺柱中起到了液压油的作用,由于发动机的转速非常高,机油流进、流出液压挺柱的频率也非常高。

当机油黏度大时,势必造成每次的进油量不足,液压挺柱反应滞后,相应的挺杆伸出长度不够,气门间隙加大,由此造成气门产生响声。如果因机油黏度大而引起气门响时,只需换上黏度低些的机油就可以解决问题。

学习小结

1. 气门组主要由气门、气门弹簧、气门锁片、气门导管和气门座等组成。
2. 目前应用最多的是平顶气门,其结构简单,制造方便。
3. 气门锥面与气门顶面之间的夹角称为气门锥角。

自我评估

1. 填空题

1)进、排气门的气门锥角一般均为_____,只有少数发动机的进气门锥角为_____。
2)_____的作用是起导向作用,保证气门做直线运动,使气门与气门座能正确贴合。
3)气门座材料一般采用_____、_____,也有采用_____的。

2. 判断题

1)气门杆与气门导管之间有0.5mm间隙,使气门杆能在导管中自由运动。( )
2)气门弹簧为了防止生锈,表面镀锌。( )
3)为了防止共振的发生,有些发动机采用变螺距气门弹簧、双气门弹簧或锥形气门弹簧等。( )

3. 选择题

1)气门工作条件中没有的是( )。
　　A. 高温　　　　B. 散热差　　　　C. 无冲击　　　　D. 高速
2)以下弹簧中气门弹簧不采用的是( )。
　　A. 双气门弹簧　　B. 变螺距气门弹簧　　C. 锥形弹簧　　D. 钢板弹簧

任务四 气门传动组的结构认知与检修

任务情境

☞ **任务描述**

某车主到 4S 店反映其轿车出现凸轮轴异响的现象。作为汽车医生，需掌握气门传动组的主要部件结构与工作原理，并能够对凸轮轴弯曲度、磨损量与轴向间隙进行检测。

☞ **任务分析**

根据客户描述，起步出现凸轮轴异响的现象，极可能是由于凸轮轴轴向间隙过大所致，需要对气门传动组零件进行拆装与维修。

任务目标

☞ **知识目标**

1. 掌握气门传动组的功用、结构与工作原理。
2. 掌握凸轮轴外观检查的内容。
3. 掌握凸轮轴传动机构的更换流程及注意事项。

☞ **能力目标**

1. 能规范对凸轮轴弯曲度与磨损量进行检测。
2. 能规范对凸轮轴轴向间隙进行检测。
3. 能检查并更换凸轮轴传动机构（包括检查：齿轮磨损和间隙、正时链轮和链条的磨损、顶置凸轮驱动链轮、驱动带、张紧力、张紧轮、凸轮位置传感器）。

必备知识

气门传动组是从正时齿轮开始至推动气门动作的所有零件，其组成视配气机构的形式而有所不同。气门传动组主发包括凸轮轴、正时齿轮、挺柱及其导杆、推杆、摇臂和摇壁轴等，其作用是使进、排气门按配气相位规定的时刻进行开闭，并保证有足够的开度。

一、凸轮轴

1. 凸轮轴的功用

凸轮轴是气门传动组中的主要部件，其作用是驱动气门组件并控制气门的开闭及其升程的变化规律。凸轮轴通过轴承支承在气缸盖上，凸轮轴由发动机前部的正时齿轮、正时链条或正时带驱动。凸轮轴上有许多油孔，用来润滑凸轮和气门组件。在四冲程发动机上，由于凸轮轴驱动齿轮的齿数是曲轴正时齿轮齿数的 2 倍，所以凸轮轴的转速是曲轴转速的 1/2。

2. 凸轮轴的构造

凸轮轴的主体是一个与气缸组长度相同的圆柱形棒体。上面有若干个凸轮，用于驱动气门，如图 3-39 所示。凸轮轴的一端是轴承支承点，另一端与驱动轮相连接。凸轮的侧面呈鸡蛋形，其设计的目的在于保证气缸充分地进气和排气，具体来说，就是在尽可能短的时间内完成气门的开、闭动作。另外考虑到发动机的耐久性和运转的平顺性,气门也不能因开闭动作中的加减速过程产生过多、过大的冲击,否则,就会造成气门的严重磨损、噪声增大或是其他严重后果。因此,凸轮和发动机的功率、转矩输出以及运转的平顺性有很直接的关系。

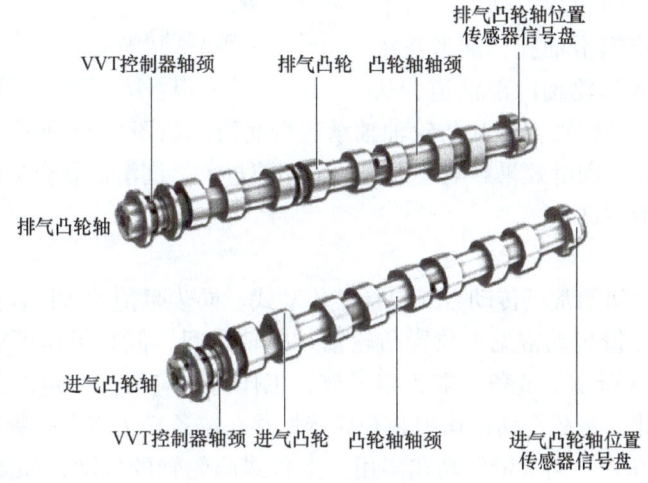

图 3-39　顶置式凸轮轴的结构

3. 凸轮轴的分类

按凸轮轴数目的多少,可分为单顶置凸轮轴和双顶置凸轮轴两种。

(1) 单顶置凸轮轴　单顶置凸轮轴在气缸盖上用一个凸轮轴直接驱动进、排气门,它结构简单,适用于高速发动机,如图 3-40 所示。一般采用中置凸轮轴,即凸轮轴在气缸侧面,由正时齿轮直接驱动。为了把凸轮轴的转动变换为气门的往复运动,必须使用气门推杆来传递动力。这样,往复运动的零件较多,惯性质量大,不利于发动机高速运动。而且,细长的推杆具有一定的弹性,容易引起振动,加速零件磨损,甚至使气门失去控制。

(2) 双顶置凸轮轴　双顶置凸轮轴是在缸盖上装有两个凸轮轴,一个用于驱动进气门,另一个用于驱动排气门,如图 3-41 所示。采用双顶置凸轮轴对凸轮轴和气门弹簧的设计要求不高,特别适用于气门 V 形配置的半球形燃烧室,也便于和四气门配气机构配合使用。

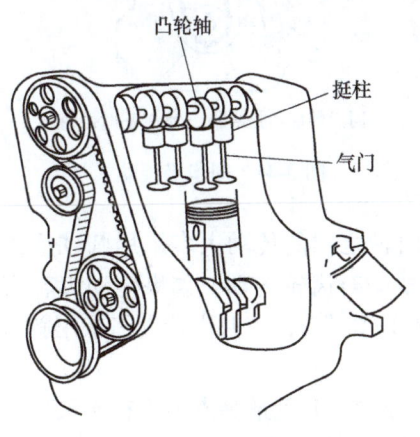

图 3-40　单顶置凸轮轴

图 3-41　双顶置凸轮轴

4. 凸轮轴润滑

凸轮轴在发动机工作时高速旋转，凸轮轴轴颈与轴承以及凸轮与挺柱间的摩擦都需要良好的润滑。凸轮轴内部加工有润滑油道，轴颈加工有润滑油孔，润滑系统主油道的润滑油进入凸轮轴内部油道，从润滑油孔处流出，对凸轮轴轴颈和凸轮轴轴承进行润滑，如图 3-42 所示。对于凸轮轴轴承处的润滑，轴承间隙对润滑效果影响很大。如果间隙过大，润滑油就会从轴承间隙中泄漏出来，造成轴颈处润滑不良。

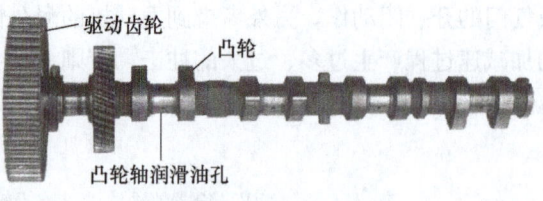

图 3-42　凸轮轴的润滑

5. 凸轮轴传动

凸轮轴与曲轴之间的常见传动方式包括链传动式、同步带传动式以及齿轮传动式。

（1）链传动式　链传动常见于顶置凸轮轴与曲轴之间，但其工作可靠性和耐久性不如齿轮传动，如图 3-43 所示。链条一般为滚子链，工作时，应保持一定的张紧力，不使其产生振动和噪声，为此，在链传动机构中装有导链板并在链条松边装有张紧器。

（2）同步带传动式　同步带传动式多用于上置式凸轮轴的传动，如图 3-44 所示，同步带式传动与齿轮和链传动相比，具有噪声小、重量轻、成本低、工作可靠和不需要润滑等优点。另外，同步带伸长量小，适合有精确正时要求的传动。为了确保传动可靠，同步带需保持一定张紧力，为此，在同步带传动机构中也设置张紧器。

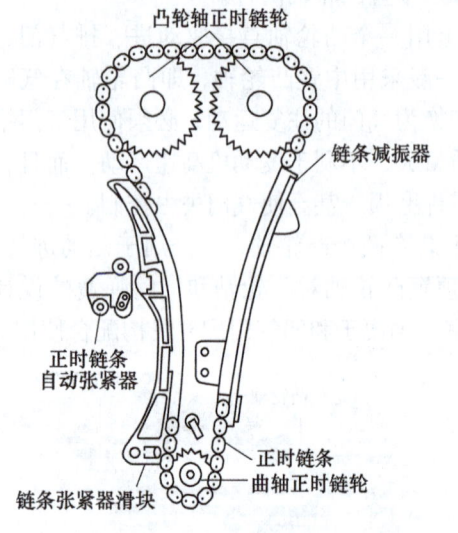

图 3-43　链传动式

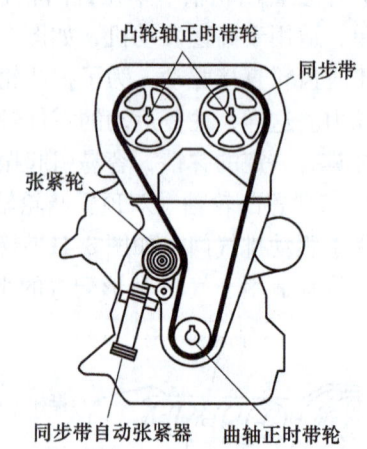

图 3-44　同步带传动式

（3）齿轮传动式　下置凸轮轴和中置凸轮轴与曲轴之间的传动大多采用圆柱形正时齿轮传动，如图 3-45 所示。一般从曲轴到凸轮轴只需要一对齿轮传动，如果传动齿轮直径过大，可以再增加一个中间惰轮。为了啮合平稳并降低工作噪声，正时齿轮大多采用斜齿轮。

6. 凸轮轴升程

凸轮轴升程通常指相对于凸轮轴轴线来讲，凸轮顶尖上升到最高点与下行到最低点之间的距离，如图 3-46 所示。凸轮轴升程越大，就意味着在进气行程中进入气缸的混合气就越多，发动机的功率就越大；在排气行程中排出的废气也会更彻底。有些发动机的进排气凸轮轴升程、规格相同，进排气凸轮轴可以互换使用。否则，进排气凸轮轴不能互换。

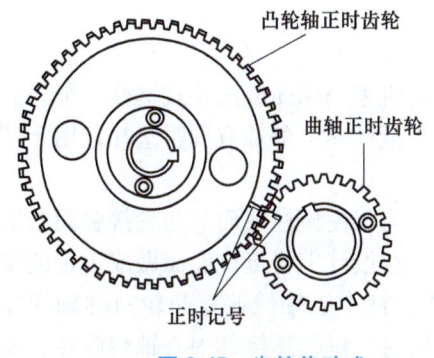

图 3-45　齿轮传动式

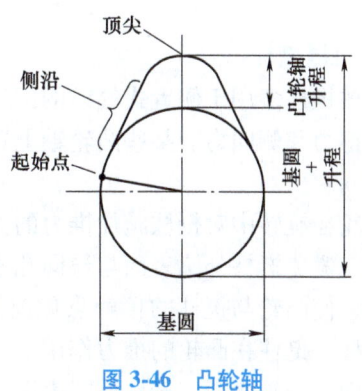

图 3-46　凸轮轴

7. 整体式凸轮轴

整体式凸轮轴（图 3-47）是将凸轮轴与罩壳集成为一体，其由铝合金压铸而成，并且与两个凸轮轴一起形成一个不可分的模块。也就是说，凸轮轴或罩壳不能单独更换。为了减少摩擦，每个凸轮轴上承受同步带传动装置最大负荷的第一个轴承是深沟球轴承。另外，凸轮轴箱还用于固定凸轮轴调节阀 N205、霍尔传感器 G40 以及曲轴箱通风止回阀。

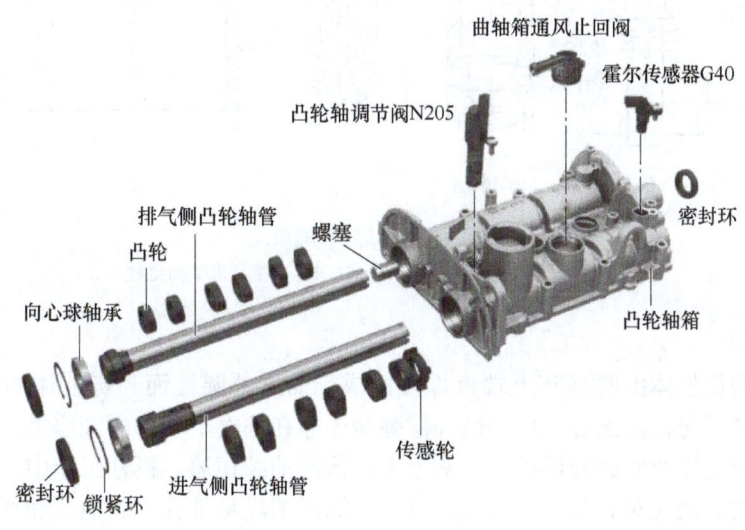

图 3-47　整体式凸轮轴

二、气门挺柱

挺柱是凸轮的从动件，其功用是将来自凸轮的运动和作用力传给推杆或气门，同时还承受凸轮所施加的侧向力，并将其传给机体或气缸盖。挺柱工作时，其底面与凸轮接触。由于接触面积小，接触应力较大，因此摩擦和磨损都相当严重。此外，在凸轮不变方向的侧向力作用下，还加重了起导向作用的挺柱侧表面与挺柱口的偏磨。因此，挺柱工作面应该耐摩擦并应得到良好的润滑。制造挺柱的材料有碳钢、合金钢、镍铬合金铸铁和冷激合金铸铁等。挺柱可分为机械挺柱和液力挺柱两大类，每一类中又有平面挺柱和液力挺柱等多种结构形式。

1. 机械挺柱

机械挺柱多用于侧置式气门的配气机构，大多数发动机采用球面或滚轮式挺柱，可显著减少摩擦力和侧向力。某些凸轮轴上置的汽车发动机，其挺柱体上部装有调整垫片，用于调整气门间隙。

凸轮在旋转中对挺柱施加推力的方向是固定不变的，为了使挺柱底面与凸轮接触面的磨损均匀，避免挺柱外圆表面与导向孔之间形成单面磨损，在设计上将挺柱底面做成一定的锥度形状，使凸轮与挺柱的接触点偏离挺柱中心轴线；或挺柱中心轴线偏离凸轮对称轴线布置。这样，挺柱在凸轮的推力作用下，沿导向孔上升的同时，挺柱还绕其中心轴线旋转，使挺柱底面与凸轮表面、挺柱外圆表面与导向孔内表面磨损均匀。采用滚轮式挺柱，则将凸轮与挺柱的滑动摩擦变为滚动摩擦，进一步降低了凸轮、挺柱的摩擦磨损。挺柱的类型如图3-48所示。

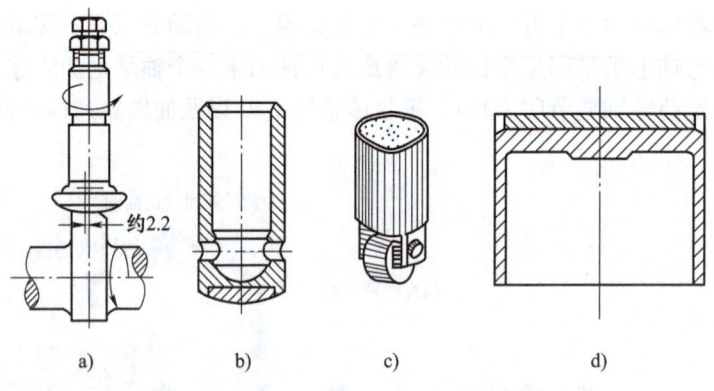

图3-48 机械挺柱的类型

a) 菌式 b) 筒式 c) 滚轮式 d) 薄壁杯形平面挺柱

2. 液力挺柱

液力挺柱的挺柱体由圆桶和上端盖焊接而成。油缸外圆柱面与挺柱体的油缸导向孔配合，油缸内圆柱面与柱塞配合。球阀被补偿弹簧压靠在柱塞下端面的阀座上。挺柱体内部的低压油腔通过挺柱顶背面的键形槽与柱塞上方的低压油腔相通。挺柱工作中，挺柱体上的环形槽与缸盖上的斜油孔对齐时，缸盖主油道内的润滑油经量油孔、斜油孔和环形油槽进入低压油腔。柱塞下端油缸内部的空腔，称为高压油腔，当球阀打开时，高压油腔与低压油腔相通。

无论是高压油腔还是低压油腔，都充满了油液。补偿弹簧可以使油缸与柱塞做相对运动，保持挺柱体顶面与凸轮紧密接触。油缸下端面与气门杆端面紧密接触，整个配气机构无间隙。在气门打开的过程中，凸轮推动挺柱体和柱塞下移，油缸受到气门弹簧的阻力而不能马上下移，导致油压升高，球阀将阀门关闭。由于油液的不可压缩性，整个挺柱如同一个刚体一样下移，将气门打开。在此期间，挺柱和油缸之间的间隙会有部分油液泄漏，但不影响气门的正常打开。

在气门关闭的过程中，挺柱上移，由于仍受到凸轮和气门弹簧两方面的顶压，高压油腔仍保持高压，球阀仍处于关闭状态，液力挺柱仍是一个刚性体，直至气门完全关闭为止。气门关闭以后，补偿弹簧将柱塞和挺柱体继续向上推动一个微小的冲程（补偿由于油液泄漏而造成的柱塞与挺柱体的下降），同时高压油腔油压下降，球阀打开，低压油腔的油液进入高压油腔内补充油液的泄漏。气门关闭时，挺柱体上的环形油槽与缸盖上的斜油孔对齐，润滑系统的油液进入挺柱低压油腔内。

气门受热膨胀伸长时，通过柱塞与油缸之间的间隙，高压油腔内的油向低压油腔泄漏，柱塞与油缸产生相对运动，挺柱自动"缩短"，保证气门关闭紧密。气门冷却收缩时，补偿弹簧将柱塞与挺柱体向上推动，球阀打开，低压油腔油液进入高压油腔，挺柱自动"伸长"，可保证"零气门间隙"。液压挺柱的结构和工作原理如图 3-49 所示。

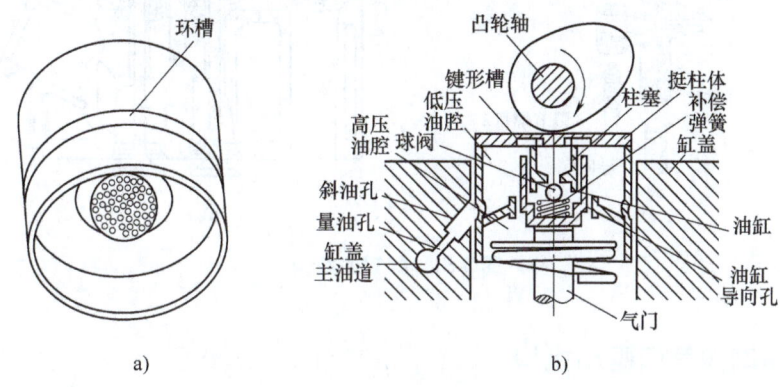

图 3-49 液压挺柱的结构和工作原理

三、推杆

推杆只应用在凸轮轴下置式配气机构中，其作用是将从凸轮经过挺柱传来的推力传给摇臂，它是气门机构中最易弯曲的零件。它是一个细长杆件，处于挺柱和摇臂之间，要求有很高的刚度，在动载荷大的发动机中，推杆应尽量做得短些，如图 3-50 所示。对于缸体与缸盖部分是铝合金制造的发动机，其推杆最好用硬铝制造。推杆也可以是实心或空心的钢制推杆，一般是同球形支座锻成一个整体，然后进行热处理。

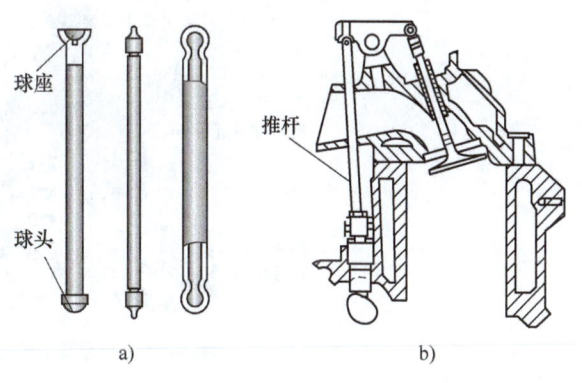

图 3-50 推杆

四、摇臂与摇臂轴

摇臂是一个双臂杠杆，它将推杆传来的力改变方向，作用到气门杆端，以推开气门。摇臂两边臂长不相等，比值为 1.2~1.8，其中长臂一端是推动气门的。摇臂在摆动过程中承受很大的力矩，因此，摇臂应有足够的强度和刚度。摇臂一端加工有螺孔，用来拧入气门间隙调整螺栓，另一端加工成圆弧面，与推杆末端球面相配合。摇臂的结构如图 3-51 所示。

摇臂轴为空心管状结构，机油从支座的油道经摇臂轴内腔和摇臂中的油道流向摇臂两端进行润滑。为了防止摇臂的窜动，在摇臂轴上每两摇臂之间都装有定位弹簧。

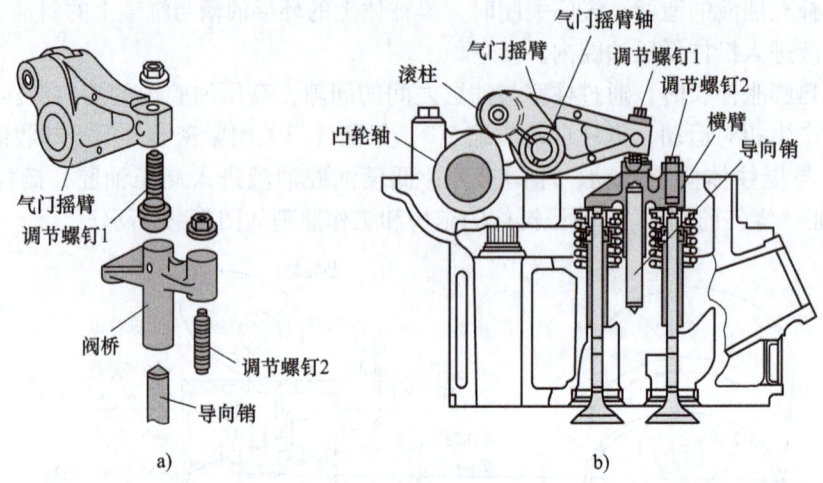

图 3-51 摇臂的结构

五、随动滚指气门驱动机构

随动滚指是目前比较先进的气门传动技术，其特点是噪声小、低摩擦。目前在上汽大众及其他某些品牌汽车上均有应用，如图 3-52 所示。

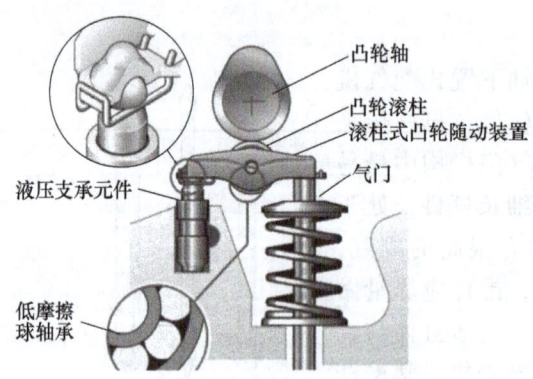

图 3-52 随动滚指气门驱动机构

一、凸轮轴磨损量与弯曲度检测

1. 准备工作

1）准备已拆下的凸轮轴。

2）准备 V 形架支承、拆装桌、外径千分尺、百分表、磁性表座。

2. 实施步骤

根据任务要求，每六人一组，每组选出一名组长，组长对小组成员进行任务分配。以小组为单位，根据实训室的发动机台架配置，完成以下相关的操作：

1）清洁凸轮轴和 V 形架。

2）将 V 形架置于平面上，确保平稳。

3）将凸轮轴两端主轴颈置于 V 形架的 V 形槽中。

4）安装磁性表座及百分表，使百分表测头与凸轮轴中间处轴颈垂直并接触，预压 1mm。

5）缓慢转动凸轮轴，观察百分表数值变化情况。大针所指最大值与最小值之差即为凸轮轴的径向圆跳动量，其值的 1/2 即为凸轮轴的同轴度，如图 3-53 所示。

6）记录同轴度数值。

7）用外径千分尺测量凸轮基圆直径，并笔录。

8）用外径千分尺测量基圆到凸轮顶部高度，并记录。

9）基圆直径与凸轮高度之差即为凸轮升程，测量凸轮升程可以诊断凸轮的磨损程度。

10）用外径千分尺测量各主轴颈圆度误差，并记录数值。差值应符合相关发动机维修手册标准，如图 3-54 所示。

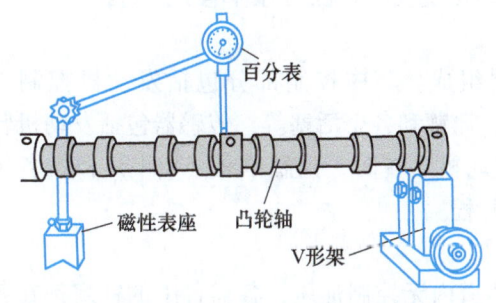

图 3-53　凸轮轴同轴度的检测

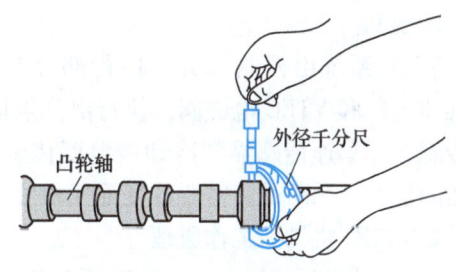

图 3-54　凸轮轴轴颈检测

11）完成实训任务后对工作过程进行自我评价，提交实训工作单，接受指导老师的技能考核。

12）整理清洁工作场所，清点收拾所用工具、设备和资料，交回实训室。

二、凸轮轴轴向间隙检测

1. 准备工作

1）准备发动机台架。

2）准备通用工具、百分表、磁性表座和一字螺钉旋具。

2. 实施步骤

根据任务要求，每六人一组，每组选出一名组长，组长对小组成员进行任务分配。以小组为单位，根据实训室的发动机台架配置，完成以下相关的操作：

1）拆卸凸轮轴罩盖及附件。

2）拆下凸轮轴，拆卸液力挺柱。

3）安装凸轮轴。

4）传动链轮端装上轴承盖，凸轮轴带轮端装上双轴承盖，固定螺栓按标准力矩拧紧。

5）将磁性表座及百分表固定在缸盖上。

6）用一字螺钉旋具轴向拨动凸轮轴，观察百分表指针的变化情况，并记录，如图3-55所示。

7）进、排气凸轮轴轴向间隙磨损极限不得大于0.2mm。

8）完成实训任务后对工作过程进行自我评价，提交实训工作单，接受指导老师的技能考核。

9）整理清洁工作场所，清点收拾所用工具、设备和资料，交回实训室。

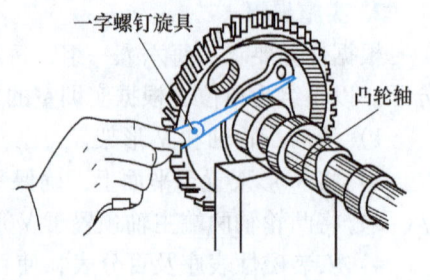

图3-55　用一字螺钉旋具拨动凸轮轴

知识拓展

一、本田车系可变气门相位VTEC

VTEC机构在本田汽车车系许多车上采用，VTEC是英文缩写，其全称为：Variable Valve Timing & Valve Lift Electronic Control，意思是可变气门相位与升程电子控制。

1. 结构

VTEC系统由控制部分、执行部分和传感器组成。其中控制部分包括发动机控制单元（ECU）和VTEC电磁阀，执行部分包括凸轮、摇臂和各个活塞等，传感器包括发动机转速传感器、车速传感器和冷却液温度传感器。发动机运转时，控制单元（ECU）根据各传感器的信号，判断是否需要改变配气相位和气门升程。

2. VTEC机构的工作原理

1）发动机低速运转时。ECU无工作指令，油道内无控制油压，各摇臂中的柱塞都在各自的柱塞孔中，各摇臂独自摆动，互不影响。主摇臂随主凸轮开闭主进气门，次凸轮推动次摇臂微开次进气门；中间摇臂只是"空转"。

2）发动机高速运转时。当发动机转速达到2300～2500r/min、车速达到10km/h以上、节气门开度达到25%以上、冷却液温度在60℃以上时，ECU指令VTEC电磁阀开启液压油道，油压推动正时柱塞、同步柱塞和限位柱塞移动，将三个摇臂栓为一体。由于中间凸轮的升程大于另外两个凸轮，且凸轮的相位角也加大，主次进气门都大幅度地同步开闭。此时，发动机处于"双进双排"工作状态，功率明显加大。可见栓联时有轻微噪声，是正常现象。

3）汽车在静止状态空转时，VTEC机构不投入工作。

4）VTEC机构技术状态的好坏，除电控部件外，主要取决于滑润系统的特设油道油压值。其对机油品质、润滑系统相关部件和曲轴的轴承配合间隙要求严格（0.02～0.04mm），必须使用本田车系的专用纯正机油。

5）另外本田系列采用的可调气门间隙的配气机构，气门间隙的调整必须在冷态下进行。

6）VTEC机构的正时柱塞处，尚有惯性锁止片，用扭簧控制，片端插入正时柱塞的锁止槽中，该锁止片依靠高速时的惯性力解脱。

二、大众车系可变气门正时机构 VVT 原理

1. 结构

大众车系可变气门正时机构 VVT 采用双顶置凸轮轴、四气门结构。排气凸轮轴通过正时带与曲轴相连接，进、排气凸轮轴之间采用链条驱动，链条上装有油压张紧器。

低速时——早开、早关，重叠角加大；高速时——晚开、晚关，重叠角减小。可变相位调节器是在液压紧链器的基础上，加装了用 ECU 控制的电磁阀，形成了一个"配气相位调节总成"部件。

2. 工作原理

1) 当发动机转速低于 1300r/min 时，电磁控制阀不通电，进气凸轮轴即反向转动一定角度 θ，进气门早开角度变小，进、排气门的重叠角变小，防止发动机回火，低速运转平稳。

2) 当发动机转速高于 1300r/min 时，电磁控制阀通电，进气门早开角度变大，进、排气门的重叠角变大，废气排出率加大，提高了容积效率和转矩值。

3) 当发动机转速高于 3600r/min 时，电磁控制阀又断电，调节工作结束，进气门又回到不提前的位置，晚开和晚关角度加大，可利用气体的惯性能量，提高功率值。

大众车系可变气门正时机构的特点是只改变进气门开、关时间的早晚，配气相位角值不变（时间平移——即早开、早关，晚开、晚关），即不改变进气门升程的大小。

三、丰田车系智能可变气门正时系统 VVT-i

VVT-i（Variable Valve Timing Intelligent）系统用来控制进气凸轮轴在 40°曲轴转角范围内，保持最佳的气门正时，以适应发动机工作状况，从而实现在所有速度范围内提高转矩和燃油经济性，减少废气排放量。这种结构也只是改变进气门开、关时间的早晚，配气相位角值不变（时间平移——即早开、早关，晚开、晚关），不改变进气门升程的大小。

学习小结

1. 气门传动组件主要包括凸轮轴及其传动机构、挺柱、推杆和摇臂机构等零部件。
2. 凸轮轴是气门传动组中的主要部件，其作用是驱动气门组件并控制气门的开闭及其升程的变化规律。
3. 挺柱是凸轮的从动件，其功用是将来自凸轮的运动和作用力传给推杆或气门。

自我评估

1. 填空题

1) 挺柱可分为＿＿＿＿和＿＿＿＿两大类。

2) ＿＿＿＿是一个双臂杠杆，它将推杆传来的力改变方向，作用到气门杆端，以推开气门。

3) 当汽车每行驶＿＿＿＿以后，要检查正时系统。

2. 判断题

1）凸轮轴驱动齿轮的齿数是曲轴正时齿轮齿数的 2 倍，所以凸轮轴的转速是曲轴转速的 2 倍。（　　）

2）凸轮和发动机的功率、转矩输出以及运转的平顺性有很直接的关系。（　　）

3）按凸轮轴数目的多少，可分为单顶置凸轮轴和双顶置凸轮轴两种。（　　）

3. 选择题

1）凸轮轴常见的故障主要包括（　　）。

  A. 凸轮轴轴颈紧固螺栓松动　　　　B. 凸轮轴润滑不良

  C. 凸轮轴运动时发生轴向移动　　　D. 凸轮或挺柱异常磨损严重

2）气门传动组件主要包括（　　）。

  A. 挺柱　　　　　　　　　　　　　B. 摇臂机构

  C. 凸轮轴及其传动机构　　　　　　D. 推杆

项目四 燃料供给系统构造与检修

本学习项目可与1+X技能等级考核证书《汽车动力与驱动系统综合分析技术》的相关模块对接，主要对汽车汽油发动机燃料供给系统构造与检修进行学习，分为两个工作任务：燃油喷射系统的结构认知与检修、空气供给系统的结构认知与检修。通过两个工作任务的学习，能够掌握汽油发动机燃料供给系统的组成及作用，能对汽车燃油喷射系统及电子节气门进行拆装检测。

积极促进资源节约、集约利用

对于传统车来说，燃油供给系统的功能是向气缸内供给燃烧所需的燃油，而燃油又是不可再生资源，我国是一个能源生产大国和消费大国，石油、天然气人均资源拥有量仅为世界平均水平的1/15左右，发展新能源汽车势在必行。习近平总书记在中央财经领导小组第六次会议上的讲话中提出：推动能源供给革命，建立多元供应体系。立足国内多元供应保安全，大力推进煤炭清洁高效利用，着力发展非煤能源，形成煤、油、气、核、新能源、可再生能源多轮驱动的能源供应体系，同步加强能源输配网络和储备设施建设。

2014年5月，习近平在上海汽车集团股份有限公司考察时强调，发展新能源汽车是我国从汽车大国迈向汽车强国的必由之路，要加大研发力度，认真研究市场，用好用活政策，开发适应各种需求的产品，使之成为一个强劲的增长点。

我国在纯电动汽车和插电式混合动力汽车的整车、关键零部件核心技术领域取得了长足进步，并逐步形成国际竞争力。我国的自主品牌快速成长，拿比亚迪来说，根据数据显示，比亚迪在新能源车型方面，其旗舰车型比亚迪汉订单数量持续走高，2020年9月交付5612辆，环比增长40.3%。目前我国不只是通过积极实现能源的转变来发展新能源汽车，对于传统车也在有力地推动其技术的发展，实现节能减排的目标。

任务一 燃油喷射系统的结构认知与检修

☞ **任务描述**

某车主到4S店反映其轿车每次在关闭约30min后，需要多次起动，发动机才能正常运转，并且排气管发出"突突"的声音，作为汽车医生，需掌握汽油发动机燃料供给系统的构造与原理，并能够进行部件的拆检。

任务分析
根据客户反映的起动困难的问题，初步判断燃油系统故障的可能性比较大。这个工作任务需要学生掌握用燃油压力表检测燃油压力。

任务目标

知识目标
1. 掌握燃油喷射系统的功能和分类及主要部件结构与工作原理。
2. 掌握缸内直喷系统主要部件的结构与工作原理。
3. 掌握燃油压力的检测技术规范及安全注意事项。
4. 掌握燃油箱、加油管和油箱盖的拆装流程及注意事项。

能力目标
1. 能规范释放燃油喷射系统中高压区域的燃油压力。
2. 能检查、拆装或更换燃油箱、加油管和油箱盖。
3. 能规范拆卸和安装燃油泵。
4. 能检测燃油系统压力，分析管路是否泄漏或堵塞，确认维修项目。

必备知识

一、燃油喷射系统的功能和分类

1. 燃油喷射系统的功能

燃油喷射系统又称为电控燃油喷射系统，其功能是向气缸内供给燃烧所需的燃油。燃油泵泵出油箱内的汽油，经燃油滤清器过滤后，由燃油压力调节器调压，然后经输油管配送给各个喷油器，喷油器根据发动机控制单元发出的指令，将适量的汽油喷入各进气歧管或各缸内。

2. 燃油喷射系统的分类

燃油喷射系统按不同方式可分为回流型燃油喷射系统和无回流型燃油喷射系统、单点燃油喷射系统和多点燃油喷射系统、进气管喷射系统和缸内喷射系统。

（1）回流型燃油喷射系统和无回流型燃油喷射系统

1）回流型燃油喷射系统。未使用燃油通过回油管从发动机流回燃油箱的称为回流型燃油喷射系统。在回流型燃油喷射系统中，燃油通过供油管和燃油滤清器，然后通过进油口到达喷油器和燃油压力调节器。当燃油压力足够高时，燃油压力调节器开启，流出燃油压力调节器的燃油进入回油管，返回油箱，如图4-1所示。

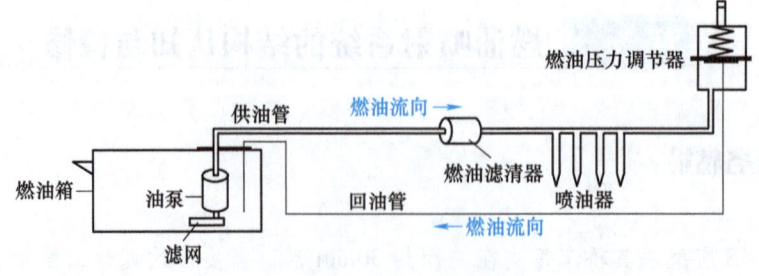

图4-1 回流型燃油喷射系统

2）无回流型燃油喷射系统。为了减少回流型燃油喷射系统带回燃油箱的热量（这些热量增加了蒸发性碳氢化合物的排放），在20世纪90年代中后期，许多制造商开始使用无回流型燃油喷射系统，如图4-2所示。其燃油压力调节器安装在燃油箱内或安装在靠近燃油箱的地方，去掉了来自发动机舱的回油管，避免了将发动机舱内的热量带回燃油箱。

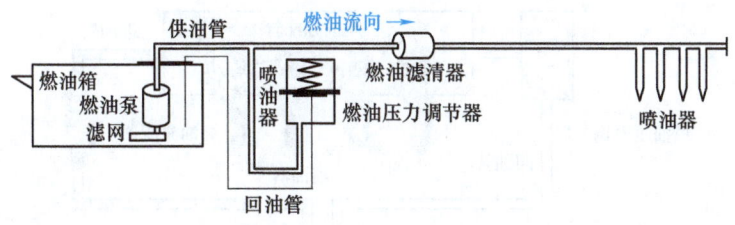

图4-2　无回流型燃油喷射系统

（2）单点燃油喷射系统和多点燃油喷射系统　根据喷油器安装的位置不同，可以将燃油喷射系统分为单点燃油喷射系统和多点燃油喷射系统。

1）单点燃油喷射系统。如图4-3所示，单点燃油喷射系统是指在节气门阀体上安装一只或两只喷油器，向进气歧管中喷油形成燃油混合气。这种喷射系统因喷油器位于节流阀上集中喷射，故又称为节流阀喷射系统或集中喷射系统。

2）多点燃油喷射系统。如图4-4所示，多点燃油喷射系统是指在每一个气缸的进气门前均安装一只喷油器，空气和燃油在进气门附近形成混合气，能较好地保证各缸混合气的均匀。

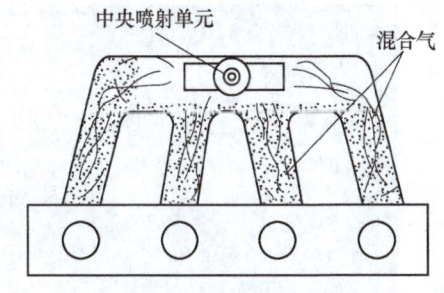

图4-3　单点燃油喷射系统

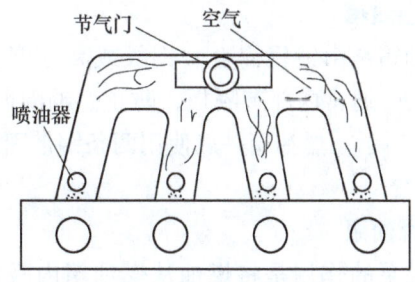

图4-4　多点燃油喷射系统

（3）进气管喷射系统和缸内喷射系统

1）进气管喷射系统。上述单点喷射和多点喷射两种喷射方式都是将燃油喷射到进气管内，所以这种系统又称为进气管喷射系统。

2）缸内喷射系统。该喷射方式是将燃油直接喷射到气缸内，这种混合方式使混合气体积和温度降低，爆燃的倾向大为改观，发动机的压缩比可以比进气管喷射系统大大提高。目前这种技术已广泛地应用在汽油发动机上，如大众TSI发动机，如图4-5所示。

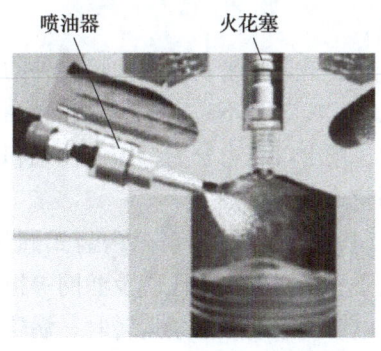

图4-5　大众TSI发动机缸内喷射系统

二、燃油喷射系统的结构与工作原理

燃油喷射系统由燃油箱、燃油泵、燃油滤清器、燃油分配管、进油管、燃油压力调节器和喷油器等组成，如图 4-6 所示。

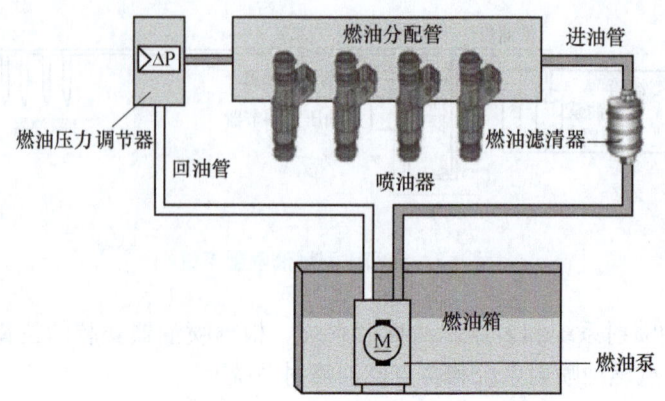

图 4-6　燃油喷射系统

发动机工作时，燃油泵把汽油从燃油箱中泵送出去，经燃油滤清器除去杂质和水分后，流入燃油分配管，然后分送到各个喷油器，燃油分配管上装有燃油压力调节器，对燃油压力进行调整，多余的燃油经燃油压力调节器流回燃油箱，有些发动机在燃油输送通道中还装有燃油压力脉动阻尼器，用以削减燃油的脉动现象。

1. 燃油箱

燃油箱是由镀铅锡合金钢板或高密度型聚乙烯制成的，通常内部有隔板，防止燃油液面晃动，如图 4-7 所示。燃油箱一般使用两条钢带固定在底盘上。

2. 燃油泵

燃油泵的作用是将燃油从燃油箱内吸出，加压后经喷油器供入发动机气缸。

燃油泵按其安装位置可分为外装泵和内装泵两种。

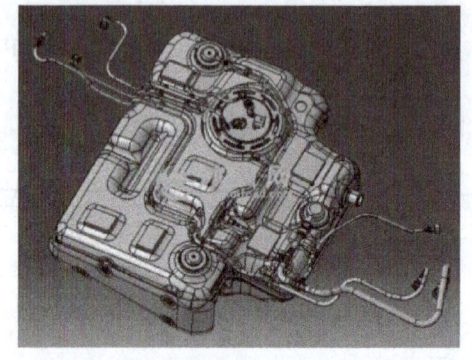

图 4-7　燃油箱

外装泵是将泵装在燃油箱之外的输油管路中，内装泵则是将泵安装在燃油箱内。与外装泵比较，内装泵不易产生气阻和燃油泄漏，且噪声小。目前大多数电控汽油喷射系统采用内装泵，按出口压力分为低压燃油泵和高压燃油泵，按结构分为翼片式燃油泵、滚柱式燃油泵和涡轮式燃油泵。

（1）翼片式燃油泵　内装式燃油泵常采用翼片式燃油泵，这种电动燃油泵由电动机、涡轮泵、止回阀、限压阀及滤网等组成，如图 4-8 所示。

电动机驱动燃油泵运转时，涡轮泵转子圆周槽内的燃油随转子一起高速旋转，在离心力的作用下，使燃油出口处油压增高，同时在进口处产生一定的真空，从而使燃油从进口被吸

项目四　燃料供给系统构造与检修

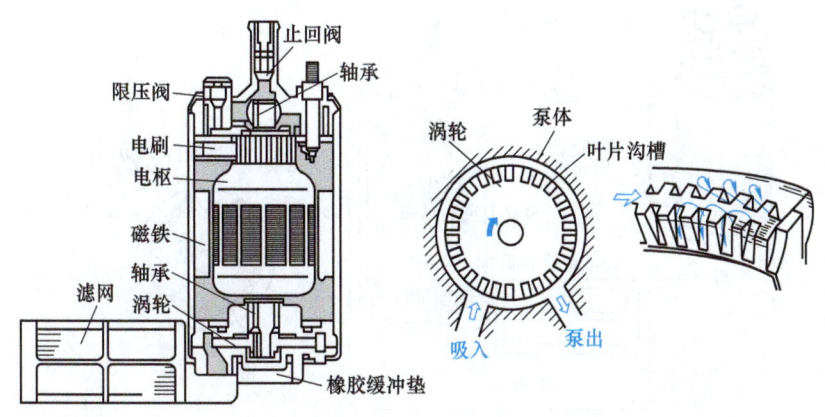

图 4-8　翼片式燃油泵

入并经止回阀泵向出口。设置止回阀可使发动机熄火后油路内燃油仍保持一定压力,减少气阻现象,便于发动机热起动。

（2）滚柱式燃油泵　滚柱式燃油泵主要由转子、与转子偏心的定子（即泵体）以及在转子和定子之间起密封作用的滚柱等组成,如图 4-9 所示。泵体的一端是进油口,另一端是出油口。进油口一侧的滚柱式燃油泵由泵壳中间的直流电动机驱动。当燃油泵旋转工作时,由于离心力的作用,转子槽内的滚柱紧靠在偏心设计的

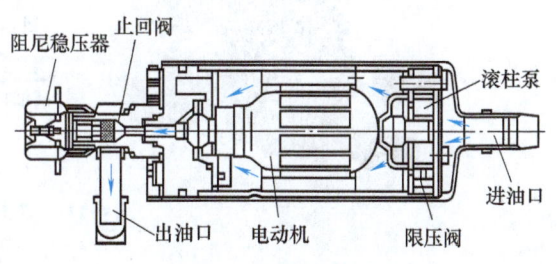

图 4-9　滚柱式燃油泵

泵体内壁上。滚柱随转子一同旋转时泵腔容积发生变化,燃油进口处容积越来越大,出口处容积越来越小,使燃油经过入口的滤网被吸入油泵,加压后经过电动机周围的空间从出口泵出。燃油泵出口处有一个止回阀,在燃油泵不工作时阻止燃油倒流回燃油箱。若因汽油滤清器堵塞等原因使燃油泵出口一侧油压上升,与燃油泵一体的限压阀即被顶开,使部分燃油回到进油口一侧,防止燃油泵的输出油压过高。

（3）涡轮式燃油泵　涡轮式燃油泵主要由电动机、涡轮泵、出油阀和卸压阀组成。当燃油泵电动机通电时,电动机驱动涡轮泵叶片旋转,由于离心力的作用,使叶轮周围小槽内的叶片贴紧泵壳,将燃油从进油室带往出油室,由于进油室的燃油不断增多,形成一定的真空,将燃油从进油口吸入;而出油室燃油不断增多,燃油压力升高,当达到一定值时,顶开出油阀从出油口输出。出油阀在燃油泵不工作时阻止燃油流回燃油箱,保持油路中有一定的压力,便于下次起动,如图 4-10 所示。

3. 燃油滤清器

燃油滤清器的作用是除去燃油中的杂质,防止燃油喷射系统堵塞,减少燃油泵、喷油器等部件的机械磨损。

燃油滤清器通常安装在燃油箱外部,采用打褶的纸质滤芯,滤芯装在金属外壳内,通常燃油滤清器是整体更换的。在很多燃油滤清器的进油管接头和出油管接头上都有标志,燃油

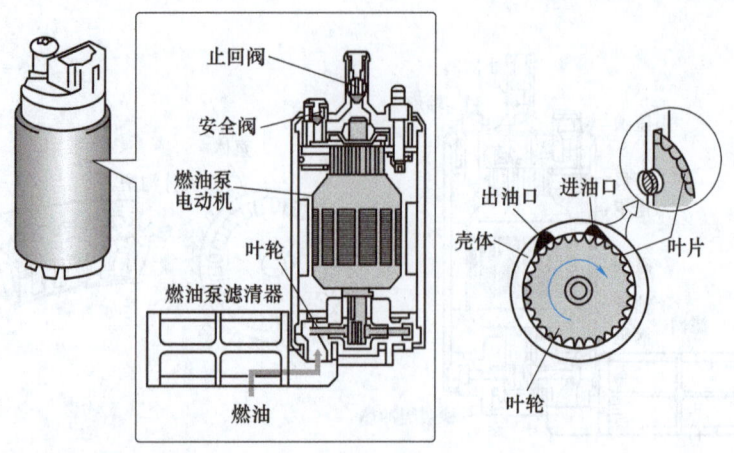

图 4-10 涡轮式燃油泵

滤清器外壳上的箭头表示燃油通过滤清器的流动方向,如图 4-11 所示。

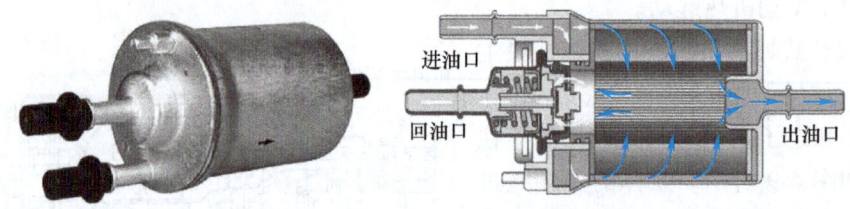

图 4-11 燃油滤清器

4. 燃油分配管

燃油分配管总成又称为油轨,安装在进气歧管下部的四个固定座上,如图 4-12 所示。燃油分配管常由铸铝制成,包括喷油器的内装管接头、供油管和压力调节器,与喷油器相连接,并向喷油器分配燃油。有些电控系统中有油压测试口,通常位于燃油分配管的一侧,用于维修时的检查和释放系统压力。

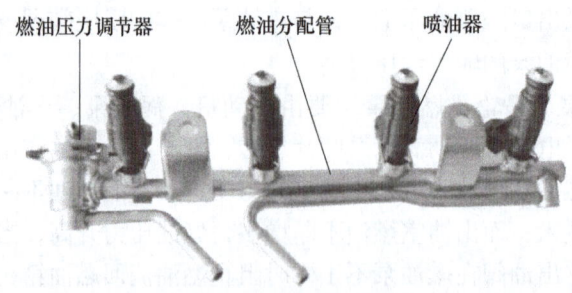

图 4-12 燃油分配管

5. 燃油管

燃油管通常使用钢、尼龙或加强橡胶制造。按一定的间隔距离把燃油管紧固在车架上,可防止燃油管移动、磨损,如图 4-13 所示。当采用钢油管时,一般用一小段橡胶软管与钢油管连接,以避免把发动机的振动传到油管。如果燃油管有开裂、磨损和扭曲等现象,则必须更换。

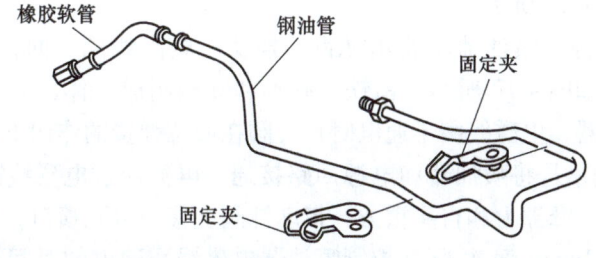

图 4-13 燃油管

6. 燃油压力调节器

燃油压力调节器的作用是调节喷油器的燃油喷射压力。此外，燃油压力调节器能像燃油泵的止回阀一样，维持燃油管里的残余压力。燃油压力调节有以下两种方法：

（1）根据进气歧管压力调节燃油压力　燃油压力调节器一般安装在燃油分配管的一端，它的一个进油口 A 和燃油分配管相通，下方的出油口 B 接回油管，上方的接口 C 通过一根软管和进气歧管相通，如图 4-14 所示。

燃油压力调节器壳体内腔被膜片分成两个小室。上方内有一弹簧紧压在膜片上，使回油阀关闭。当膜片下方燃油压力超过膜片上方压力时，就推动膜片向上压缩弹簧，打开回油阀，使超压的燃油经回油管流回燃油箱。

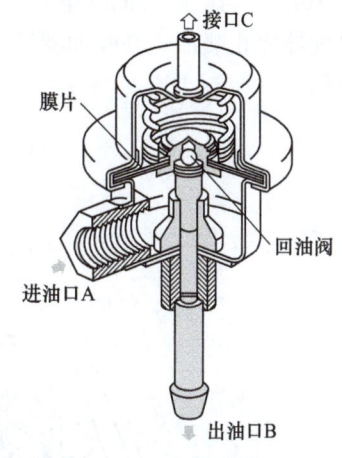

图 4-14 燃油压力调节器
（歧管压力调节型）

由于膜片上方除了弹簧压力之外还作用着进气歧管压力（负压），因此燃油向上推动膜片，打开回油阀所需的压力等于弹簧压力和进气歧管压力之和，即喷油器的喷油压力等于数值为定值的油压调节器弹簧预紧力。也就是说，不论进气歧管真空度如何变化，燃油压力调节器都能使喷油器的喷油压力保持恒定，一般为 2.5～3.5MPa。

（2）保持恒定的燃油压力　这种类型的燃油压力调节器将燃油压力控制在一个恒定的压力值。当燃油压力超过压力调节器弹簧的压力时，阀门开启，使燃油回流到燃油箱并调节压力，如图 4-15 所示。进气歧管内的压力状态随着发动机工况的变化而不断变化，在这种燃油压力调节方式下，发动机 ECU 根据进气歧管真空度的变化，计算每次燃油喷油量，确保喷油器喷射适当数量的燃油。恒定压力型燃油压力调节器一般集成在燃油滤清器内。

7. 喷油器

喷油器是电控燃油喷射系统的执行元件，喷油器的功用是根据发动机 ECU 的指令控制燃油喷射。电控燃油喷射系统全部采用电磁式喷油

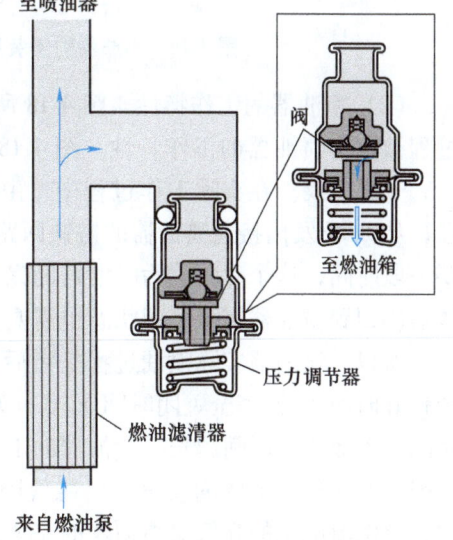

图 4-15 燃油压力调节器（恒定压力型）

器。大多数电控燃油喷射发动机的喷油器安装在进气歧管或进气道附近的缸盖上,并由燃油总管将其固定,如图 4-16 所示。

(1) 喷油器的结构　喷油器主要由滤网、插头、电磁线圈、回位弹簧、衔铁、阀轴、针阀和壳体等组成,如图 4-17 所示。衔铁、阀轴和针阀制成一体,分配油管的压力,汽油经过滤网后进入喷油器,电磁线圈不通电时,针阀在回位弹簧的作用下将喷油孔封住。当发动机 ECU 的喷油控制信号将喷油器和电源回路接通,电流流过电磁线圈时,在电磁力作用下衔铁克服弹簧压力、摩擦力和自身重力,带动针阀上移,打开喷口,使汽油喷出,一般喷油器针阀升程约为 0.1mm。每次 ECU 控制喷油器电磁线圈通电的时间被称为喷油脉宽,为 2~10ms。当电磁线圈断电时,电磁吸力消失,在回位弹簧的作用下,针阀立即将阀口关闭,喷油器停止喷油。在喷油器结构和油路油压与歧管气压压差一定时,喷油量取决于针阀开启时间。

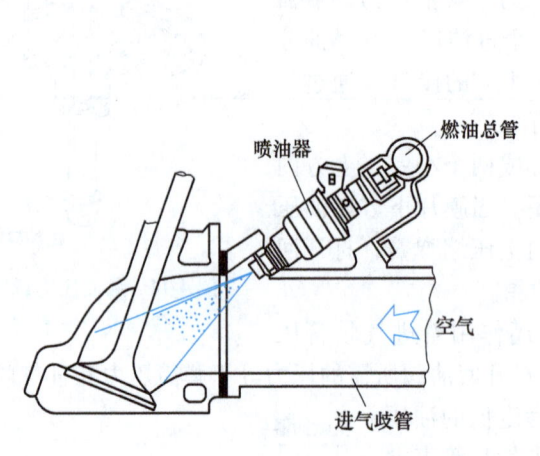

图 4-16　喷油器的安装位置

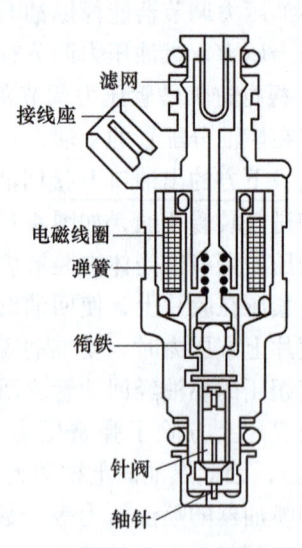

图 4-17　喷油器

(2) 喷油器的工作特性　图 4-18 所示为喷油器从通电到断电电磁阀的动作过程,这一过程被称为喷油器的工作特性。图 4-18 中 1 是 ECU 喷油控制脉冲,也就是脉冲宽度,2 是针阀升程曲线。在实际工作过程中,由于喷油器针阀本身的惯性和电磁线圈通电后的磁滞性,从 ECU 发出接通喷油器的搭铁回路信号到喷油器阀体达到最大升程喷油器完全打开需要一段时间,这个时间称为喷油器的完全打开时间 T_0。同样,从 ECU 切断喷油器回路到阀体落座回到喷油器完全关闭状态也需要一段时间,这个时间称为喷油器的完全关闭时间 T_c。

所以,喷油器实际喷油过程是滞后于 ECU 喷油控制脉冲的。一般情况下,喷油器的完全打开时间 T_0 比完全关闭时间 T_c 长,T_0-T_c 的值是喷油器没有喷油的时间,称作无效喷油时间。无效喷油时间越长,喷油器的工作特性就越差。影响喷油器的完全打开时间 T_0 长短的因素有喷油器衔铁的质量、电磁线圈匝数的多少与电阻的大小、蓄电池电压的高低。其中,蓄电池电压的高低对喷油器的完全打开时间影响较大,即蓄电池电压越高,喷油器的完全打开时间 T_0 越短,而喷油器的完全关闭时间 T_c 与蓄电池的电压无关。因此,一辆汽车的蓄电池电压过低,会影响供油系统中零部件的正常工作。

三、缸内直喷系统

缸内直喷系统主要由供油单元（电控燃油泵）、输油管、燃油滤清器、高压燃油泵、燃油分配管（油轨）和喷油器等组成，如图4-19所示。燃油箱内的供油单元（电控燃油泵）为高压燃油泵提供一个40~700kPa的低压燃油，油压相对较低，称为低压供油系统。高压燃油泵为系统提供一个5~11MPa（取决于负荷和转速）的高压燃油，通过高压油道将燃油送入燃油分配管，分配管再将燃油分配给高压喷油器，油压较高，称为高压喷油系统。

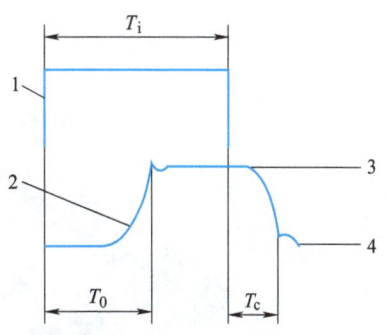

图4-18 喷油器的工作特性
1—ECU 喷油控制脉冲 2—针阀升程曲线
3—针阀全开位置 4—针阀全关位置 T_i—脉冲宽度
T_0—完全打开时间 T_c—完全关闭时间

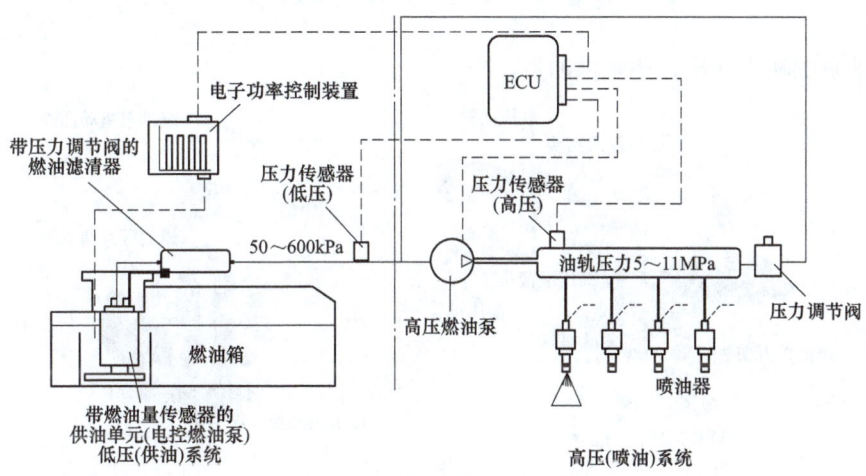

图4-19 缸内直喷系统的组成

1. 低压供油系统

燃油泵控制单元安装在燃油泵上面。通过脉宽调频信号来控制电控燃油泵的工作，低压供油系统的油压达到40~700kPa。控制信号由发动机控制单元传给燃油泵控制单元，燃油泵的供油量是由发动机控制单元来控制的。

2. 高压喷油系统

高压喷油系统的压力是根据发动机负荷和转速在5~11MPa范围内调整。系统由带汽油低压传感器的高压泵、燃油压力调节阀、压力限制阀、高压油管、燃油分配管、汽油高压传感器和喷油器等组成，如图4-20所示。

（1）高压燃油泵　高压燃油泵由凸轮轴上的凸轮驱动，根据凸轮上的凸起数目，有两凸轮、三凸轮和四凸轮等几种类型。高压燃油泵的结构如图4-21所示。供油单元（电控燃油泵）给高压燃油泵预供油，高压燃油泵产生燃油分配管内所需要的压力。高压燃油泵各部分的作用是：圆柱挺柱驱动柱塞；高压管连接高压系统，为燃油泵出油口；回油管连接燃油泵的低压系统，在吸油行程进油，在回油行程回油；压力缓冲器会吸收高压系统内的压力波动；随着负荷的变化，需要的燃油量不同，发动机控制单元通过控制燃油压力调节阀，调

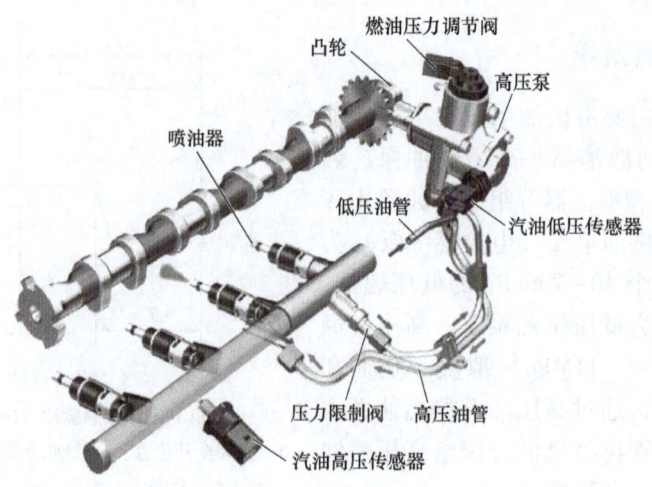

图 4-20 高压喷油系统的组成

节高压燃油泵的输出油压,调整供油量。

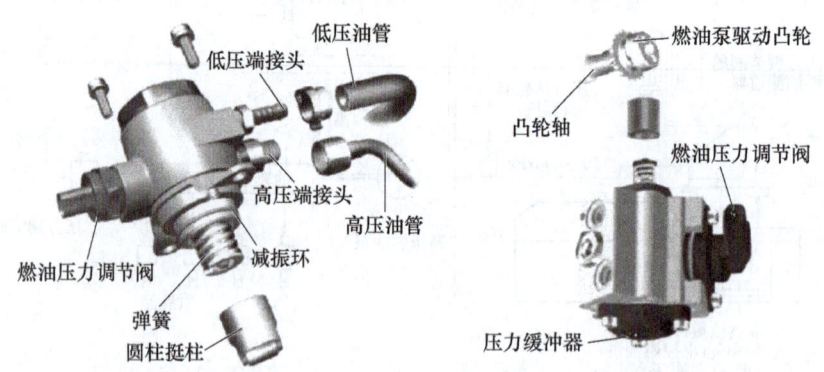

图 4-21 高压燃油泵的结构

高压燃油泵内安装有限压阀,如图 4-22 所示,在发生燃油热膨胀和故障的时候,用于保护在高压下工作的部件。限压阀是一个机械阀,在压力高于 14MPa 时打开,打开时高压端的燃油会进入高压燃油泵的供油管内。

根据发动机负载的需要,燃油泵的压力可在 3~14MPa 范围内任意调节。下面以大众 EA111 发动机高压燃油泵为例,说明燃油泵的工作过程。

1)进油行程。燃油压力调节阀 N276 在整个进油行程中由发动机 ECU 控制,由此产生的电磁场克服弹簧力将阀门打开。泵塞向下运动,导致在泵腔里的压力下降,燃油从低压端流入泵腔,如图 4-23 所示。

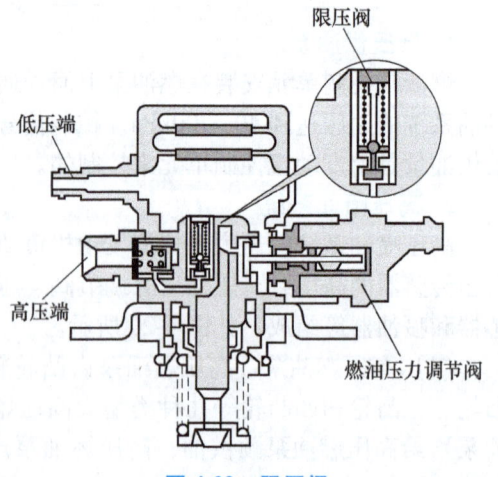

图 4-22 限压阀

2) 回油行程。为了匹配实际消耗的燃油供给量,当泵塞开始向上行程时进油阀仍保持打开状态。泵塞迫使多余的燃油回流到低压端,通过集成在泵上的压力阻尼器和燃油供给管路上的限流器来平衡多余脉冲,如图4-24所示。

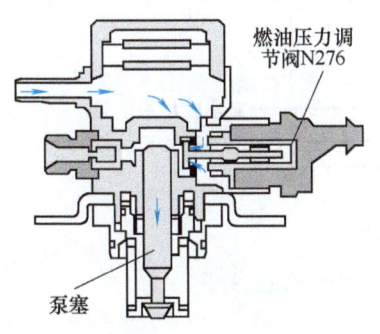

图 4-23 进油行程

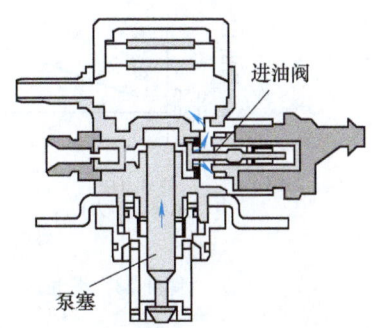

图 4-24 回油行程

3) 输油行程。从已计算的输油行程开始,燃油压力调节阀就不再回油了,泵内升高的压力和阀门滚针弹簧的力会关闭进油阀,泵塞的向上运动在泵腔里产生高压,如果泵腔内侧压力高于燃油分配器的压力,排油阀打开,燃油被泵入燃油分配器,如图4-25所示。

（2）高压燃油分配管　高压燃油分配管（图4-26）用来储存高压燃油,并将已经调整好的燃油压力分配给各个喷油器。高压燃油分配管内腔的大小应能补偿轻微的压力波动。高压燃油分配管是喷油器、燃油压力传感器和压力限制阀的安装支架。

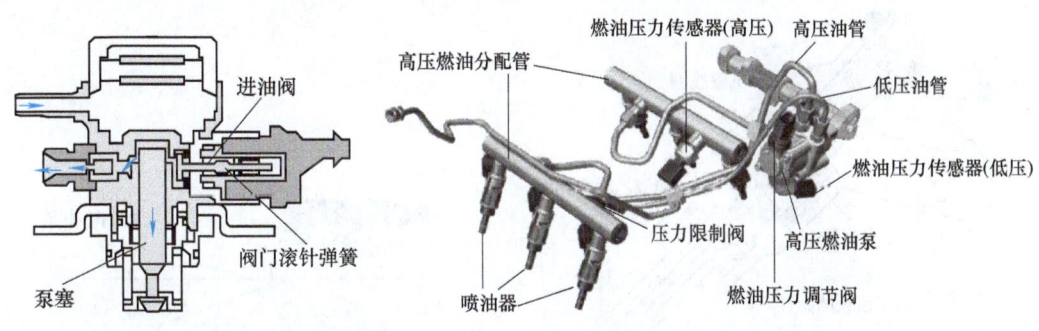

图 4-25 输油行程　　　　图 4-26 高压燃油分配管

（3）燃油压力的监测　燃油分配管内的压力保持恒定对减少排放、降低噪声和提高功率有重要影响。发动机控制单元通过燃油压力传感器监测燃油分配管内的燃油压力。燃油压力传感器安装在燃油分配管上,结构如图4-27所示。该传感器的核心就是一个钢膜,在钢膜上镀有应变电阻。高压燃油经压力接口作用到钢膜的一侧时,使钢膜弯曲,就引起应变电阻的阻值发生变化,从而使信号电压发生变化,信号电压与燃油压力的关系如图4-28所示。发动机控制单元通过信号电压即可监测出燃油分配管内的燃油压力。

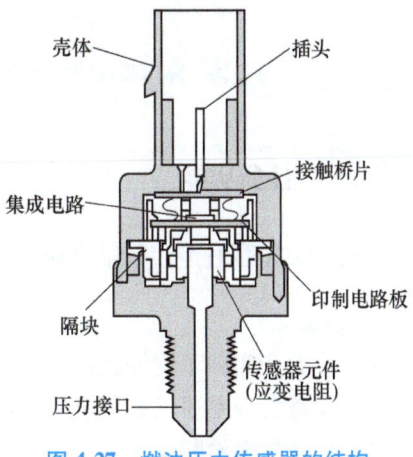

图 4-27 燃油压力传感器的结构

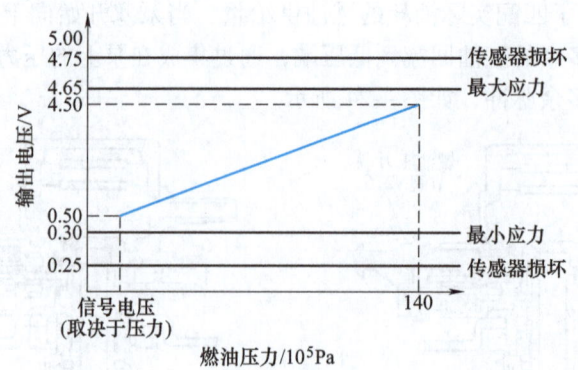

图 4-28 燃油压力与传感器信号电压的关系

（4）高压喷油器　高压喷油器的作用是计量一定量燃油，按照发动机做功顺序和喷油正时，定时定量地把燃油喷入燃烧室正确的喷射范围内，并使燃油精细雾化。高压喷油器的构造如图 4-29 所示，由带衔铁的阀针、阀座、电磁线圈、压力弹簧、供电插头和四氟乙烯密封圈等组成。发动机控制单元给电磁线圈通电建立磁场，使带衔铁的阀针上移打开出油孔，由于燃油分配管和燃烧室之间有压差，在高压喷油器打开时燃油被直接喷入燃烧室。喷油阀是单孔喷油器，燃油喷束角为 70°，喷束倾角为 20°，如图 4-30 所示。

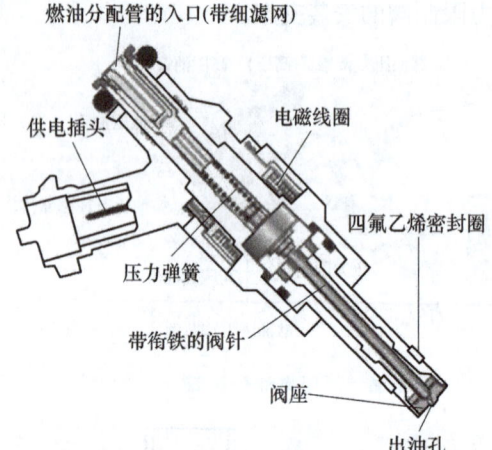

图 4-29　高压喷油器的构造

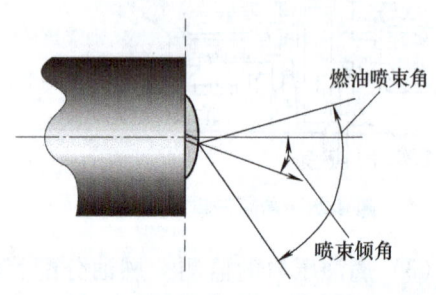

图 4-30　喷油器燃油喷束角与喷束倾角

任务实施

一、释放高压区域的燃油压力

1. 准备工作

1) 将大众实训车辆停放在举升工位上，确保人员和设备的安全。
2) 检查实训室通风系统设备工作是否正常。
3) 准备故障诊断仪 V. A. S 6150 系列等专用工具。

2. 实施步骤

根据任务要求，每六人一组，每组选出一名组长，组长对小组成员进行任务分配。以小组为单位，根据实训室的车辆配置，完成以下相关的操作：

1）打开点火开关。

2）连接故障诊断仪 V.A.S 6150 系列。

3）选择启动诊断发动机→接受→无任务→控制单元列表，右击控制系统→降低燃油高压→执行。

4）在接头周围包一圈抹布，然后松开弹簧卡箍（图 4-31 箭头所示），脱开供油软管，释放大约 0.6MPa 的残余压力，收集流出的燃油。

5）完成工作后，读取发动机控制单元的故障存储器，清除因为拔下接头所产生的所有故障。

图 4-31　松开弹簧卡箍

6）完成实训任务后，对工作过程进行自我评价，提交实训工作单，接受指导老师的技能考核。

7）整理并清洁工作场所，清点和收拾借出的工具、设备和资料，交回实训室。

二、拆卸和安装燃油泵

1. 准备工作

1）将实训车辆停放在拆装区域，确保人员和设备的安全。

2）检查实训室通风系统设备工作是否正常。

3）准备环形螺母扳手、扭力扳手和棘轮头等专用工具。

2. 实施步骤

根据任务要求，每八人一组，每组选出一名组长，组长对小组成员进行任务分配。以小组为单位，根据实训室的车辆配置，完成以下相关的操作：

1）关闭点火开关后断开蓄电池搭铁线。

2）向前翻开后排座椅。拆下带燃油泵控制单元的燃油泵盖板，如图 4-32 所示。

3）拔下密封法兰上 5 针燃油泵连接插头，按压开锁按钮，拔下燃油油管和回油管，如图 4-33 所示。

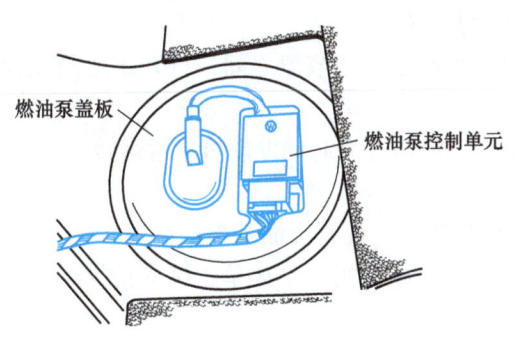

图 4-32　燃油泵控制单元的拆卸

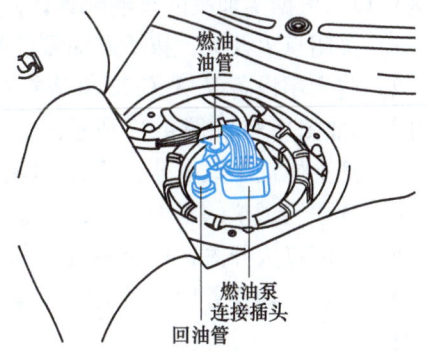

图 4-33　拔下燃油泵连接插头和回油管

4）使用环形螺母扳手 3217 旋出燃油泵压板，如图 4-34 所示。

5）将燃油泵和密封圈从燃油箱的开口中拉出。

6）将燃油泵安装在燃油箱内，注意燃油泵上的标记 1 应指向车辆行驶的反方向（箭头为车辆行驶方向），如图 4-35 所示。

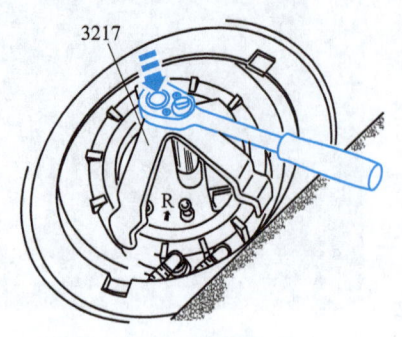
图 4-34　旋出燃油泵压板

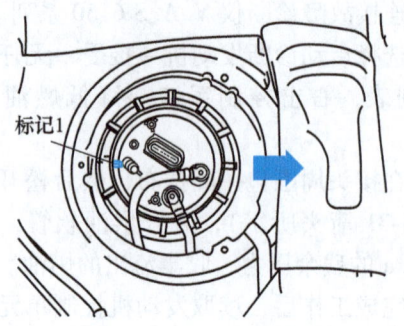
图 4-35　燃油泵安装方向

7）拧紧燃油泵压板。

8）连接蓄电池，打开点火开关。

9）查询故障存储器，排除故障，并删除存储的故障。

10）完成实训任务后，对工作过程进行自我评价，提交实训工作单，接受指导老师的技能考核。

11）整理并清洁工作场所，清点和收拾借出的工具、设备和资料，交回实训室。

三、用燃油压力表检测燃油压力

1. 准备工作

1）将实训车辆停放在拆装区域，以确保人员和设备的安全。

2）检查实训室通风系统设备工作是否正常。

3）准备燃油压力测试仪 V.A.G 1318、适配插头 V.A.G 1318/9、插头 V.A.G 1318/17 等专用工具。

2. 实施步骤

根据任务要求，每六人一组，每组选出一名组长，组长对小组成员进行任务分配。以小组为单位，根据实训室的车辆配置，完成以下相关的操作：

1）关闭点火开关，拔下燃油泵继电器，起动发动机泄压。

2）将专用设备 V.A.G 1318 串接在供油管和燃油压力调节器之间，打开压力测试仪上的开关，如图 4-36 和图 4-37 所示。

3）插上燃油泵继电器，检查管路接头，确认无泄漏方可起动发动机怠速运转。

4）读取测试仪的压力值，标准值为 400kPa。

5）关闭点火开关，1min 后至少保持有 3kPa 的压力，说明燃油系统正常。

6）完成实训任务后，对工作过程进行自我评价，提交实训工作单，接受指导老师的技能考核。

7）整理并清洁工作场所，清点和收拾借出的工具、设备和资料，交回实训室。

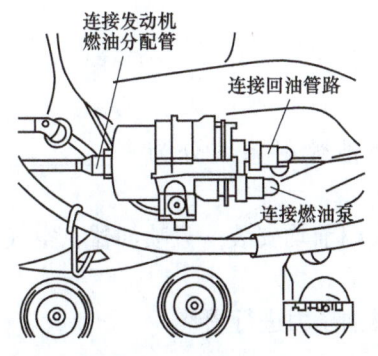

图 4-36 燃油压力调节器管路连接关系

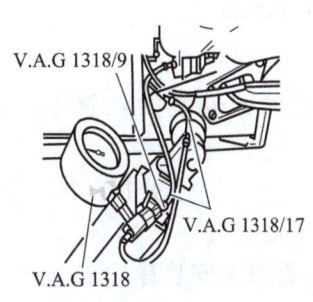

图 4-37 连接专用工具 V.A.G 1318

知识拓展

1. 汽油的性质

汽油是将原油进行蒸馏或者裂解而得到的轻馏分，汽油的性能对汽油机的工作有很大影响。汽油的主要性能有抗爆性、蒸发性、氧化安定性、耐蚀性及清净性等。

2. 汽油的蒸发性

蒸发性是由于汽油只有从液态蒸发成为汽油蒸气，并与一定比例的空气混合成为可燃混合气后，才能在汽油机中燃烧。在现代汽油机中，可燃混合气形成的时间很短。因此，汽油蒸发性的好坏，对形成的混合气质量有很大影响。

蒸发性越强，汽油就越容易汽化，产生的混合气均匀，燃烧速度快、燃烧完全，发动机易起动，加速及时，各工况间转换灵敏。但蒸发性过强的汽油在炎热夏季以及大气压力较低的高原和高山地区使用时，容易使供油系统产生"气阻"，甚至发生供油中断。另外在储存和运输过程中的蒸发损失也会增加。

蒸发性很弱的汽油，难以形成良好的混合气，不仅会造成发动机起动困难、加速缓慢，而且未汽化的悬浮油粒还会使发动机工作不稳定，油耗上升。如果未燃尽的油粒附着在气缸壁上，还会破坏润滑油膜，甚至窜入曲轴箱稀释润滑油，使发动机润滑遭破坏，造成机件磨损增大。

3. 可燃混合气成分的表示方法

可燃混合气是指空气与燃料的混合物，其成分对发动机的动力性与经济性有很大的影响。可燃混合气成分用空燃比或过量空气系数表示。空燃比（A/F）是指可燃混合气中空气和燃料的质量比。理论上 1kg 汽油完全燃烧需空气量为 14.7kg。

学习小结

1. 燃油喷射系统，又称为电控燃油喷射系统，其功能是向气缸内供给燃烧所需的燃油。
2. 燃油喷射系统由燃油箱、燃油泵、燃油滤清器、燃油分配管、燃油管、燃油压力调节器和喷油器等组成。
3. 缸内直喷系统主要由供油单元（电动燃油泵）、输油管、燃油滤清器、高压燃油泵、燃油分配管（油轨）和喷油器等组成。

自我评估

1. 填空题

1) 根据喷油器安装的位置不同,可以将燃油喷射系统分为_____和_____。

2) _____是指在每一个气缸的进气门前均安装一只喷油器,空气和燃油在进气门附近形成混合气。

3) 燃油分配管上安装有_____,对燃油压力进行调整。

2. 判断题

1) 进气管喷射将燃油直接喷射到气缸内,使混合气体积和温度降低,爆燃的倾向大为改观。（   ）

2) 燃油箱通常内部有隔板,防止燃油液面晃动。（   ）

3) 燃油泵按其安装位置的不同可分为外装泵和内装泵两种。（   ）

3. 选择题

1) 燃油泵按结构可分为（   ）。
   A. 翼片式燃油泵　　B. 滚柱式燃油泵　　C. 涡轮式燃油泵　　D. 低压燃油泵

2) 高压燃油泵为系统提供的燃油压力有（   ）。
   A. 40～700kPa　　B. 700kPa　　C. 5～11MPa　　D. 11MPa

任务二　空气供给系统的结构认知与检修

任务情境

☞ **任务描述**

某车主到4S店反映其轿车怠速运转不稳、冷车起动困难,作为汽车医生,需掌握汽油发动机空气供给系统的构造与原理,并能够进行部件的拆检。

☞ **任务分析**

根据客户反映的怠速运转不稳问题,初步判断电子节气门故障的可能性比较大。这个工作任务需要学生能够对电子节气门进行拆装、清洗与匹配。

任务目标

☞ **知识目标**

1. 能正确叙述空气供给系统的功能和组成。
2. 能正确描述空气供给系统主要部件的结构与工作原理。
3. 能正确描述不同类型怠速控制系统的结构与工作原理。
4. 能掌握节气门的拆装和清洗方法。

☞ **能力目标**

1. 能检查、拆卸、清洗或更换节气门体和进气歧管。

2. 能规范对电子节气门进行拆装、清洗与匹配。

必备知识

一、空气供给系统的作用

空气供给系统的作用是向汽油机提供与发动机负荷相适应的、清洁的空气，同时对流入发动机气缸的空气质量进行直接或间接计量，使它们在系统中与喷油器喷出的汽油形成空燃比符合要求的可燃混合气。

二、空气供给系统的组成

空气供给系统除了空气滤清器、进气总管和进气歧管外，还有电控汽油喷射系统特有的空气计量装置、节气门、节气门位置传感器和怠速控制装置等。空气供给系统的结构如图 4-38 所示。

1. 空气滤清器

空气滤清器的主要作用是滤除空气中的杂质或灰尘，让洁净的空气进入气缸，另外，它还能降低进气噪声。空气滤清器应具有稳定的滤清能力、对气流的流动阻力小、能连续长期工作、维护方便等特点。

发动机大多使用干式纸滤芯空气滤清器，它由纸滤芯和滤清器外壳组成，滤清

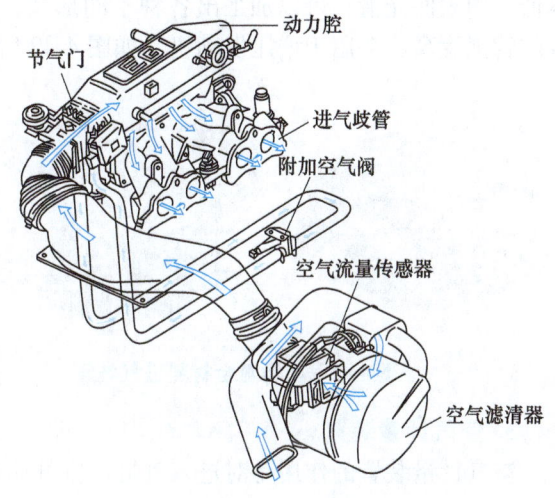

图 4-38 空气供给系统的结构

器外壳包括滤清器盖和滤清器外壳底座，如图 4-39 所示。滤芯安装在滤清器外壳中，滤芯的上下表面是密封面，滤清器外壳安装好后，滤芯上密封面和下密封面分别与滤清器盖及滤清器外壳底座的配合面紧密贴合。

如图 4-40 所示，空气滤清器滤芯是用树脂处理的微孔滤纸经折叠、模压和黏结而成的，滤纸打褶是为了增加滤芯的过滤面积和减小滤芯阻力。滤芯外面是多孔金属网，用来保护滤芯在运输和保管过程中不至于造成滤纸破损。滤芯的边缘浇有耐热塑料溶胶，以保持滤纸、

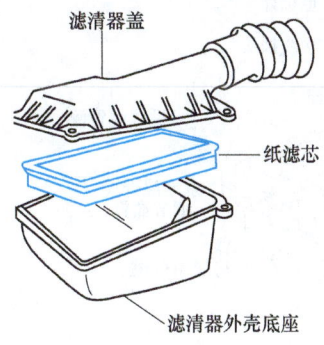

图 4-39 空气滤清器的组成

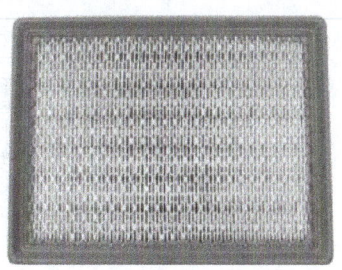

图 4-40 空气滤清器滤芯

金属网和密封面相互间的位置固定。

干式纸滤芯具有重量轻、成本低、滤清效果好和可重复使用等优点，但是，它一旦被油浸润，气流阻力将急剧加大。根据车辆使用环境，车辆行驶一定里程后需要进行一次清洁与维护，即将滤芯取出并用压缩空气由内向外将表面尘土吹掉。如果滤芯因使用超过一定的里程或破损，应及时更换新滤芯。

2. 进气歧管

进气歧管是指节气门与气缸盖进气道之间的管路。进气歧管的作用是形成可燃混合气，并将可燃混合气分配到各气缸。各缸进气歧管长度应尽可能相等，以保证气体尽可能均匀地分配到各个气缸，且内壁尽可能光滑，减小流动阻力，提高进气效率。现代发动机的进气歧管通常使用塑料复合材料或铝合金材料制造。塑料复合材料进气歧管可塑性好、重量轻、成本低，内表面光滑，可以加工出各种不同形状，提高充气效率，如图 4-41 所示。铝合金进气歧管强度高，多用于增压发动机，如图 4-42 所示。

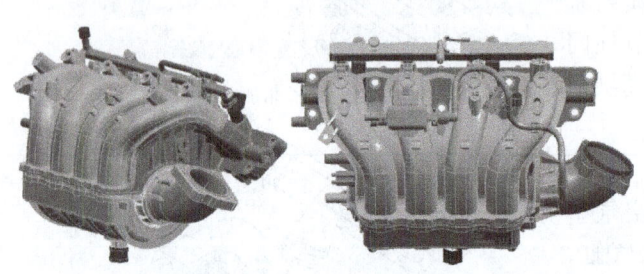

图 4-41　塑料复合材料进气歧管

图 4-42　铝合金材料进气歧管

3. 空气计量装置

空气计量装置的作用是对进入气缸的空气质量进行直接或间接的计量，并把空气流量的信息输送到 ECU。在电控汽油喷射系统中有空气流量传感器和进气歧管绝对压力传感器两种方式来测量进入气缸的空气量。

（1）空气流量传感器　常见的空气流量传感器有翼片式空气流量传感器、卡门旋涡式空气流量传感器、热线式空气流量传感器和热膜式空气流量传感器。

1）翼片式空气流量传感器。翼片式空气流量传感器由测量翼片、缓冲翼片、回位弹簧、电位计、旁通空气道及怠速混合气调节螺钉等组成，如图 4-43 所示。

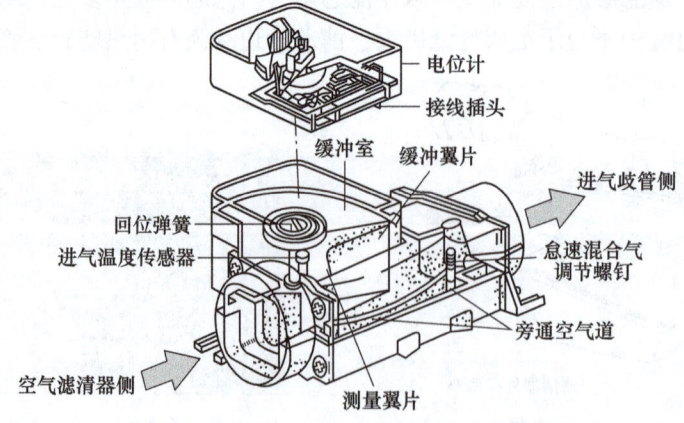

图 4-43　翼片式空气流量传感器

发动机工作时，空气通过空气流量传感器并推动测量翼片偏转，使其开启。翼片开启角度大小取决于空气气流对翼片的推力与翼片轴上卷簧弹力的平衡状况。在翼片轴上连着一个电位计，电位计由平衡配重、滑臂、螺旋形回位弹簧、调整齿圈和印制电路板等组成。它把翼片开启角度的变化（即进气量的变化）转换成电压信号输送给ECU。

进气通道旁还有一个旁通空气道，经此气道进入发动机的空气不经流量传感器计量，在旁通空气道上设有怠速混合气调节螺钉。

翼片式空气流量传感器内通常还设有一个电动燃油泵开关。当发动机运转时，翼片偏转，使开关触点闭合，电动燃油泵电路才接通。

空气流量传感器内的进气温度传感器用于测量进气温度，因不同温度下的空气密度不同，所以ECU根据测得的进气温度，对进气量信号进行修正。

翼片式空气流量传感器的工作原理如图4-44所示。来自空气滤清器的空气通过主通道时，空气推力使测量翼片打开一个角度 α，当吸入空气推开测量翼片的力与回位弹簧的复位力相平衡时，叶片停止转动。与测量翼片同轴转动的电位计滑动触片检测出叶片转动的角度，将进气量转换成电信号（U_S/U_B）送给电控单元。

2）卡门旋涡式空气流量传感器。所谓卡门旋涡，是指在流体中放置一个圆柱状或三

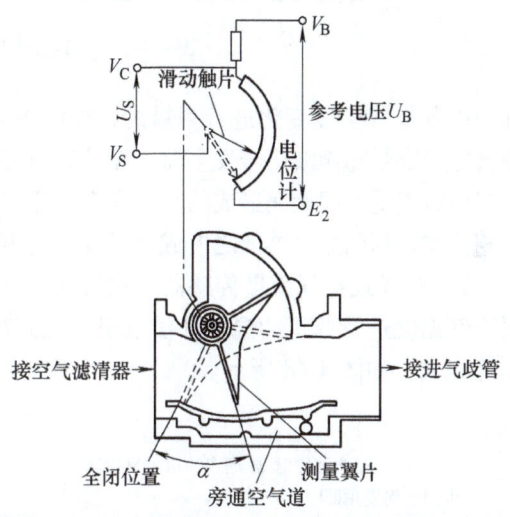

图4-44 翼片式空气流量传感器的工作原理

角状物体时，在这个物体的下游就会生成两列旋转方向相反，并交替出现的旋涡，如图4-45所示。通过测量卡门旋涡发生的频率，可以测量出空气的流速和体积流量。

图4-45 卡门旋涡

利用卡门旋涡原理测量空气流量的流量传感器称为卡门旋涡式空气流量传感器。常见的卡门旋涡式空气流量传感器有光学式和超声波式两种。

① 光学式卡门旋涡空气流量传感器。光学式卡门旋涡空气流量传感器利用反光镜检测的方式，通过气流压力的交替变化检测旋涡的发生频率。其主要由管路、旋涡发生器、弹簧钢片、发光二极管和光敏晶体管等组成，结构如图4-46所示。

光学式又称为反光镜检测式，把卡门旋涡发生器两侧的压力变化通过导压孔引向薄金属制成的反光镜表面，使其振动。反光镜振动时将发光二极管投射的光线反射给光敏元件，根据光电感应原理，光敏元件对反光信号进行检测，即可获知卡门旋涡的频率。

② 超声波式卡门旋涡空气流量传感器。超声波式卡门旋涡空气流量传感器是利用卡门

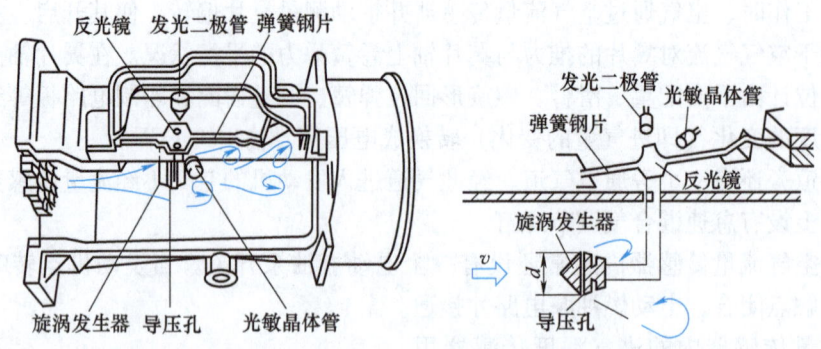

图4-46 光学式卡门旋涡空气流量传感器

旋涡引起空气密度变化进行测量的,如图4-47所示。在卡门旋涡发生器的下游、空气流动的垂直方向安装超声波信号发生器,在其对面安装超声波信号接收器。从超声波信号发生器发出的超声波因受卡门旋涡造成的空气密度变化的影响,到达接收器时有的变早,有的变晚。测出其相位差,利用放大器使之形成矩形波,则矩形波的脉冲频率即为卡门旋涡的频率。

3)热线式空气流量传感器。热线式空气流量传感器主要由感知空气流量的铂热线、根据进气温度进行修正的温度补偿电阻、控制热线电流并产生输出信号电压的控制电路板和壳体等组成,如图4-48所示。

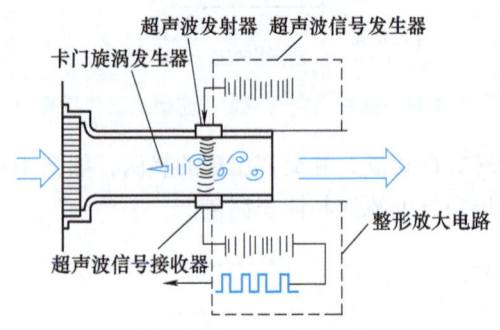

图4-47 超声波式卡门旋涡空气流量传感器

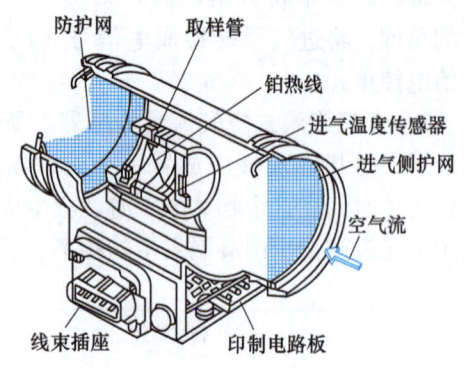

图4-48 热线式空气流量传感器

热线式空气流量传感器的工作原理如图4-49所示。热线电阻R_H、温度补偿电阻R_K、精密电阻R_A以及调节电阻R_B分别是惠斯通电桥的一个臂。发动机运转时,空气流经取样管,使热线电阻和温度补偿电阻温度降低,从而其电阻值(R_H、R_K)相应降低。因此电桥失去平衡,控制电路将对电桥进行自动调节,增大流经热线电阻的电流,直到电桥重新平衡。在调节过程中流过电桥四条臂的电流发生变化,从而作为电桥一臂的精密电阻R_A两端将输出一个与空气流量成比例的信号电压U_o。

4)热膜式空气流量传感器(图4-50)。热膜式空气流量传感器的结构和工作原理与热线式空气流量传感器

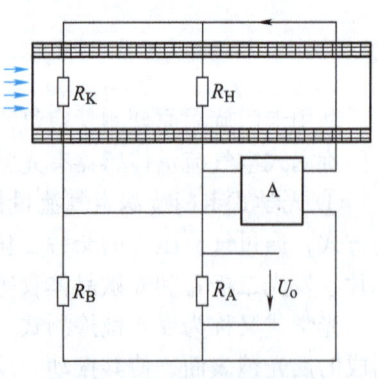

图4-49 热线式空气流量传感器的工作原理

基本相同，不同的只是将发热体由热线改为热膜。热膜由发热金属铂固定在薄树脂膜上构成。该结构由于发热体不直接承受空气流动所产生的作用力，从而提高了空气流量传感器的可靠性。

(2) 进气压力传感器　进气压力传感器是一种间接测量进气量的传感器。其作用是在发动机工作时，测量进气歧管内的绝对压力和环境大气压之间的差值，并将其转变成电信号输送至电控单元，以确定进气量。其种类很多，根据信号产生的原理不同有压敏电阻式、电容式、膜盒传动可变电感式等。

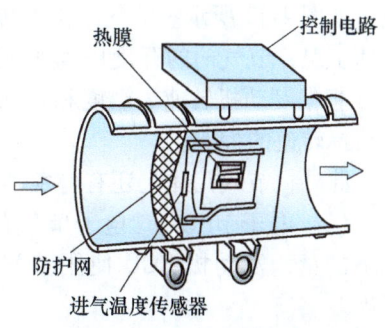

图 4-50　热膜式空气流量传感器

压敏电阻式进气压力传感器应用最为广泛，主要由压力转换元件和混合集成电路组成，其结构如图 4-51 所示。压力转换元件依靠硅膜片的压敏效应工作，硅膜片一侧受进气压力作用，另一侧是真空。在进气歧管压力变化时，硅膜片产生变形，使扩散在硅膜片上的电阻阻值改变，导致输出电压发生变化。集成电路将这一电压进行放大处理，作为进气歧管压力信号输送给电控单元，歧管绝对压力与输出电压的关系如图 4-52 所示。

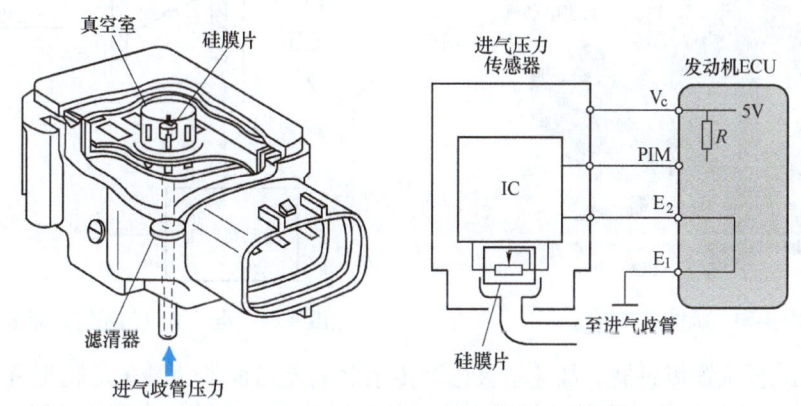

图 4-51　进气压力传感器的结构与电路图

4. 节气门

节气门按照控制方式的不同主要分为机械式节气门和电子节气门两种。

(1) 机械式节气门　机械式节气门的控制是驾驶人通过拉索或传动杆操纵节气门开度，节气门位置传感器向发动机 ECU 发送节气门开度信号，ECU 以此信号感知发动机负荷情况和驾驶人意图。现代机械式节气门体的怠速控制，是发动机 ECU 通过直流电动机、步进电动机或占空比电磁阀等控制节气门微小开度或旁通道开度实现的，同时还具备起动怠速、暖机怠速和空调怠速等工况的调节功能。

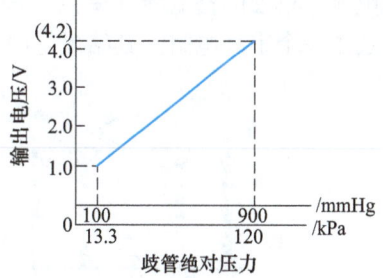

图 4-52　歧管绝对压力与输出电压的关系

机械式节气门由壳体、节气门、节气门位置传感器、节气门操纵轮和怠速控制阀等组成，如图4-53所示。节气门位置传感器向发动机ECU提供节气门的开度和状态信息。在非怠速工况，节气门的开度由驾驶人通过加速踏板和拉索进行控制；在怠速范围内，发动机ECU根据发动机转速、温度和负荷等信息，通过怠速控制阀控制进气量大小，从而实现怠速目标转速的控制。

此外，节气门体上还有与发动机冷却系统相连接的水道，防止节气门冬天挂霜。

（2）电子节气门　电子节气门是使用计算机控制节气门开度的系统，根据加速踏板踩下的量，发动机ECU使用节气门控制电动机来控制节气门的开启角度，以达到最佳开度。

以大众车型为例，电子节气门系统（Electronic Power Control System，EPC）包括加速踏板位置传感器、节气门体控制单元和发动机ECU。节气门体控制单元由节气门、节气门控制电动机和节气门位置传感器等构成，如图4-54所示。加速踏板踩下的量由加速踏板位置传感器检测，节气门的开启角度由节气门位置传感器检测。

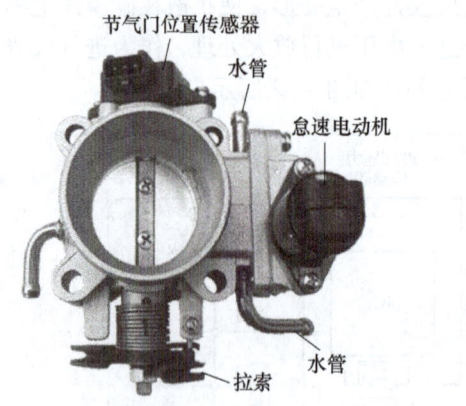

图4-53　机械式节气门

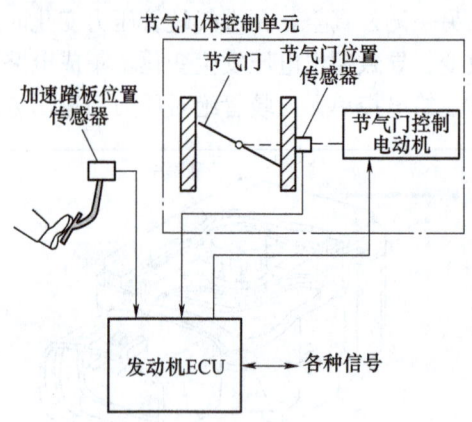

图4-54　电子节气门系统的组成

1）加速踏板位置传感器。加速踏板位置传感器确定当前加速踏板的位置并将相应的信号传递到发动机控制单元。为了确保可靠性，使用了两个加速踏板位置传感器。两个传感器是滑动触点电位计，它们被安装在一个公共轴上。

两个滑动触点电位计上的电压均为5V。出于安全性的考虑，每一个传感器都有其单独的电源、单独的搭铁线（棕色）和单独的信号线（绿色），如图4-55所示。传感器G185中安装了一个串联电阻。其结果是两个传感器的输出信号不同，如图4-56所示。

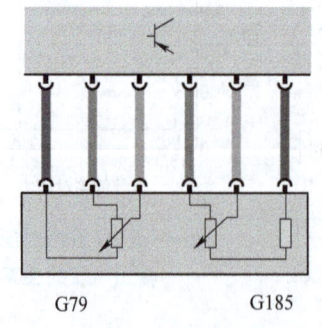

图4-55　加速踏板位置传感器电路图

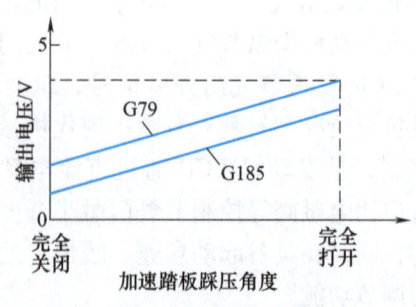

图4-56　加速踏板位置传感器输出信号

2) 节气门体控制单元。节气门体控制单元的结构如图 4-57 所示，包括节气门、节气门位置传感器、节气门控制电动机和减速齿轮等。

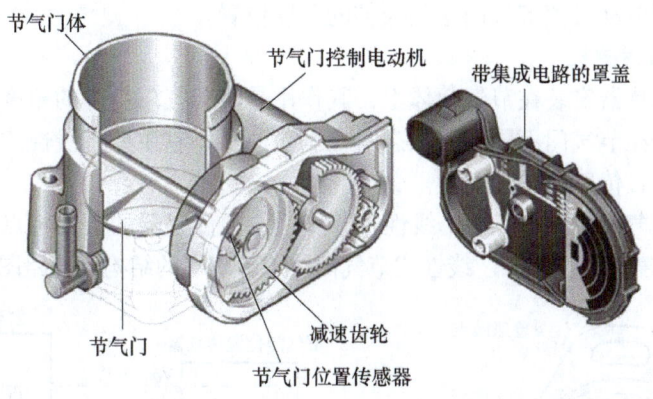

图 4-57 节气门体控制单元的结构

节气门控制电动机在驱动电流的作用下旋转一定角度，通过齿轮传动机构，将直流电动机轴的运动传递给节气门轴，节气门轴带动节气门旋转到所需角度，改变进气通道的截面积，从而控制发动机的进气流量。同时，由于节气门轴的转动，改变电位计的工作位置，电位计输出的信号发生变化，发动机控制单元根据信号值可确定节气门的具体开度位置反馈，从而精确微调其位置。

节气门位置传感器电路图如图 4-58 所示。节气门位置传感器由两个反向信号计组成，一个反映节气门的正向开度位置，另一个反映节气门的反向开度位置，比较两个信号计的信号值可相互检查其工作状态，作为判断是否失效的一个依据，如图 4-59 所示。

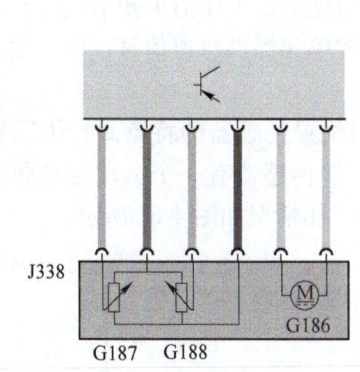

图 4-58 节气门位置传感器电路图
J338—节气门控制单元　G186—节气门驱动电动机
G187、G188—节气门位置传感器

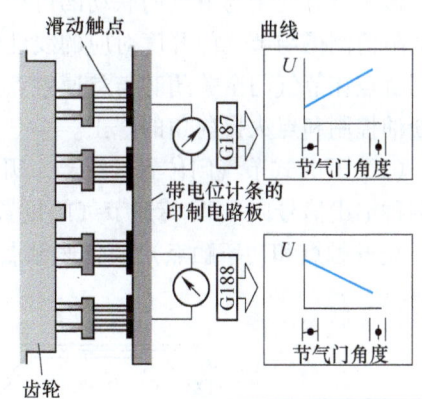

图 4-59 电子节气门输出特性

3) 工作原理。驾驶人操纵加速踏板，加速踏板位置传感器产生相应的电压信号输入 ECU，ECU 首先对输入的信号进行滤波，以消除环境噪声的影响，然后根据当前的工作模式、踏板移动量和变化率解析驾驶人意图，计算出对发动机转矩的基本需求，得到相应的节气门开度的基本期望值。经过 CAN 总线和 ECU 进行通信，获取其他工况信息和各种传感器信号,如转速、档位、节气门位置和空调能耗等,由此计算出整车所需求的全部转矩,通过对节气门转角期望值进行补偿,得到节气门的最佳开度,并把相应的电压信号发送至驱动电路模块,驱动控制电动机使节气门达到最佳的开度位置。

5. 节气门位置传感器

节气门位置传感器安装在节气门体上,其作用是将节气门打开的角度转换成电信号输送到控制单元,以便在节气门不同开度状态时控制喷油量。它主要有线性式节气门位置传感器和开关式节气门位置传感器两种类型。

(1) 线性式节气门位置传感器 线性式节气门位置传感器的主要特点是节气门开度的输出电压与节气门开度呈线性关系。线性式节气门位置传感器的结构与电路图如图4-60所示。

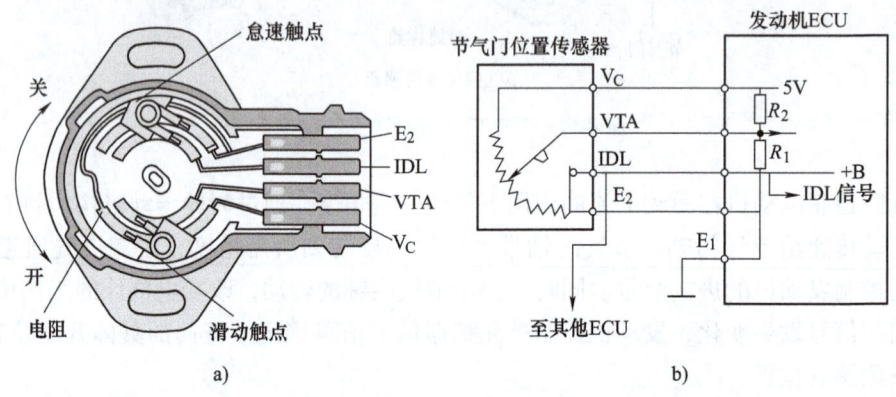

图4-60 线性式节气门位置传感器的结构与电路图
a) 内部结构 b) 原理电路图

传感器有两个与节气门联动的可动电刷触点。一个电刷触点在电阻体上滑动,利用变化的电阻值测得与节气门开度对应的线性输出电压,根据输出电压值可知节气门开度。另一个电刷触点在节气门全关闭时与怠速触点接触,给电控单元提供怠速信号,用于发动机急减速时断油控制和点火提前角的修正。

(2) 开关式节气门位置传感器 开关式节气门位置传感器的特点是,传感器仅以开和关两种输出信号向ECU传递节气门位置状态信息。该传感器有一个活动触点和两个固定触点(全开触点和功率触点)及怠速触点,其结构与工作情况如图4-61所示。

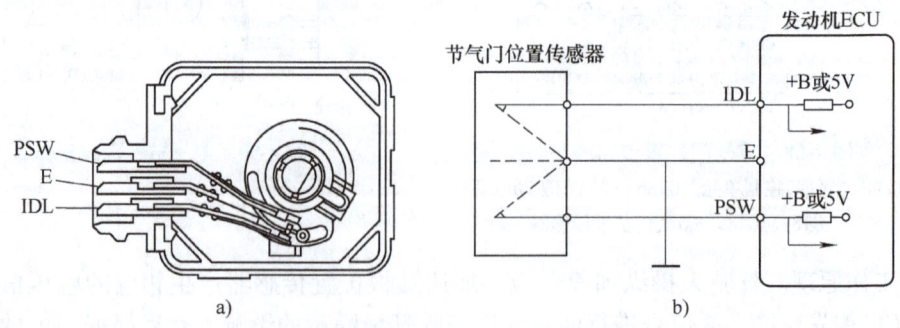

图4-61 开关式节气门位置传感器
a) 结构 b) 电路图

点火开关处于"ON"状态，电控单元向可动触点提供一个参考电压。节气门全闭时，可动触点与怠速触点接触，怠速端子向电控单元反馈一个电压信号，可检测到节气门的全闭状态。当节气门开度达50°以上（大负荷）时，可动触点与功率触点接触，功率端子向电控单元反馈一个电压信号，可检测到节气门的大负荷状态。在中间开度时，可动触点与两个固定触点都不接触，电控单元判断发动机处于中等负荷状态。

任务实施

1. 准备工作

1）将大众实训车辆停放在拆装区域，确保人员和设备的安全。
2）检查实训室通风系统设备工作是否正常。
3）准备扭力扳手、棘轮头、TORX工具、节气门清洗剂、刷子、诊断仪6150系列。

2. 实施步骤

根据任务要求，每六人一组，每组选出一名组长，组长对小组成员进行任务分配。以小组为单位，根据实训室的车辆配置，完成以下相关的操作：

1）脱开固定在进气导管上的真空管，拔下插头，沿箭头方向松开锁止件，取下进气导管。
2）松开弹簧卡箍，松开卡子，取下进气软管。
3）拔下节气门控制单元插头。在箭头位置旋出螺钉，取出节气门控制单元。
4）用手打开节气门，并用一个合适的工具（如木制或塑料楔块）将它锁定在打开位置。
5）用节气门清洗剂和一把干净的刷子仔细清洁节气门壳体，特别是节气门关闭时的外圈周围。
6）用无纤维的布擦干节气门壳体。等待清洗剂完全蒸发后，再装入干净的节气门控制单元。
7）用发动机诊断仪6150系列匹配发动机控制单元与节气门控制单元。
8）完成实训任务后，对工作过程进行自我评价，提交实训工作单，接受指导老师的技能考核。
9）整理并清洁工作场所，清点和收拾借出的工具、设备和资料，交回实训室。

知识拓展

废气涡轮增压控制系统

根据增压装置使用的动力源不同，增压装置可分为废气涡轮增压和动力增压两种类型。废气涡轮增压是利用发动机排出的废气能量驱动增压装置工作，而动力增压是利用发动机输出动力或电源驱动增压装置工作。由于废气涡轮增压装置结构简单又不消耗发动机动力，所以，目前多采用废气涡轮增压的方式。

废气涡轮增压器控制系统的结构如图4-62所示。其主要由涡轮室和增压器两部分组成，涡轮室进气口与排气管相连，排气口接在排气管上。增压器进气口与空气滤清器管道相连，排气口接在进气歧管上。涡轮和泵轮分别装在涡轮室和增压器内，两者同轴刚性连接。

废气涡轮增压系统除涡轮增压器之外，还包括进气旁通阀、排气旁通阀和排气旁通阀控制装置及中冷器等。

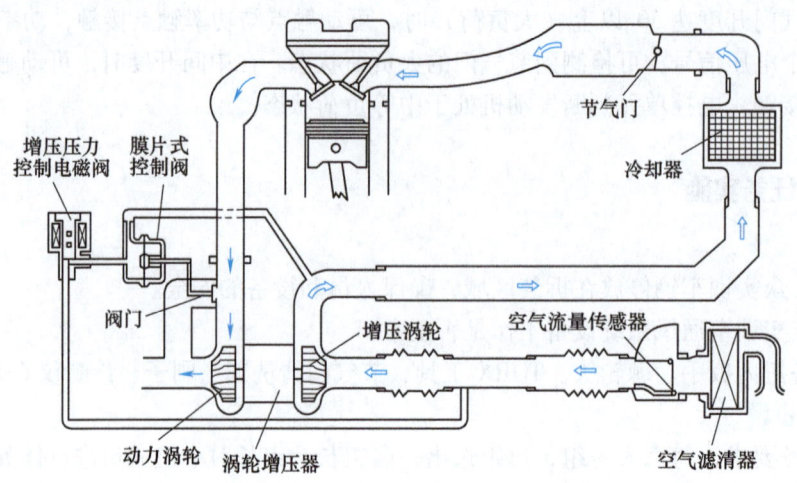

图 4-62　废气涡轮增压器控制系统的结构

1. 涡轮增压器

涡轮增压器包括涡轮壳体、压缩机壳体、中间壳体、涡轮、压缩机轮、全浮式轴承和排气旁通阀等，如图 4-63 所示。涡轮和泵轮装配在同一个轴上，通过两个浮动轴承分别安装在涡轮壳体和压缩机壳体上，中间壳体内有润滑和冷却轴承的油道，还有防止机油漏入压缩机或涡轮机的密封装置等。

涡轮机叶轮、压缩机轮和密封套等零件安装在增压器轴上，构成涡轮增压器转子。来自排气歧管的废气压力使涡轮高速旋转，同轴上的压缩机轮跟着旋转，把进气压入气缸。转子因直接受到排气的冲击，变得特别热而且高速旋转，所以必须耐热并耐磨损。

2. 增压压力的调节

在汽车涡轮增压系统中设置进、排气旁通阀，是调节增压压力最简单、成本最低而又十分有效的方法。排气旁通阀的工作原理如图 4-64 所示。控制膜盒中的膜片将膜盒分为上、下两个室，上室为空气室，经连通管与压缩机出口相通；下室为膜片弹簧室，膜片弹簧作用在膜片上，膜片通过联动杆与排气旁通阀连接。当压缩机出口压力（也就是增压压力）低于限

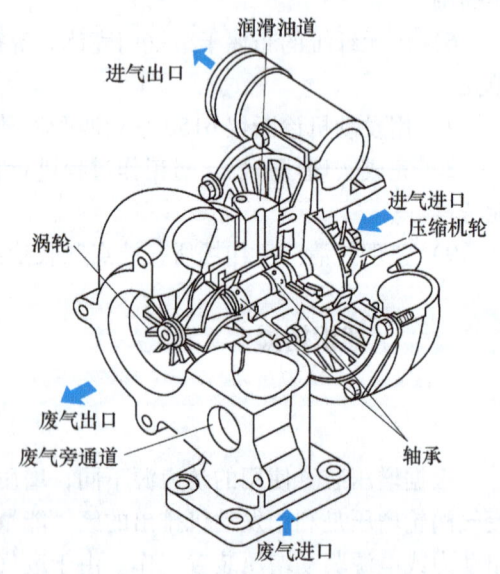

图 4-63　废气涡轮增压器的结构

定值时，膜片在膜片弹簧的作用下左移，并带动联动杆将排气旁通阀关闭；当增压压力超过限定值时，增压压力克服膜片弹簧力推动膜片右移，并带动联动杆将排气旁通阀打开，使部分排气不经涡轮直接进入排气总管中，从而达到控制增压压力及涡轮转速的目的。

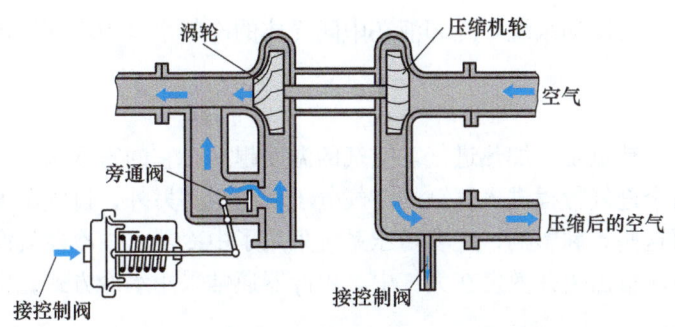

图 4-64 排气旁通阀的工作原理

在有些发动机上,排气旁通阀的开闭由 ECU 控制的电磁阀操纵或直接由电动机调节,如图 4-65 所示。ECU 根据发动机的工况,由预存的增压压力脉谱图确定目标增压压力,并与增压压力传感器检测到的实际增压压力进行比较,然后根据其差值来改变控制电磁阀开闭的脉冲信号占空比,以此改变电磁阀的开启时间,进而改变排气旁通阀的开度,控制排气旁通量,精确地调节增压压力。

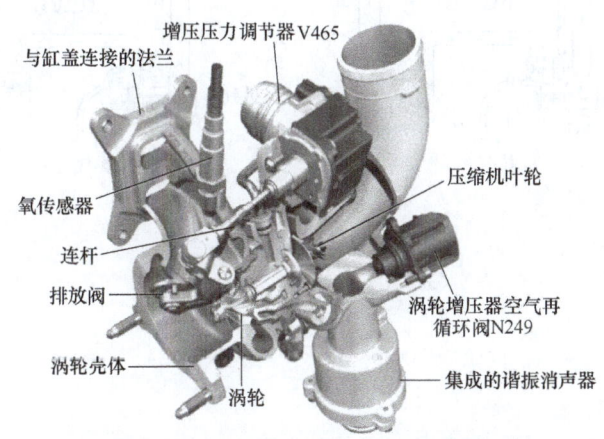

图 4-65 大众 EA888 发动机涡轮增压器

3. 涡轮增压器的润滑及冷却

涡轮增压器的润滑和冷却水管如图 4-66 所示。来自发动机润滑系统主油道的机油,经增压器中间壳体上的机油进口进入增压器,润滑和冷却增压器轴与轴承。然后,机油经中间壳体上的机油出口返回发动机油底壳,在增压器轴上装有油封,用来防止机油窜入压气机或涡轮机蜗壳内。

由于汽油机增压器的热负荷大,所以要在增压器中间壳体的涡轮机侧设置冷却水套,并用软管与发动机的冷却系统相连。冷却液自中间壳体上的冷却液进口流入中间壳体内的冷却水套,从

图 4-66 大众 EA111 发动机涡轮增压器的润滑和冷却水管

冷却液出口流回发动机冷却系统。冷却液在中间壳体的冷却水套中不断循环，使增压器轴和轴承得到冷却。

4. 中冷器

涡轮增压的一个缺点是会加热进气。空气的温度越高，它的密度越小。随着空气的温度变得越来越高，每个进气行程进入气缸的空气分子就越少。另外，进气温度升高也会导致爆燃问题。为了克服这些不利影响，许多增压系统采用了中冷器。中冷器就像一个散热器，将增压系统中的热量转移出去并散发在大气中。中冷器通常采用水冷方式，也有采用风冷方式的，如图4-67所示。

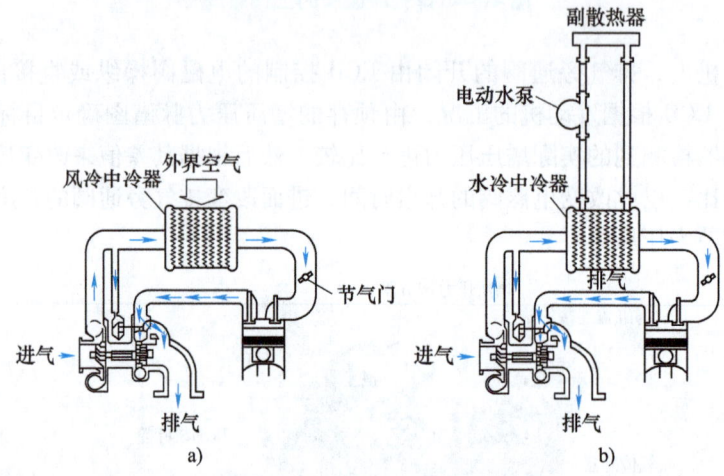

图4-67 中冷器冷却方式
a）风冷方式 b）水冷方式

学习小结

1. 空气供给系统除了空气滤清器、进气总管和进气歧管外，还有电控汽油喷射系统特有的空气计量装置、节气门、节气门位置传感器和怠速控制装置等。

2. 在电控汽油喷射系统中有空气流量传感器和进气歧管绝对压力传感器两种方式来测量进入气缸的空气量。

3. 节气门按照控制方式的不同主要分为机械式节气门和电子节气门两种。

自我评估

1. 填空题

1）_____是根据加速踏板踩下的量，发动机ECU使用节气门控制电动机来控制节气门的开启角度，以达到最佳开度。

2）卡门旋涡式空气流量传感器有_____和_____两种。

3）_____的热膜由发热金属铂固定在薄树脂膜上构成。

2. 判断题

1）开关式节气门位置传感器主要特点是节气门开度的输出电压与节气门开度呈线性

关系。   (   )
 2）节气门体上还有与发动机冷却系统相连接的水道，防止节气门冬天挂霜。 (   )
 3）节气门位置传感器主要有线性式和开关式两种。   (   )

3. 选择题
 1）负温度系数的热敏电阻其阻值随温度的升高而（   ）。
  A. 升高   B. 降低   C. 不受影响   D. 先高后低
 2）当节气门开度突然加大时，燃油分配管内油压（   ）。
  A. 升高   B. 降低   C. 不变   D. 先降低再升高

项目五 润滑系统构造与检修

本学习项目可与 1+X 技能等级考核证书《汽车动力与驱动系统综合分析技术》的相关模块对接，主要对汽油发动机润滑系统构造与检修进行学习，分为两个工作任务：润滑系统基础知识的认知、润滑系统主要部件的结构认知与检修。通过两个工作任务的学习，能够掌握汽油发动机润滑系统的组成及作用，能对汽车润滑系统各部件进行拆装检测。

素养课堂

弘扬爱国主义伟大精神

习近平总书记强调："爱国主义始终是激昂的主旋律，始终是激励我国各族人民自强不息的强大力量。""爱国主义始终是把中华民族坚强团结在一起的精神力量。"伟大的中国青年在爱国情感的感染下，矢志不渝，创造了一项又一项世界文明，如我国实现了港珠澳大桥顺利通车。广大青年在中国共产党的领导下，开辟中国道路、凝聚中国力量、开创中国智慧、发扬中国精神，攻坚克难，填补了一项又一项科技空白，我国自行研制出了北斗导航系统、天眼、笔尖钢、通信 5G 软件等，这一切皆离不开对祖国的深厚感情。青年正处于人生的"拔节孕穗期"，应坚持涵养爱国之情、砥砺强国之志、实践爱国之行相统一。

任务一 润滑系统基础知识的认知

任务情境

☞ **任务描述**

某车主到 4S 店进行常规维护，作为汽车医生，需掌握汽油发动机润滑系统的构造与原理，并能够为发动机更换润滑油。

☞ **任务分析**

根据客户的常规维护需求，需要为客户更换润滑油和机油滤清器。这个工作任务需要学生全面了解发动机润滑系统的相关知识，掌握润滑油更换作业。

任务目标

☞ **知识目标**

1. 掌握发动机润滑系统的组成、作用和润滑路线。

2. 掌握发动机润滑油的种类、等级及润滑油型号的选择。
3. 掌握润滑油液位的检测方法。
4. 掌握机油滤清器的更换流程。

☞ 能力目标

1. 能规范对润滑油液位进行检查。
2. 能更换润滑油及滤清器并选用符合厂家规格的润滑油类型。

必备知识

一、润滑系统简介

发动机工作时，摩擦表面（如曲轴轴颈与轴承、凸轮轴轴颈与轴承、活塞环与气缸壁、正时齿轮副等）之间以很高的速度做相对运动，金属表面之间的摩擦不仅增大发动机内部的功率消耗，使零部件工作表面迅速磨损；摩擦所产生的热量还可能使某些工作零件表面熔化，导致发动机无法正常运转。因此为了保证发动机的正常工作，必须对发动机内的相对运动部件表面进行润滑，也就是在摩擦表面覆盖一层润滑剂（润滑油或润滑脂），使金属表面之间间隔一层薄的油膜，以减小摩擦阻力、降低功率损耗、减轻磨损，延长发动机的使用寿命。

二、润滑系统的作用

发动机的润滑是靠润滑系统来实现的，润滑系统的任务是：当发动机工作时，将清洁的、压力和温度适宜的润滑油不断地送到各运动零件的摩擦表面进行润滑，以使发动机能正常工作。润滑系统的主要作用如图 5-1 所示。

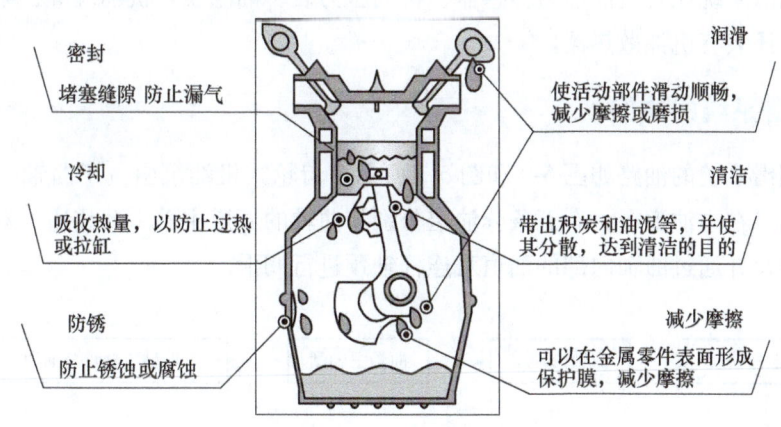

图 5-1 润滑系统的作用

三、发动机润滑系统的组成

发动机润滑系统的组成及油路如图 5-2 所示。包括以下几部分：
（1）油底壳 油底壳具有储存润滑油及散热的作用；其底部有一个带磁性的放油螺塞，用来吸附润滑油中的铁屑。

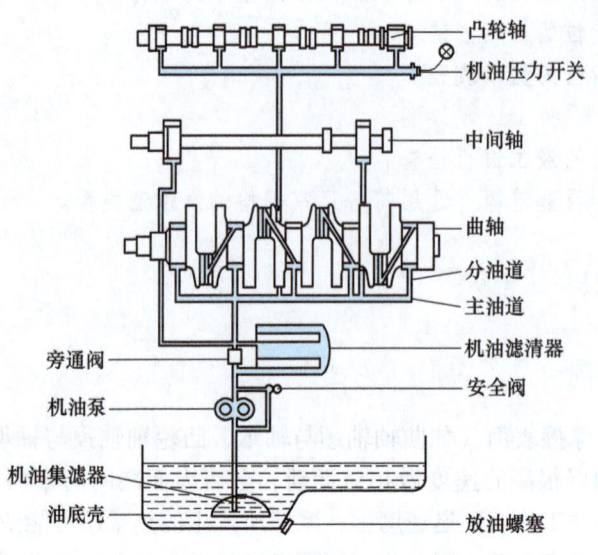

图 5-2 发动机润滑系统的组成及油路

（2）机油泵　机油泵将润滑油从油底壳中吸出加压后，不断地送到各摩擦副表面，进行润滑，并维持润滑油在润滑系统中的循环。

（3）机油滤清器　机油滤清器用来滤掉润滑油中的杂质、磨屑、油泥和水分等物质。它有集滤器、粗滤器和细滤器三种，分别安装在润滑系统中不同的部位。

（4）油道　油道用来向各润滑部位输送润滑油，分为主油道和分油道。

（5）阀类　阀类控制润滑油的流向及流量，主要有限压阀和旁通阀两种。

另外，润滑系统还有机油压力传感器、机油压力表、油温表及机油尺等，某些热负荷较大的发动机上还装有机油散热器。

四、润滑系统的油路

发动机润滑系统的油路如图 5-2 和图 5-3 所示。齿轮式机油泵由位于曲轴一侧的中间轴上的齿轮驱动。在主油道上，有五条分油道分别与曲轴的五道主轴承孔相通，对曲轴各道主轴颈进行润滑，并通过曲轴内部的油道对连杆轴颈进行润滑。

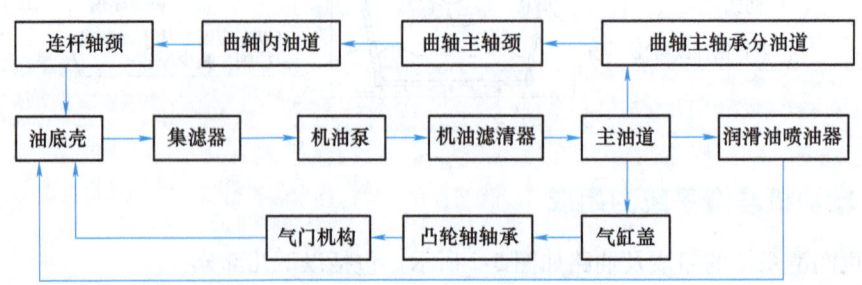

图 5-3 润滑系统油路示意图

主油道内的润滑油有一小部分经分油道润滑中间轴后轴承；主油道内的润滑油还通过一条专门的分油道进入凸轮轴的五个轴承处，对凸轮轴五道轴颈进行润滑。凸轮轴总油道还设有分油道与挺柱导向孔相通，以便对液力挺柱补充油液。

以上所述的润滑均为压力润滑，其他部位则采用飞溅润滑。润滑完毕的润滑油靠重力流回油底壳，以便继续循环使用。

五、发动机润滑油

发动机润滑油能对发动机起到润滑减摩、辅助冷却降温、密封防漏、防锈防蚀和减振缓冲等作用。

1. 润滑油的种类

润滑油主要分为矿物油、半合成油和全合成油三种。

（1）矿物油　矿物油是在石油提炼过程中分馏出有用的物质（如汽油和航空用油），之后再把留下来的底油进行加工提取。就本质而言，它运用的是原油中较差的成分。矿物油价格低廉，使用寿命及润滑性能都不如合成油，同时还对环境有较大的污染。另外，矿物油在提炼过程中因无法将所含的杂质完全除去，因此流动点较高，不适合低温地区使用。

（2）半合成油　半合成油是在矿物油的基础上经过加氢裂变技术提纯后的产物，它是由矿物油、全合成油以4∶6的关系混合而成的，半合成油的纯度非常接近全合成油，但其成本较矿物油略高，是矿物油向合成油的理想过渡产品。

（3）全合成油　全合成油是润滑油中的高等级油品，是来自原油中的瓦斯气或天然气所分散出来的乙烯、丙烯，再经聚合、催化等复杂的化学反应炼制成大分子组成的润滑液。在本质上，它使用的是原油中较好的成分加以化学反应并在人为的控制下达到预期的分子形态。全合成油分子排列整齐，抵抗外来变数的能力自然很强，因此品质较好，热稳定、抗氧化反应、抗黏度变化的能力自然要比矿物油和半合成油强得多。

2. 润滑油的性能

通常润滑油应该具备以下几点性能：

（1）有适当的黏度　发动机的工作压力很高，主轴承、连杆轴承等部位要承受很高的负荷。若润滑油不能在运动部位形成一定厚度的油膜，发动机磨损就会增大。黏度过低会使气缸密封不严，润滑油油耗增大，黏度过大会使摩擦阻力增大，造成燃油油耗增大，冷起动困难。

（2）有良好的黏温特性　黏温特性是指润滑油黏度随温度升高而减小，随温度降低而增大的性质。黏度随温度变化越小，润滑油的黏温特性越好，对使用越有利。

（3）有较低的凝点　若润滑油的凝点高，冬季气温较低时润滑油流动困难，甚至会凝固，轻则造成发动机暖机时间长，重则导致发动机无法起动。

（4）有良好的抗氧化性　抗氧化性是指润滑油抵抗氧化的能力。以汽油机为例，活塞第一道环处温度约为205℃，活塞裙部约为110℃，主轴承处约为85℃，润滑油在这样的高温下极易氧化。此外，气缸窜气也会加剧润滑油的氧化。

（5）有良好的清净分散性　清净分散性是指润滑油能够防止形成积炭、漆膜和油泥的能力。清净分散性是润滑油的特殊性质，只有清净性好的润滑油才能有效防止积炭、漆膜和油泥的生成。

3. 润滑油的级别

润滑油级别是以质量等级和黏度等级来划分的。国际上广泛采用的是美国汽车工程师学会（SAE）所制定的黏度等级和美国石油学会（API）使用级别。

（1）SAE 黏度等级　SAE 按照润滑油的黏度等级，把润滑油分为冬季用润滑油和非冬季用润滑油。冬季用润滑油一般有六种型号，即 SAE 0W、SAE 5W、SAE 10W、SAE 15W、SAE 20W 和 SAE 25W，数字越小，适用的环境温度越低。非冬季润滑油通常有四种型号，即 SAE 20、SAE 30、SAE 40 和 SAE 50，数字越大，适用的环境温度越高。现代汽车一般使用四季用润滑油，即在春、夏、秋、冬季都可以使用，如 SAE 5W—30、SAE 5W—40。

W 表示 Winter（冬季），其前面的数字越小说明润滑油的低温流动性越好，代表可供使用的环境温度越低，在冷起动时对发动机的保护能力越好；"W"后面（一横后面）的数字则是润滑油耐高温性的指标，数值越大说明润滑油在高温下的保护性能越好。

（2）API 质量级别　字母"S"加上另一个字母（如 SL）表示用于汽油发动机的润滑油，目前汽油发动机润滑油的使用级别有 SF、SG、SH、SJ、SL、SM、SN 等；字母"C"加上另一个的字母和数字表示用于柴油发动机的润滑油，目前柴油发动机润滑油的使用级别有 CC、CD、CD—Ⅱ、CE、CF—4 等。级别越靠后，使用性能越好。

4. 润滑油型号的选择

更换润滑油是车辆日常维护中最重要的工作之一。更换润滑油时，需要选择厂商推荐的 SAE 黏度等级和 API 使用级别标准的润滑油。

1）根据发动机的强化程度选用合适的润滑油使用级别（API）。

2）根据地区的季节气温选用合适的润滑油黏度等级（SAE），如图 5-4 所示。

5. 润滑油的更换周期

所有的汽车或发动机厂商都会推荐润滑油更换周期，更换周期以行驶里程或者时间来表示。大多数汽车厂商推荐的润滑油更换周期为 5000 ~ 10000km 或者六个月。但是，如果存在以下情况，更换周期就应相应缩短：

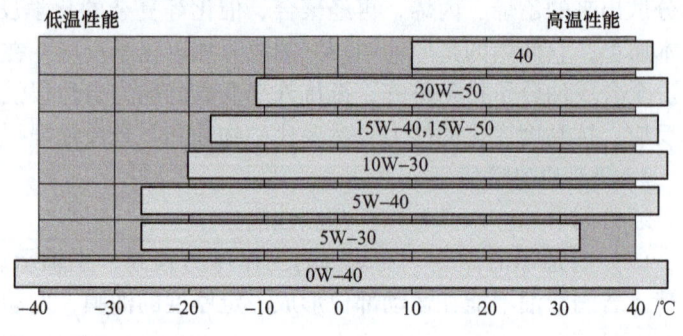

图 5-4　润滑油选择黏度参考表

1）行驶环境恶劣。

2）作为牵引拖车使用。

3）短距离或频繁起动，特别是在冬天的时候。

4）长时间怠速运转，如出租车或警车。

任务实施

1. 准备工作

1）将实训车辆停放在维护区域，确保人员和设备的安全。

2）检查实训室通风系统设备是否正常。

3）准备机油回收桶、机油滤清器套筒、五件套、翼子板布、前格栅布、车轮挡块、常用工具一套等。

2. 实施步骤

根据任务要求，每六人一组，每组选出一名组长，组长对小组成员进行任务分配。以小组为单位，根据实训室的车辆配置，完成以下相关的操作：

1）排放润滑油。用梅花扳手拆卸放油螺塞，使用机油回收桶盛放废润滑油，如图5-5所示。操作时，注意润滑油溅出，以免烫伤皮肤。

2）安装新的放油螺塞。待润滑油排放完毕后，安装新的放油螺塞和垫片，拧紧后，撤掉机油回收桶，再使用扭力扳手将放油螺塞拧紧至30N·m，最后用抹布擦拭放油螺塞周围的润滑油。

3）拆卸机油滤清器。使用机滤套筒扳手，拆卸机油滤清器，拆卸时，一手按住套筒扳手，另一手转动扳手，松动后，用手慢慢拧出机油滤清器，用回收桶盛放废润滑油，如图5-6所示。

图5-5 排放润滑油

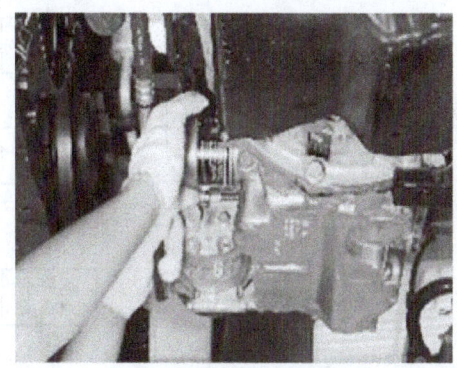
图5-6 拆卸机油滤清器

4）安装新的机油滤清器。用抹布清洁机油滤清器座，将新润滑油均匀涂抹在新的滤清器橡胶密封圈上，如图5-7所示。用于旋上机油滤清器，使用扭力扳手旋紧至25N·m，然后使用抹布清洁机油滤清器。

5）加注新的润滑油。将举升机降至地面，对发动机加注新的润滑油，加注时，禁止润滑油滴落，加注完成后盖上润滑油盖，如图5-8所示。

图5-7 往新的机油滤清器橡胶密封圈上抹润滑油

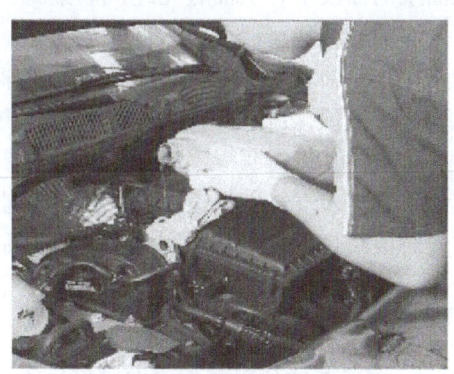
图5-8 加注新的润滑油

6）检查润滑油液位。拔出机油尺，用抹布清洁干净机油尺，插回机油尺，再拔出机油尺读数，检查润滑油液位是否在上下刻度之间。

7）起动发动机，检查仪表指示是否正常。

8）完成实训任务后，对工作过程进行自我评价，提交实训工作单，接受指导老师的技能考核。

9）整理并清洁工作场所，清点和收拾借出的工具、设备和资料，交回实训室。

知识拓展

上海桑塔纳轿车用 AJR 型发动机润滑系统示意图，它采用综合润滑方式，即压力式和飞溅式的综合润滑，如图 5-9 所示。

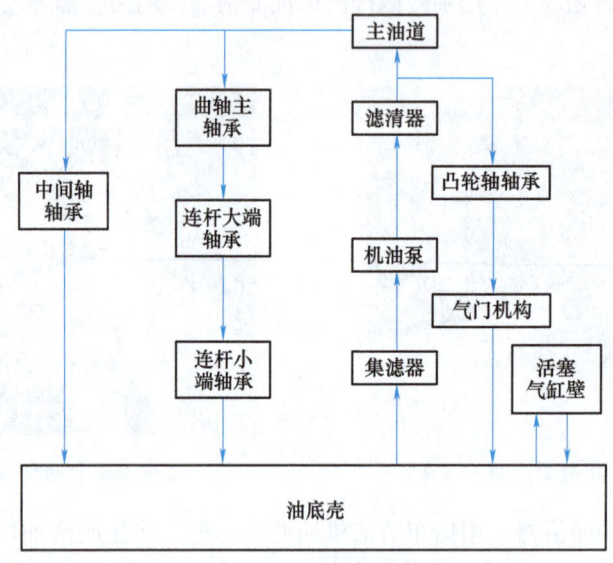

图 5-9 AJR 型发动机的润滑油循环路线

桑塔纳轿车 AJR 型发动机润滑油路由集滤器、机油泵溢流阀、机油滤清器、限压阀、旁通安全阀、单向阀（止回阀）、油道及油管等组成。发动机工作时，油底壳内的润滑油在机油泵的抽吸下，从油底壳经机油集滤器过滤掉其中较大颗粒的杂质后，经机油泵加压后，进入滤清器。滤清器过滤后进入主油道。进入主油道的润滑油分为三路对各部位进行润滑。一路送到曲轴各主轴承，对曲轴各道主轴颈进行润滑，同时通过曲轴内部的油道，将润滑油送到连杆轴颈，对连杆轴颈进行润滑，再由连杆上的油孔通往连杆小头衬套，对连杆轴颈及连杆小头衬套进行润滑；第二路通过安装在机油滤清器上的单向阀进入气缸体上的油道，经气缸垫，进入气缸盖油道，到各凸轮轴轴颈和液力挺柱；第三路通往限压阀，油道内的压力过大时该阀打开，将部分润滑油流回油底壳。

学习小结

1. 润滑系统的主要作用有润滑、冷却、清洁、密封、防蚀。

2. 润滑系统主要由油底壳、机油泵、机油滤清器、机油限压阀、机油报警装置和油道等组成。

3. 润滑油主要分为矿物油、半合成油和全合成油三种。

自我评估

1. 填空题

1) _____是利用发动机某些运动零件旋转时，飞溅起的或从连杆大头上专设的油孔喷出的油滴和油雾，对摩擦表面进行润滑的一种方式。

2) 黏度过低会使气缸密封不严，润滑油油耗____。

3) 润滑油级别是以_____和_____来划分的。

2. 判断题

1) 飞溅润滑就是将具有一定压力的润滑油源源不断地送到零件的摩擦面间。（   ）

2) 润滑油流经摩擦表面，带走摩擦副产生的6%~14%的热量。（   ）

3) 黏度随温度变化越小，润滑油的黏温特性越好，对使用越有利。（   ）

3. 选择题

1) 汽车厂商明确列出的润滑油更换周期是（   ）。
   A. 最长的时间或者里程间隔　　　B. 最短的时间或者里程间隔
   C. 只有换油行驶里程　　　　　　D. 只有换油的时间

2) 发动机润滑系统中，润滑油的主要流向是（   ）。
   A. 机油集滤器→机油泵→粗滤器→细滤器→主油道→油底壳
   B. 机油集滤器→机油泵→粗滤器→主油道→油底壳
   C. 机油集滤器→机油泵→细滤器→主油道→油底壳
   D. 机油集滤器→粗滤器→机油泵→主油道→油底壳

任务二　润滑系统主要部件的结构认知与检修

任务情境

任务描述

某车主到4S店反映其轿车出现机油警告灯常亮的现象，作为汽车医生，需掌握润滑系统构造与原理，并能够进行部件的拆检。

任务分析

根据客户反映的机油警告灯常亮问题，检查润滑油液面，液面正常，初步判断机油泵故障。这个工作任务需要学生掌握对机油泵的检测。

任务目标

知识目标

1. 掌握润滑系统主要部件的结构及工作原理。
2. 掌握机油泵的拆装和测量方法。

能力目标

能解体检查和更换机油泵。

必备知识

一、油底壳

油底壳位于发动机下部，可拆装，并将曲轴箱密封作为储油槽的外壳。油底壳是曲轴箱的下半部，又称为下曲轴箱，如图5-10所示。

油底壳的拆检

油底壳的安装

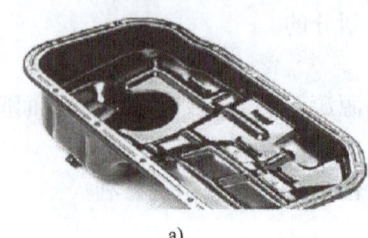 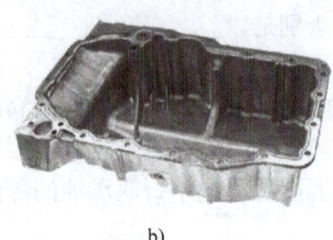

a) b)

图5-10 油底壳

a) 薄钢板油底壳 b) 铝合金油底壳

（1）作用 油底壳是封闭曲轴箱作为储油槽的外壳，防止杂质进入，并收集和储存由柴油机各摩擦表面流回的润滑油，散去部分热量，防止润滑油氧化。

（2）结构 油底壳多由薄钢板冲压而成，内部装有稳油挡板，以避免发动机颠簸时造成的右面振荡激溅，有利于润滑油杂质的沉淀，侧面装有油尺，用来检查油量。此外，油底壳底部最低处还装有放油螺塞。

（3）湿式油底壳 市面上见到的大多数汽车都是采用的湿式油底壳，之所以命名为湿式油底壳是由于发动机的曲轴曲拐和连杆大头在曲轴每旋转一周都会浸入油底壳的润滑油内一次，起到润滑的作用，同时由于曲轴的高速运转，曲拐每次高速浸入油池内都会激起一定的油花和油雾，对曲轴和轴瓦进行润滑，称为飞溅润滑。这样对润滑油在油底壳内的液面高度就有了一定的要求，如果太低了，曲轴曲拐和连杆大头不能浸入润滑油内，导致缺少润滑而顺滑曲轴和连杆以及轴瓦；如果润滑油液面太高又会导致轴承整个浸入，使曲轴的旋转阻力增大，最终导致发动机性能下降，同时润滑油容易进入气缸燃烧室内，导致发动机"烧机油"、火花塞积炭等问题。

这种润滑方式结构简单，不需另设机油箱，但车辆工作的倾斜度不可过大，否则会因断油、漏油而引发"烧瓦拉缸"事故。

（4）干式油底壳 干式油底壳（图5-11）用在很多赛车的发动机上。它没有在油底壳中储存润滑油，更为准确地说是没有油底壳。在曲轴箱内运动的摩擦表面都是通过一个个量孔压出润滑油进行润滑。由于干式油底壳发动机取消了油底壳储存润滑油的功能，所以原油底壳的高度就大大降低了，发动机的高度也随之降低，重心降低带来的好处就是有利于操控。最主要的优点就是避免了发生湿式油底壳那些由于激烈驾驶而产生的种种不利的现象。

二、机油泵

机油泵的作用是把一定量的机油压力升高，强制性地将润滑油压送到发动机各摩擦表

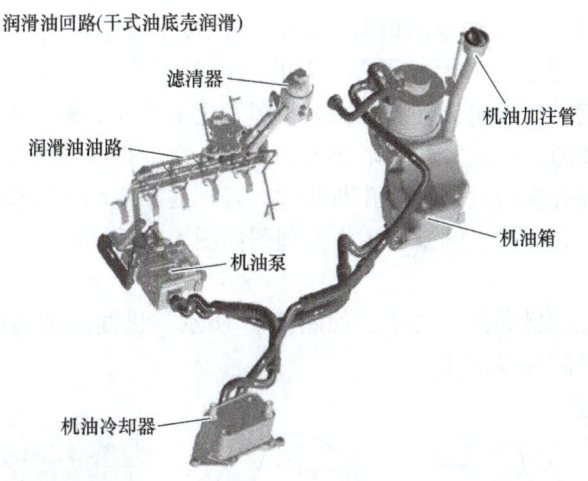

图 5-11 干式油底壳

面,保证压力润滑的润滑油循环流动。按机油泵的结构形式,通常分为齿轮式和转子式两类,齿轮式机油泵又分为内啮合齿轮式和外啮合齿轮式。按机油泵的排量是否可调节,又可分为定量泵和变量泵。

1. 齿轮式机油泵

(1) 结构　齿轮式机油泵分为外啮合与内啮合两类,由泵体、主动齿轮、从动齿轮、齿轮轴、泵盖和限压装置等组成,如图 5-12 所示。

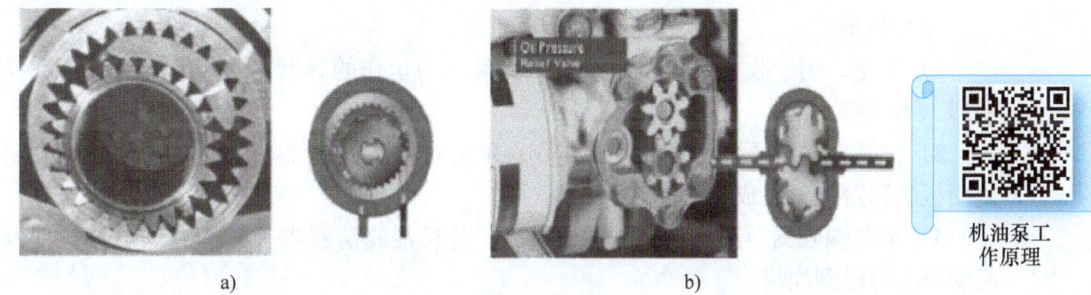

图 5-12　齿轮式机油泵的结构
a) 齿轮式机油泵(内啮合)　b) 齿轮式机油泵(外啮合)

机油泵工作原理

(2) 工作原理　当齿轮旋转时,进油腔的容积增大,腔内产生一定的真空度,润滑油便从进油口被吸入并充满进油腔,旋转的齿轮将齿间的润滑油带到出油腔,因出油腔的容积减小,导致油压升高,润滑油经出油口被输出,输出的油量与发动机转速成正比。

2. 转子式机油泵

(1) 结构　转子式机油泵由泵体、主动轴、内转子、外转子、泵盖和限压阀等组成,如图 5-13 所示。

图 5-13　转子式机油泵

(2）工作原理　转子式机油泵的内转子旋转时，转子每个齿的齿形轮廓线上总能互相呈点接触，所以在内外转子之间形成了多个互相封闭的工作腔，由于外转子总是慢于内转子，这几个工作腔在旋转过程中位置和容积大小都发生了改变。每个工作腔总是在最小时开始与壳体上的进油孔接通，然后容积逐渐变大，形成真空，把润滑油吸进工作腔，当该容积旋转到与泵体上的出油孔接通且与进油孔断开时，容积逐渐变小，工作腔内压力升高，腔内润滑油从油孔被压出。转子式机油泵的工作原理图如图5-14所示。

3. 机油滤清器

机油滤清器位于发动机润滑系统中，如图5-15所示。机油滤清器的上游是机油泵，下游是发动机中需要润滑的各零部件。

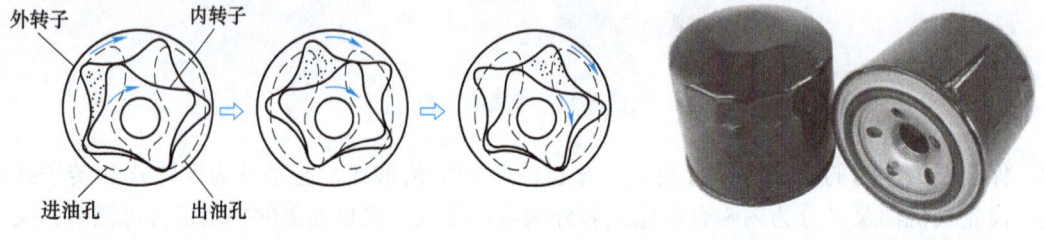

图5-14　转子式机油泵的工作原理图　　　图5-15　机油滤清器

（1）作用　机油滤清器的作用是对来自油底壳的润滑油中的有害杂质进行滤除，以洁净的润滑油供给曲轴、连杆、凸轮轴、增压器和活塞环等运动副，起到润滑、冷却和清洗的作用，从而延长这些零部件的使用寿命。

（2）组成

1）外壳。用于收容滤化器（纸芯）持续压力运作的容器，要求承受压力在4~7kg时不变形、不破损。

2）弹簧。用于压住滤化器（纸芯），在振动和润滑油流动时使其在铁罐中固定，也有使用板状弹簧的，但成本较高。

3）单向阀胶圈。用于阻止润滑油回流，让机油滤清器内长期都有润滑油，使发动机刚起动时立即得到润滑。

4）滤化器（纸芯）。用于过滤油中淤渣，其所用滤材一般分为表面过滤型和积层过滤型，由过滤纸及上、下底盖组成，滤纸折叠于表面型最多。

5）内铁网。用于支承和固定纸芯。

6）安全阀。装在滤化器（纸芯）上，其作用是当滤化器（纸芯）阻塞时，油压达到1kg后自动打开让润滑油流过。

7）底板。用于连接铁罐（外壳），将机油滤清器固定在发动机上。

8）连接板。用于固定胶圈在底板上。

9）密封圈。机油格安装在发动机时起密封作用，安装在连接板上，一般高出机油格1.2~1.6mm，其耐温要求能达到-40~140℃而不老化（一般需经硫化处理），如图5-16所示。

图5-16　机油滤清器的分解图

4. 集滤器

集滤器一般是滤网式，装在机油泵前面，滤网位于油底壳中，吸油管与机油泵入口相连接。它的主要作用是防止大颗粒杂质进入机油泵。汽车发动机的集滤器分为浮式集滤器和固定式集滤器，目前汽油发动机通常采用固定式集滤器，如图 5-17 所示。固定式集滤器位于润滑油液面以下，可防止油面上的泡沫被吸入润滑系统，润滑可靠，结构简单。

安装集滤器时，吸油管与机油泵连接处必须使用新的 O 形圈，如图 5-18 所示，且在其上涂抹适量洁净润滑油。否则，机油泵可能无法泵吸润滑油。

图 5-17　固定式集滤器

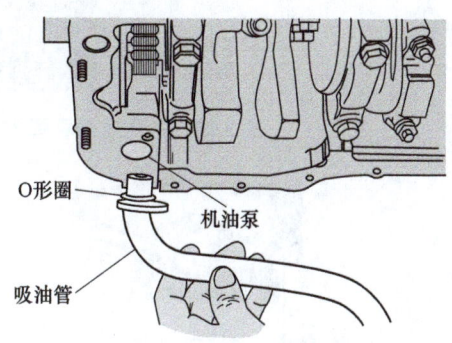

图 5-18　安装集滤器

5. 机油压力开关和机油压力指示灯

机油压力开关和机油压力指示灯用来判断润滑系统的工作状况，一旦润滑系统内的机油绝对压力降至 120~148kPa 时，机油压力开关接通，机油压力指示灯就会点亮。

机油压力指示灯由机油压力开关直接控制搭铁，点火开关控制正极，如图 5-19 所示。机油压力开关安装在主油道上，它是一个常闭开关，给机油压力指示灯提供搭铁，只有在正确的机油压力下它才能断开，机油压力指示灯才熄灭。因此，点火开关置于 ON 时，发动机不起动，机油泵没有工作，机油压力很低，机油压力指示灯点亮。起动发动机后，机油泵工作，机油压力指示灯熄灭。

6. 机油油位传感器

有些发动机在油底壳内设置了机油油位传感器，图 5-20 所示为上汽通用君威 2.0T 发动机机油油位传感器。当润滑油液面下降到一定高度时，传感器内部的电路导通，仪表板上的机油压力指示灯将点亮。

机油油位传感器是一个常闭型开关，它利用自身搭铁，并通过一根与 ECM 相连接的导线传递润滑油油位信息。当润滑油液面上升到一定高度时，传感器内部的开关断开，ECM 检测到高电平信号；当润滑油液面下降到一定高度时，传感器内部开关闭合，给 ECM 一个低电平信号，ECM 通过高速 CAN 总线向车身 BCM 发送一条信息，然后 BCM 通过低速 CAN 总线向组合仪表（IPC）发送一条信息，请求点亮发动机机油压力

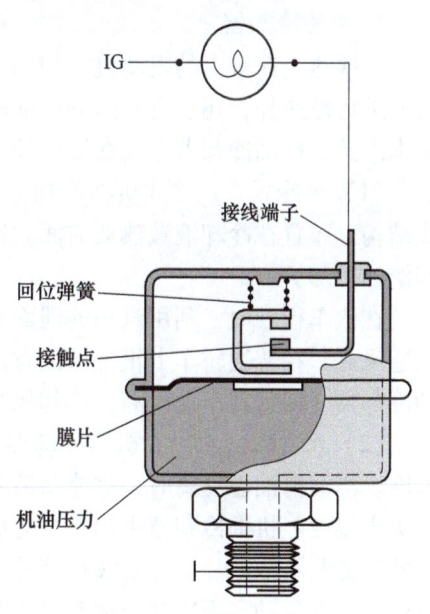

图 5-19　机油压力开关

指示灯，如图 5-21 所示。

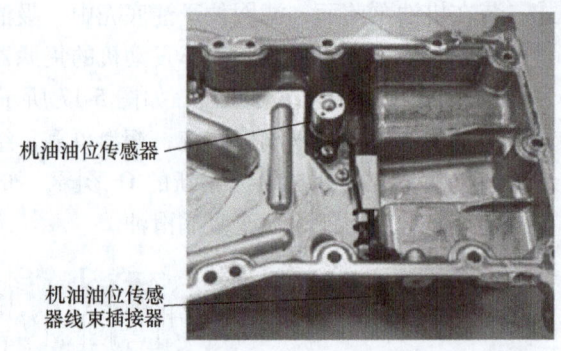

图 5-20　上汽通用君威 2.0T 发动机机油油位传感器

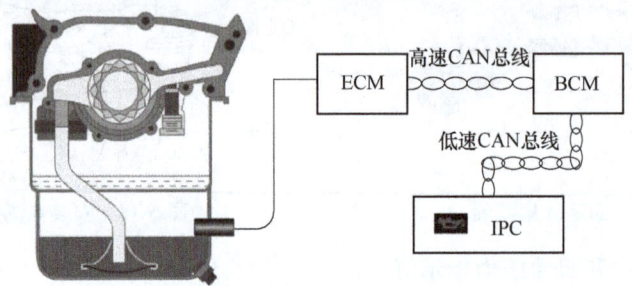

图 5-21　通用君威发动机润滑油油位检测

7. 机油冷却器

一些热负荷较大的发动机，如涡轮增压发动机或大功率柴油机等，除了利用油底壳对润滑油进行散热外，还设有专门的机油散热装置，这些装置称为机油冷却器，一般分为风冷式和水冷式。机油冷却器布置在润滑油路中，其工作原理与散热器相同。

（1）风冷式　风冷式机油冷却器的结构和冷却液散热器的结构基本相同，但采用横流式结构，布置在冷却液散热器前面。风冷式机油冷却器油路与主油道并联，利用风扇风力使润滑油冷却。

在汽车行驶时，利用汽车的迎面风冷却热的机油冷却器芯子。风冷式机油冷却器要求周围通风好，在普通轿车上很难保证有足够的通风空间，一般很少采用。在赛车上多半采用这种冷却器，因为赛车速度高，冷却风量大。

（2）水冷式　水冷式机油冷却器置于冷却系统中，利用冷却液的温度来控制润滑油的温度。当润滑油温度高时，靠冷却液降温，发动机起动时，则从冷却液吸收热量使润滑油迅速提高温度。机油冷却器由铝合金铸成的壳体、前盖、后盖和铜芯管组成。为了加强冷却，管外又套装了散热片。冷却液在管外流动，润滑油在管内流动，两者进行热量交换，也有润滑油在管外流动、而冷却液在管内流动的结构。

图 5-22 所示为大众 EA888 发动机机油冷却器，和机油滤清器集成一体。机油冷却器装在辅助机架上，机油从冷却器里流出一并被冷却，在压力的作用下涌流着通过机油滤清器，机油滤清器内部的回流阀门开启，这样，经过过滤的润滑油就能够流回到发动机的润滑循环中。

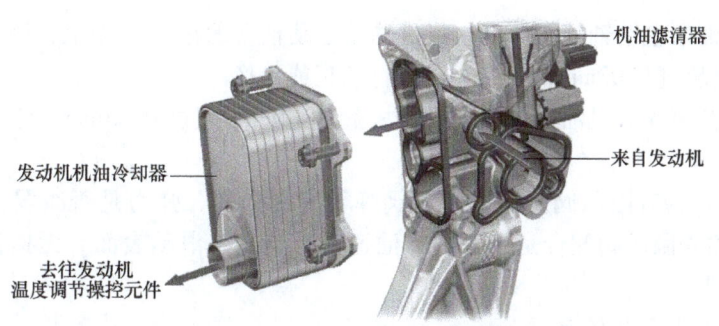

图 5-22　大众 EA888 发动机机油冷却器

任务实施

1. 准备工作

1）将机油泵放在指定工作台，确保人员和设备的安全。

2）检查实训室通风系统设备工作是否正常。

3）准备塞尺、百分表、接油盘、常用工具一套、防护用品等。

2. 实施步骤

根据任务要求，每六人一组，每组选出一名组长，组长对小组成员进行任务分配。以小组为单位，根据实训室的发动机台架配置，完成以下相关的操作：

1）拆卸机油泵。

2）检查机油泵主动齿轮、从动齿轮与机油泵盖端面的间隙。主动齿轮、从动齿轮与机油泵盖端面间隙的检查方法如图 5-23 所示，正常间隙应为 0.05mm，磨损极限值为 0.15mm。

图 5-23　测量泵盖与齿轮端面的间隙

3）检查齿轮啮合间隙。检查时，将机油泵盖拆下，用塞尺在互呈 120° 角的三个位置处测量机油泵主、从动齿轮的啮合间隙，如图 5-24 所示。新机油泵齿轮啮合间隙为 0.05mm，磨损极限值为 0.20mm。

4）检查主动齿轮端面与机油泵壳配合间隙。如图 5-25 所示，主动齿轮端面与机油泵壳配合间隙应为 0.03~0.075mm，磨损极限值为 0.20mm。否则应对轴孔进行修复。

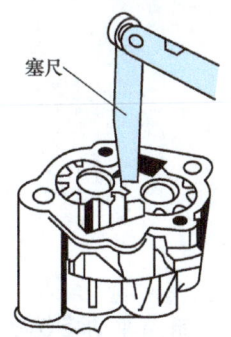 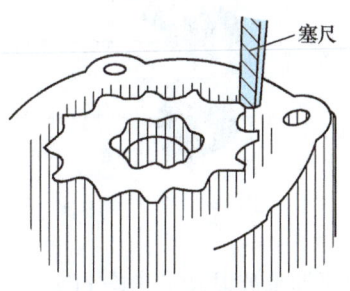

图 5-24　测量主、从动齿轮啮合间隙　　图 5-25　检查主动齿轮端面与机油泵壳配合间隙

汽车发动机构造与检修

5）检查机油泵主动轴的弯曲度。将机油泵主动轴支承在 V 形架上，用百分表检查弯曲度。如果弯曲度超过 0.03mm，则应对其进行校正或更换。

6）检查机油泵盖。机油泵盖如有磨损、翘曲和凹陷超过 0.05mm，应以车、研磨等方法进行修复。

机油泵的安装

7）检查限压阀。检查限压阀弹簧有无损伤、弹力是否减弱，必要时予以更换。检查限压阀配合是否良好、油道是否堵塞、滑动表面有无损伤，必要时更换限压阀。

8）装配机油泵。

9）完成实训任务后，对工作过程进行自我评价，提交实训工作单，接受指导老师的技能考核。

10）整理并清洁工作场所，清点和收拾借出的工具、设备和资料，交回实训室。

知识拓展

可变排量机油泵

可变排量机油泵能主动控制，使润滑油流量和压力满足发动机需求，从而消除过量润滑油流量并降低发动机曲轴上的负载，以便节省燃油，使能量损耗降至最低水平。

1. 结构

大众 EA888 发动机可变排量机油泵主要由主驱动链轮、驱动泵轮、从动泵轮、控制活塞、冷起动阀和止回阀等组成，如图 5-26 所示。

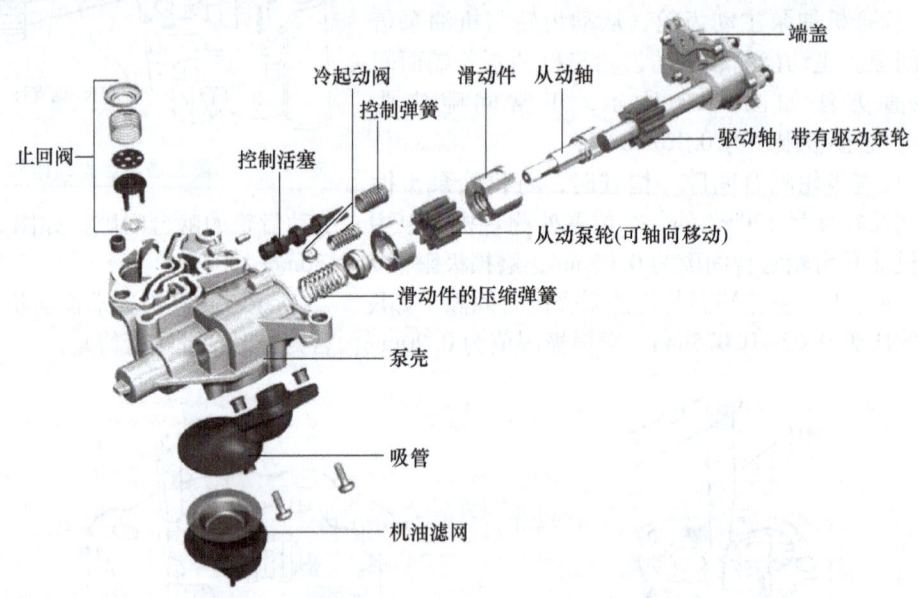

图 5-26 可变排量机油泵的组成

可变排量机油泵被集成在油底壳的顶部并且由曲轴通过一个链条驱动装置驱动，如图 5-27 所示。机油压力是通过机油泵内部的控制弹簧和控制活塞控制的。控制活塞是一个滑动装置，位于两段式外部齿轮机油泵中，可将调节过的油液导向滑动装置的左侧或右侧，从而能够让两个泵齿轮沿纵向移动，实现两段式泵动力控制。如果两个齿轮的高度完全相等，机油泵以最大的动力运行；如果两个齿轮一起被推动，则机油泵以更小的动力运行。控制活塞由油压控制阀驱动，油压由低压段到高压段的切换是由负载和发动机转速决定的。

2. 工作原理

1）低压控制。发动机起动瞬间机油压力为零，随着转速的提高机油压力逐渐上升。当发动机转速达到1000r/min左右时，机油

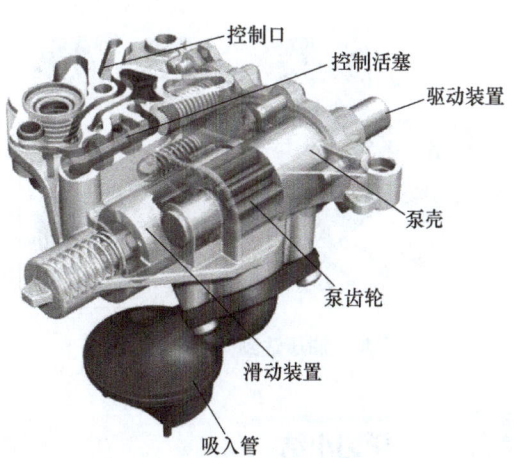

图5-27 可变排量机油泵的结构

压力达到1.8kPa。在机油压力达到1.8kPa之前，主动齿轮和从动齿轮一直保持全啮合状态。随着输出压力的增大，控制活塞向右移动，当输出压力达到180kPa时，控制活塞的第四个孔被堵上，也就是通向从动泵轮调节活塞左侧的机油压力为零，在此之后施加在从动泵轮两边的压力开始不相等。从动泵轮开始轴向移动，如图5-28所示。

随着发动机转速继续升高，控制活塞有向右继续移动的趋势，其右侧的弹簧开始产生反向力，由于施加在从动泵轮左侧的压力消失，从动泵轮向左移动，接合面积缩小，这种动态的调节使机油压力维持在180kPa左右，如图5-29所示。

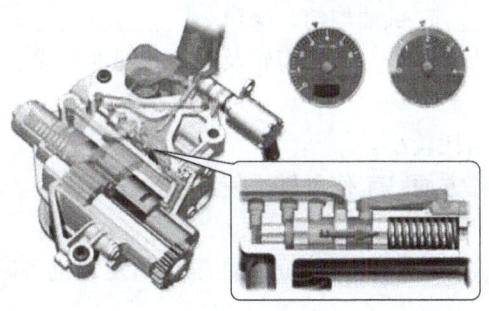

图5-28 油压达到180kPa的控制

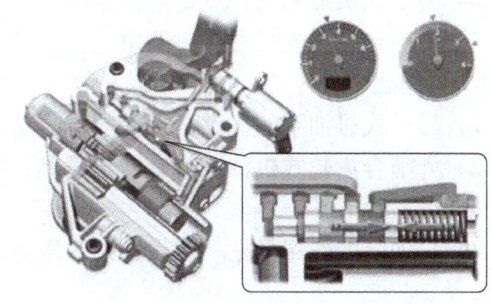

图5-29 油压维持180kPa的控制

2）高压控制。当发动机转速达到3500r/min时，油压控制阀由发动机控制单元控制搭铁，这时控制活塞第一个孔的油被切断，控制活塞原来的动态平衡被打破，在弹簧的作用下向左移动，第四个孔被打开，从动泵轮左右侧的压力重新回到平衡状态，在从动泵轮左侧的弹簧作用下，从动泵轮迅速向右移动，驱动泵轮与从动泵轮达到全啮合状态，该转速下机油压力达到320kPa左右，如图5-30所示。

当机油压力达到320kPa后，随着发动机转速的提高，机油压力稍微增加，这时候控制活塞被向右推动，活塞第四孔被重新堵上，从被动齿轮左侧既有压力消失，在右侧输出的既有压力作用下，从动泵轮向左移动，转速提高，而驱动泵轮与从动泵轮的啮合面减小，使机油压力保持在320kPa，如图5-31所示。

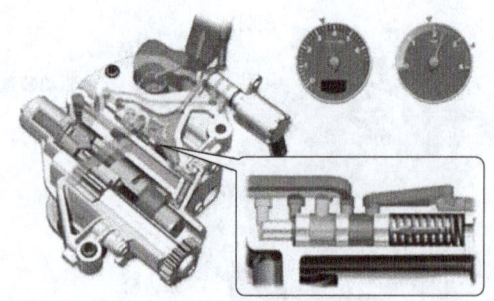

图 5-30 油压达到 320kPa 的控制

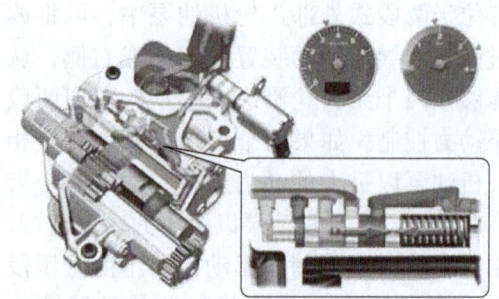

图 5-31 油压维持 320kPa 的控制

学习小结

1. 现代发动机油底壳一般采用铝合金铸造而成，以提高散热性能。
2. 按机油泵的结构形式，通常分为齿轮式和转子式两类，齿轮式机油泵又分为内啮合齿轮式和外啮合齿轮式。
3. 转子泵一般由泵体、内转子、外转子、泵盖和限压阀等部件组成。

自我评估

1. 填空题

1) 转子式机油泵外转子的凹齿数比内转子的凸齿数_____，转子的外廓形状曲线为_____。

2) 转子式机油泵的优点是结构紧凑，_____，供油均匀，噪声小，_____。

3) 内啮合齿轮式机油泵一般由____、月牙块、____、外齿轮及泵盖等部件组成。

2. 判断题

1) 转子式机油泵的优点是结构紧凑，功率消耗较小。（　　）

2) 外啮合齿轮式机油泵具有结构简单、加工方便、工作可靠、使用寿命长等优点。（　　）

3) 机油泵的作用是把一定量的机油压力升高，强制性地将润滑油压送到发动机各摩擦表面。（　　）

3. 选择题

1) 转子式机油泵工作时，（　　）。
   A. 外转子转速低于内转子转速　　B. 外转子转速高于内转子转速
   C. 内、外转子转速相等　　　　　D. 内、外转子转速不确定

2) 机油粗滤器上装有旁通阀，当滤芯堵塞时，旁通阀打开，（　　）。
   A. 使润滑油不经过滤芯，直接流回油底壳　　B. 使润滑油直接进入细滤器
   C. 使润滑油直接进入主油道　　　　　　　　D. 使润滑油流回机油泵

项目六 冷却系统构造与检修

本学习项目可与 1+X 技能等级考核证书《汽车动力与驱动系统综合分析技术》的相关模块对接，主要对汽油发动机冷却系统构造与检修进行学习，分为两个工作任务：冷却系统基础知识的认知、冷却系统主要部件的结构认知与检修。通过两个工作任务的学习，能够掌握汽油发动机冷却系统的组成及作用，能完成汽车冷却液检查更换作业。

畅通"大循环""双循环"，推动高质量发展

2020 年 5 月，在中共中央政治局常委会会议中首次提出"构建国内国际双循环相互促进的新发展格局"。2020 年两会期间，习近平总书记再次强调"要逐步形成以国内大循环为主体、国内国际双循环相互促进的新发展格局"。构建基于"双循环"的新发展格局是党中央在国内外环境发生显著变化的大背景下，推动我国开放型经济向更高层次发展的重大战略部署。

我国经济具有潜力足、韧性强、回旋空间大的特点。以国内大循环为主体旨在充分利用我国完备的工业体系，发挥我国巨大的市场优势和创新潜能，稳住产业链和经济运行，有效对冲日益增长的国际风险。国内国际相互促进的新发展格局旨在有机统筹国内国际两个大局，两个市场、两种资源的协同将为我国经济发展和产业升级提供更大的空间，也是为我国发展创造一个相对良好的外部环境的需要。"双循环"战略有利于我们掌握国际分工主动权，保障我国经济体系安全稳定运行，是有效应对日益复杂的国际大环境、保障我国经济实现高质量发展的大战略，需要我们科学谋划、积极落实。

任务一 冷却系统基础知识的认知

📖 任务描述

某车主到 4S 店反映其轿车行驶过程中冷却液沸腾，作为汽车医生，需掌握发动机冷却系统的构造与原理，并能够对发动机冷却系统进行常规检查。

📖 任务分析

根据客户反映的问题，可能是冷却液不足或者冷却系统故障所致。这个工作任务需要学生全面了解发动机冷却系统的相关知识，掌握发动机冷却系统检查作业。

任务目标

知识目标

1. 掌握冷却系统的作用、组成和工作原理。
2. 掌握冷却液的种类及作用。
3. 掌握冷却液液位及泄漏的检查方法。
4. 掌握冰点测试仪的使用方法。

能力目标

1. 能规范对发动机冷却系统进行检查。
2. 能正确检查冷却液液位及泄漏情况，确认维修项目。
3. 能使用冰点测试仪测试冷却液冰点。

必备知识

一、冷却系统简介

冷却系统简介

发动机在燃烧过程中，气缸与燃烧室内的气体温度可达 1800~2000℃。因此，必须在发动机上设置冷却系统，在发动机工作中对高温机件进行冷却，保证发动机的正常工作。冷却系统虽不参与发动机的功能转换，但却是发动机正常工作必不可少的保证。

冷却系统冷却强度的调节是否合适，对发动机的工作影响很大。冷却不足，会造成发动机过热，导致发动机充气量下降而影响发动机功率输出。对于汽油机来说，还可能会造成早燃、爆燃和表面点火等不正常燃烧；同时，过高的温度会使润滑油黏度降低，导致机件磨损加剧。冷却过度，会使发动机过冷，导致燃料蒸发困难，可燃混合气形成条件变差。燃烧不完全不但会造成发动机功率下降、油耗量增大，同时还会引起废气排放污染物增加。因而冷却必须适度。不论何种形式的冷却系统，除了能满足发动机在最大热负荷情况下的冷却外还必须能在发动机各种工况下，对冷却强度进行调节，以维持发动机的正常工作温度，保证发动机的正常工作，这就是发动机冷却系统的作用。

二、冷却方式的分类

冷却方式分为水冷却和风冷却，如图 6-1 所示。

现代家用汽车发动机上大多数采用的冷却方式是水冷却。水冷却方式是将大部分热能通过热传导方式从炽热的发动机零件传给温度较低的冷却液，再通过强制循环装置把温度高的冷却液送到散热器里，通过散热器散热进行冷却。冷却效果好、冷却强度方便调节是水冷却的特点，在发动机正常运转时，水冷却可以保障发动机的温度在正常工作范围之内。风冷却方式是以空气作为冷却介质，直接对气缸体和气缸盖的表面进行冷却。与水冷却相比，风冷却强度不容易调节和控制，因此家用汽车发动机上一般使用水冷却。

三、冷却系统的组成

发动机冷却系统一般由散热器、冷却风扇、节温器、水泵、膨胀水箱（或储液罐）、冷

项目六　冷却系统构造与检修

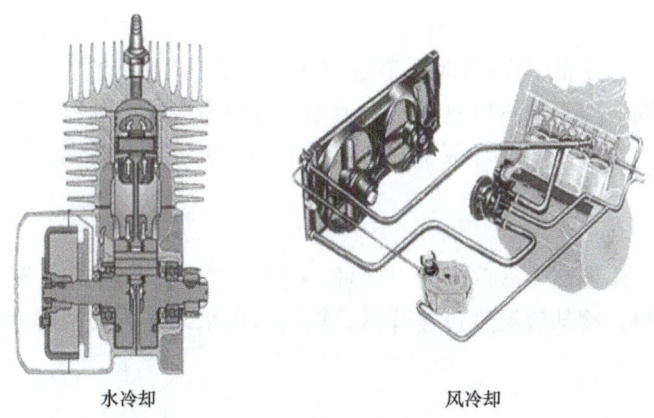

水冷却　　　　　　　　　　　　风冷却

图 6-1　冷却方式的分类

却液管路、气缸体和气缸盖中的水套以及其他附属装置等组成，如图 6-2 所示。

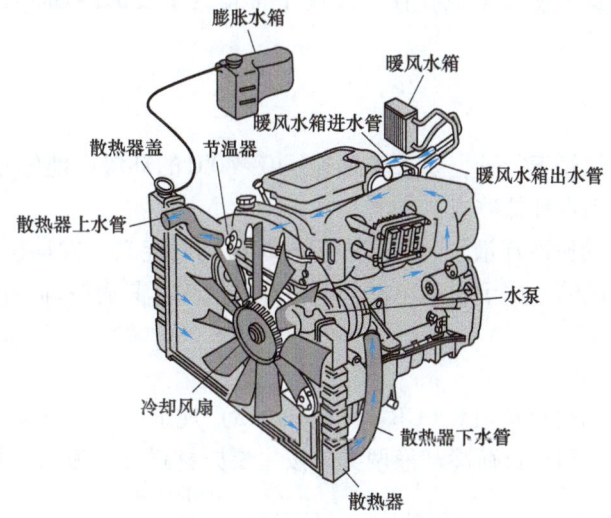

图 6-2　冷却系统的组成

四、冷却系统的工作原理

发动机冷却系统分为大循环和小循环，如图 6-3 所示。

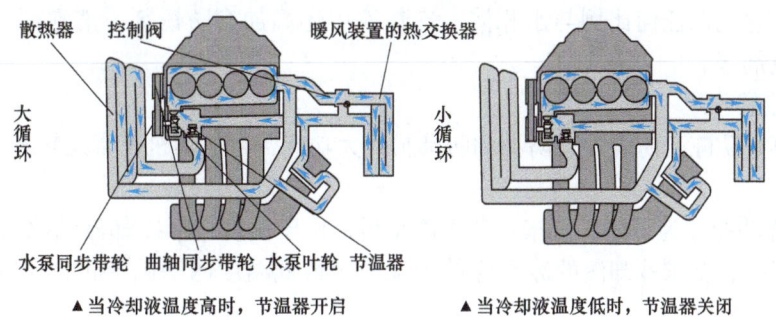

▲当冷却液温度高时，节温器开启　　　▲当冷却液温度低时，节温器关闭

图 6-3　大循环和小循环

123

1. 小循环

当发动机冷却液温度低于76℃时,节温器主阀门关闭,旁通阀打开,气缸盖至散热器的冷却液通道被切断。冷却液由气缸盖水套流出,经过节温器旁通阀、旁通管进入水泵,并经水泵送入气缸体水套。由于冷却液不经散热器散热,可使发动机温度迅速提高,这种循环方式称为小循环。

2. 大循环

当发动机冷却液温度高于86℃时,节温器主阀门打开,旁通阀关闭。冷却液全部由主阀门进入散热器散热,冷却液温度迅速降低,然后再由水泵送入气缸体水套,这种循环方式称为大循环。

3. 混合循环

当冷却液温度在76~86℃范围内时,节温器主阀门和旁通阀都处于部分开启状态,此时大、小循环都存在,只有部分冷却液经散热器进行散热。

冷却系统的功用就是使发动机在任何工况下都得到适度的冷却,从而保持在适宜的温度(冷却液温度)下工作。

五、冷却液

汽车会在不同的气候下行驶,要求车辆在-40~40℃的环境中能够正常工作,因此发动机冷却液必须具有高沸点和低冰点。

根据《机动车发动机冷却液》(GB 29743—2013)的定义,发动机冷却液是以防冻剂、缓蚀剂等原料配置而成的,用于机动车发动机冷却系统中,具有冷却、防腐和防冻等作用的功能性液体。

1. 冷却液的种类

根据《机动车发动机冷却液》(GB 29743—2013)规定,冷却液按发动机使用负荷的大小可分为轻负荷冷却液和重负荷冷却液两类,按主要原材料可分为乙二醇型、丙二醇型和其他类型三类。

乙二醇型冷却液是以乙二醇作为防冻剂的机动车发动机冷却液。丙二醇型是以丙二醇作为防冻剂的机动车发动机冷却液。其他类型是以除乙二醇、丙二醇之外的原料作为防冻剂,具有特定冰点数值的机动车发动机冷却液或冰点在-15℃以上的机动车发动机冷却液,直接用于发动机冷却系统。

最常用的发动机冷却液是乙二醇型,乙二醇是一种无色、透明、稍有甜味、具有吸湿性的黏稠液体,它能以任何比例与水相溶。冷却液中还添加有防锈剂、消泡剂、防霉剂、pH调节剂、着色剂等。

2. 冷却液的作用

冷却液具有防冻、防腐蚀、防垢和防沸腾四大功能,是发动机正常运转不可缺少的散热介质。

(1)**防冻功能** 为了防止汽车在冬季停车后,由于温度过低冷却液结冰而造成散热器、发动机缸体胀裂,要求冷却液的冰点应低于该地区最低温度的基础上再低10℃左右,以备天气突变。

(2)**防腐蚀功能** 冷却系统腐蚀会使散热器的下储水室、喷油器隔套、冷却管道、接头以及散热器排管发生故障，同时腐蚀产物堵塞管道，会引起发动机过热甚至瘫痪。因而冷却液中都加入一定量的防腐蚀添加剂，防止冷却系统发生腐蚀。

（3）防垢功能　冷却液在循环中应尽可能减少水垢的产生，以免堵塞循环管道，影响冷却系统的散热功能。

（4）防沸腾功能　冷却液的沸点通常都超过105℃，冷却液能耐受更高的温度而不沸腾（开锅），在一定程度上满足了高负荷发动机的散热冷却需要。

3. 冷却液温度指示灯（图6-4）

打开点火开关时，该指示灯会亮几秒钟并进行功能检查，在行驶中如果这个指示灯常亮或闪烁，同时警告声响起，可能是冷却液温度过高或冷却液液面过低。

在行驶过程中，该警告灯若点亮，应立即关闭发动机，检查冷却液液面，必要时补充冷却液。

图6-4　发动机冷却液温度指示灯

任务实施

1. 准备工作

1）将实训车辆停放在检测区域，确保人员和设备的安全。

2）检查实训室通风系统设备工作是否正常。

3）准备折射计T10007A、冷却系统测试仪SVW1274、手电筒、常用工具一套等。

2. 实施步骤

根据任务要求，每六人一组，每组选出一名组长，组长对小组成员进行任务分配。以小组为单位，根据实训室的车辆配置，完成以下相关的操作：

1）检查冷却液液位。如图6-5所示，打开手电筒，照射在冷却液膨胀罐，检查冷却液液位是否正常。冷却液液位应位于"max"和"min"之间，当液位低于"min"时，需先旋开冷却液罐上的蓝色盖子，加注同型号的冷却液。

2）检查冷却系统管路与接头。用手触摸冷却系统管路，检查管路有无老化、变形、鼓包、磨损或其他损坏。用手轻微晃动冷却系统管路，检查管路固定是否牢固、有无干涉，如图6-6所示。

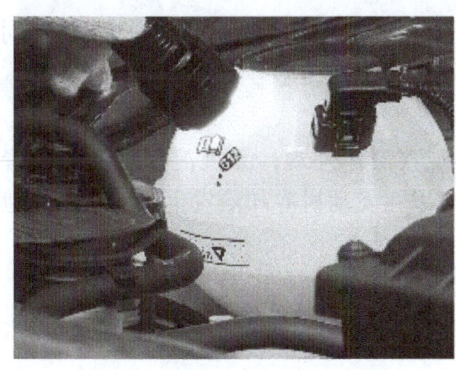

图6-5　检查冷却液液位

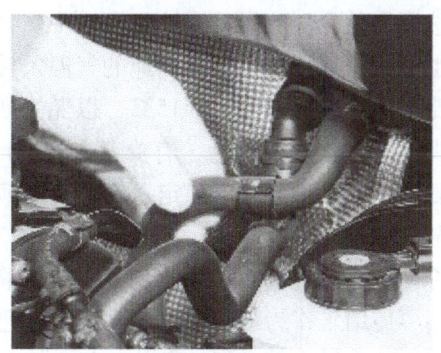

图6-6　检查冷却系统管路和接头

3）测量冷却液冰点。使用折射仪T1007或T1007A，测量冷却液冰点，读取测量值，如

125

图 6-7 所示。冷却液冰点正常值为 -35℃。

4) 检查冷却系统密封性。使用冷却系统测试仪 SVW1274 检查冷却系统密封性,将冷却系统测试仪连接至冷却液膨胀罐,加压至 100kPa,维持 3min,压力应无明显变化。如压力下降,则证明冷却系统存在泄漏,需查找泄漏点,如图 6-8 所示。

5) 检查冷却液膨胀罐盖安全阀。将冷却系统测试仪连接至膨胀罐盖安全阀上,加压至 140~160kPa,安全阀应打开泄压,如图 6-9 所示。检查完毕后,拧上膨胀罐盖。

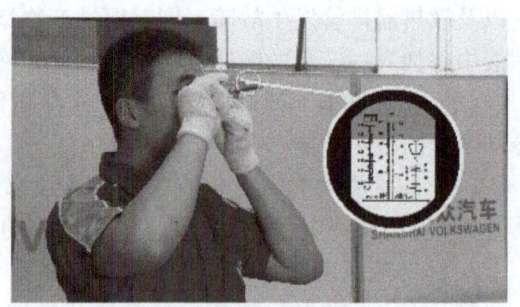

图 6-7 测量冷却液冰点

图 6-8 检查冷却系统密封性

图 6-9 检查冷却液膨胀罐盖安全阀

6) 完成实训任务后,对工作过程进行自我评价,提交实训工作单,接受指导老师的技能考核。

7) 整理并清洁工作场所,清点和收拾借出的工具、设备和资料,交回实训室。

知识拓展

如何挑选使用冷却液

选用哪种冷却液要看当地气温水平。各类发动机冷却液由于配制时成分和比例不同,其冰点也不同,消费者应根据当地的气温条件来选用产品的规格型号。发动机冷却液的冰点一般应比当地最低气温低 10~15℃,以免失效。

观察液体状态和颜色。消费者在选购时注意观察液体外观,无沉淀及悬浮物、清亮透明,则产品中添加剂性能稳定;有醒目的颜色,可以在发动机冷却液发生泄漏时方便地检查到泄漏点。

冷却液没有气味。如果闻到氨臭味、酒味等异味,表明加入了异常添加物。

不要使用水作为冷却介质。水的沸点已不能满足发动机冷却系统的要求,且自来水在使用中产生的水垢会严重影响散热效果。

不同品牌的冷却液不可混合使用。不同企业的产品、同一企业的不同类型(一般颜色不同)产品,都不能混合使用。

项目六　冷却系统构造与检修

学习小结

1. 汽车发动机上采用的冷却方式有水冷却和风冷却两种。
2. 发动机冷却系统一般由散热器、冷却风扇、节温器、水泵、膨胀水箱（或储液罐）、冷却液管路、气缸体和气缸盖中的水套以及其他附属装置等组成。
3. 现代汽车发动机的冷却系统都采用强制循环封闭式、带膨胀水箱的水冷却系统。

自我评估

1. 填空题

1) _____将冷却液从散热器（或气缸盖水套）吸入并加压，然后排入_____中。
2) 冷却液循环过程包括_____和_____。
3) 大小循环冷却液流量的比例由_____控制。

2. 判断题

1) 不管节温器打开还是关闭，大循环是常循环，这样可提高冷却系统的温度。（　　）
2) 发动机在燃烧过程中，气缸与燃烧室内的气体温度可高达 1800～2000℃。（　　）
3) 发动机冷却液必须具有高沸点和低冰点。（　　）

3. 选择题

1) 冷却液循环路径分为大循环和小循环，小循环不经过（　　）部件。
　　A. 散热器　　　B. 节温器　　　C. 暖风水箱　　　D. 膨胀水箱
2) 如在发动机上拆除节温器，则冷却液循环路径是（　　）。
　　A. 只有大循环　　B. 只有小循环　　C. 大、小循环同时存在　　D. 冷却液将不循环

任务二　冷却系统主要部件的结构认知与检修

任务情境

☞ 任务描述

某车主到4S店反映其轿车出现冷却液沸腾现象，作为汽车医生，需掌握冷却系统构造与原理，并能够进行冷却系统检测。

☞ 任务分析

根据客户反映的冷却液沸腾现象，经询问，车辆10万km仍没有更换冷却液，初步判断冷却液变质。这个工作任务需要学生掌握更换发动机冷却液。

任务目标

☞ 知识目标

1. 掌握冷却系统主要部件的作用及构造。
2. 掌握冷却系统主要部件的工作原理。
3. 掌握冷却液排放、补充流程和注意事项。

127

能力目标

能按照厂家规范的流程排放和补充冷却液。

必备知识

一、冷却系统的结构

水冷却系统一般由散热器、节温器、水泵、水道和风扇等组成。散热器负责循环水的冷却，它的水管和散热片多用铝材制成，铝制水管做成扁平形状，散热片带波纹状，注重散热性能，安装方向垂直于空气流动的方向，尽量做到风阻要小，冷却效率要高。散热器又分为横流式和垂直流动式两种，空调冷凝器通常与其安装在一起，如图6-10所示。

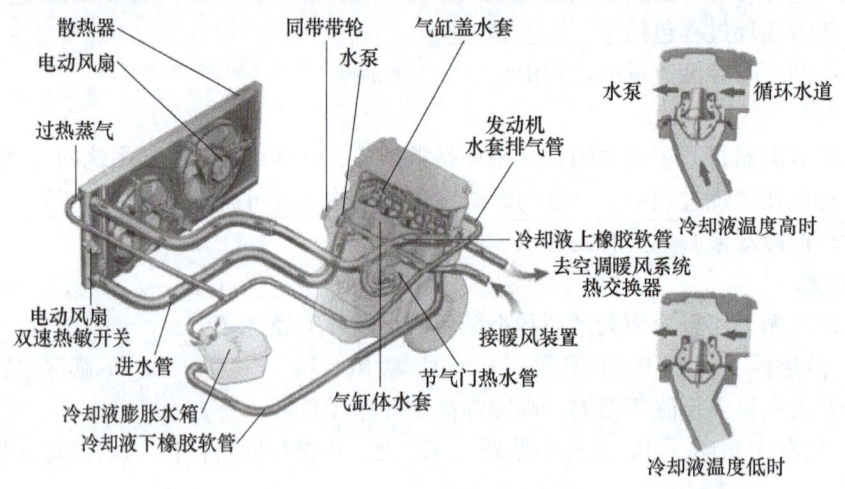

图 6-10 冷却系统的结构

1. 水泵

（1）结构　发动机是由冷却液的循环来实现的，强制冷却液循环的部件是水泵，它由曲轴传动带带动，推动冷却液在整个系统内循环。它由水泵壳体、水泵轴及轴承、水泵叶轮和水封装置等零件构成，如图6-11所示。

（2）工作原理　水泵壳体安装在发动机缸体上，叶轮固定在水泵轴上，叶轮转动是由水泵轴承在运转时带动的，在水泵中的冷却液是由旋转轮驱动的，产生一定的离心力，在其离心力的作用下，经叶轮的边缘甩出，然后经出水管被压送到发动机水套内。与此同时，叶轮的中心处由于冷却液被甩出而压力降低，散热器内的冷却液在压差的作用下经水管被吸入叶轮中，从而实现冷却液的往

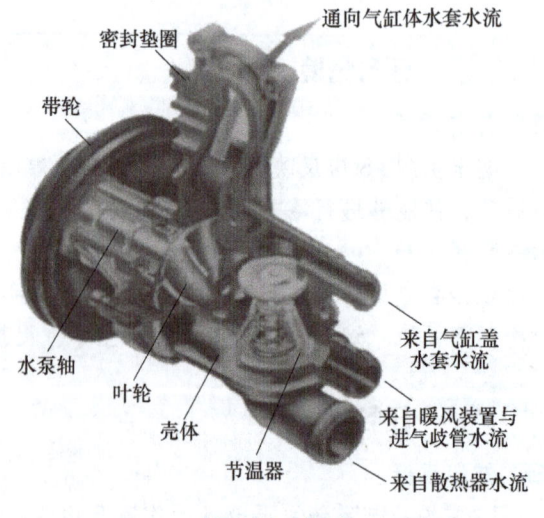

图 6-11 水泵

复循环。水封装置将轴承与水泵工作室隔离,防止进水室的冷却液进入轴承。水封装置是由水封密封垫圈、水封皮碗、水封座圈和弹簧组成的。水封座圈固定于泵壳水封的前端。弹簧将水封皮碗压紧在水封座与密封垫圈之间,以防止水泵内腔的冷却液沿水泵轴向前渗透。水泵壳体上有个泄水孔,在水封与轴承之间,如果有冷却液漏过水封,可从泄水孔漏出去,可以防止轴承进冷却液而损坏。如果发动机停止后仍有冷却液漏出,则证明水封已经损坏。水泵的结构和工作原理如图6-12所示。

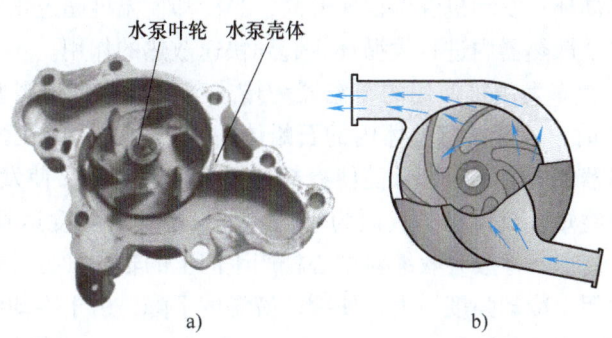

图6-12 水泵的结构和工作原理

(3)电子水泵 带有涡轮增压的发动机,当进气被废气涡轮增压器压缩时,压力以及进气温度都会显著增加。进气温度升高会降低发动机的充气效率,因此需要对增压空气进行冷却,以确保增压效果,减少发动机爆燃现象。冷却液流经的增压空气冷却器安装在进气歧管中,经过加热的增压空气流经该冷却器,将大部分热量传递至增压空气冷却器和冷却液,如图6-13所示。

增压空气冷却系统是独立的冷却系统,集成有涡轮增压器。增压空气冷却泵是一个循环电子水泵,并根据需求进行启动,如图6-14所示。它将冷却液从增压空气辅助散热器吸出,并输送至进气歧管内的增压空气冷却器以及废气涡轮增压器,然后冷却液回流至前端的增压空气冷却器。

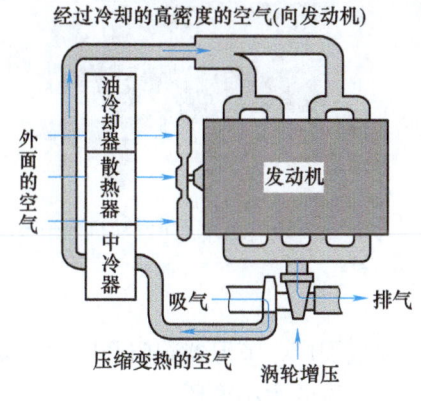

图6-13 增压空气冷却系统

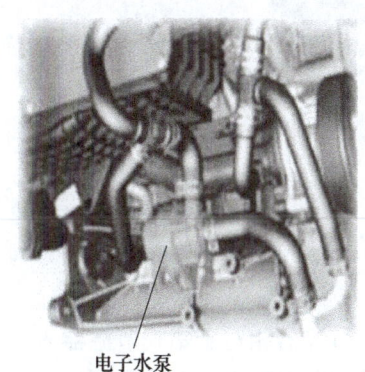

图6-14 电子水泵

2. 节温器

节温器是控制冷却液流动路径的阀门。

(1) 作用　节温器的作用是由发动机冷却系统冷却液温度的变化,自动控制通过散热器的冷却液的水流量,改变冷却液的循环范围大小,从而调节冷却系统的散热能力,以调节冷却系统的冷却强度,从而确保发动机可以在适合的温度范围内正常工作。节温器一定要保持完好,不然会影响发动机的正常工作。如果发动机过热,可能是节温器主阀门开启得有些迟;但是主阀门开启过早,会使发动机预热时间延长。节温器控制冷却液进行大循环和小循环,当发动机温度没有达到正常温度前,节温器处于关闭状态,冷却液只能在散热器的上半部进行循环,就是小循环;发动机温度快速升高,当冷却夜温度超过正常温度后节温器就会打开,让冷却液在整个散热器内进行大循环,起到快速散热的作用。

(2) 工作原理　汽车发动机使用的节温器为蜡式节温器,有单阀型和双阀型之分。当冷却液温度低于76℃时,节温器感温体内的石蜡体积较小,主阀门在弹簧的压力下紧压在阀门座上,通过散热器的水道不通,从而使冷却液温度快速上升,使发动机快速地热起来。由于冷却液的流动路线短、流量小,故而为小循环。当冷却液温度达到86℃后,石蜡体膨胀,使橡胶管被挤压变形,橡胶管收缩对中心杆产生向上的轴向推力,橡胶管向下膨胀使主阀门开启,副阀门关闭,冷却强度增大,使冷却液温度下降,由于冷却液的流动路线长、流量大,故而为大循环。当冷却液温度超过76℃时,主阀门全开,副阀门刚好关闭,从缸盖出水口流出的冷却液经主阀门进入散热器散热,再经水泵流回发动机,进行大循环。当发动机内的冷却液温度处于两种温度之间时,主阀门和副阀门均部分打开,故冷却液的大小循环同时存在,如图6-15所示。

(3) 电子节温器　目前越来越多的发动机开始使用电子节温器,电子节温器是在蜡式节温器的基础上增加了加热装置,图6-16所示为上汽通用发动机电子节温器。冷却液温度和加热装置都可以控制电子节温器的开启,加热装置的工作由ECU通过占空比(PWM)信号控制。

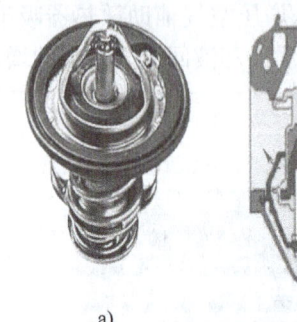
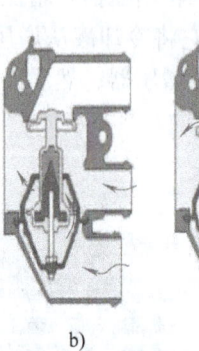
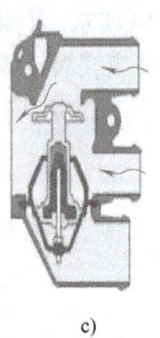
a)　　　　　　b)　　　　　c)

图6-15　节温器的工作原理
a) 实物　b) 节温器阀关闭　c) 节温器阀打开

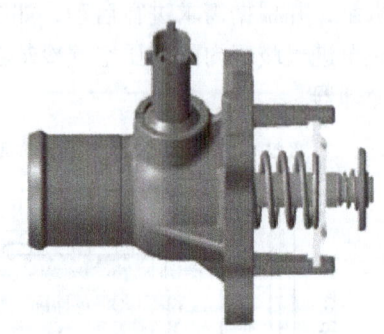

图6-16　上汽通用发动机电子节温器

电子节温器相对于蜡式节温器来说,其工作温度范围广,节温器阀门开度大,即便控制信号失效,节温器内部石蜡也可以正常工作来控制冷却液的大小循环。

3. 散热器

(1) 构成　发动机冷却系统中的散热器主要由上储水室、下储水室和连接上、下水室软管及散热器芯构成。上储水室通过进水软管与缸盖上的出水管相通,下储水室通过出水软管与水泵进水管相通，如图6-17所示。

散热器芯的构造是由许多冷却管和散热片组成的，为了增加散热器芯的散热面积，采用了散热片这种结构，同时还可以增大散热器的刚度和强度，提高散热效果。冷却管的断面被设计为扁圆形，这种形状与断面为圆形的冷却管相比，可以增加散热器芯的散热面积，如果管内的冷却液结冰膨胀，扁管可以借其横断面变形从而避免冷却管破裂。散热器芯要有一定的流通面积让冷却液通过，同时也要有一定的空气流通面积，让更多的空气通过，从而带走冷却液的热量。发动机工作时高温冷却液进入上储水室，在通过冷却管流向下储水室的过程中，被从散热器芯缝隙中经过的空气冷却，温度降低之后重新在水泵的作用下进入水管，并循环此过程。

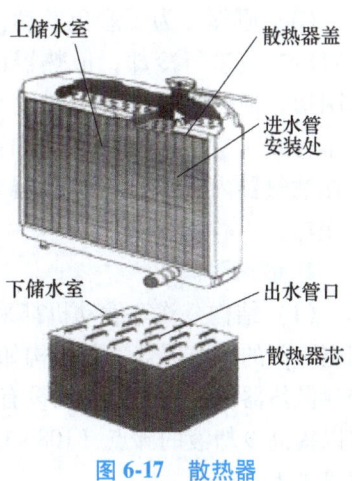

图6-17 散热器

(2) 分类

① 按照散热器中冷却液流动的方向分类，可分为纵流式和横流式两类，如图6-18所示。

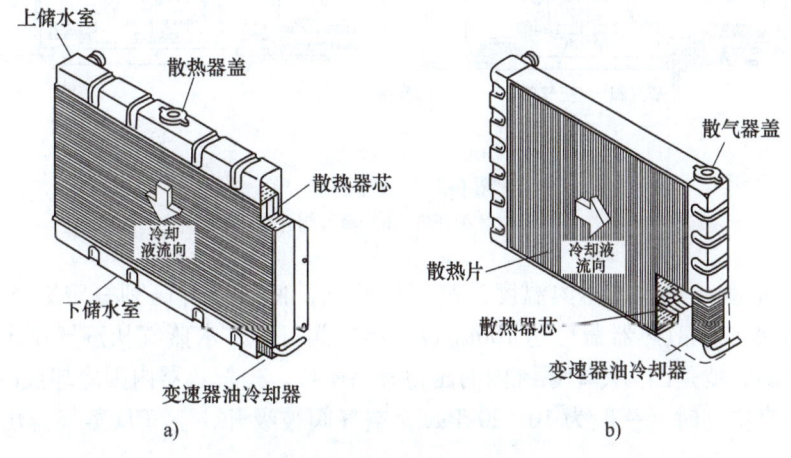

图6-18 散热器中冷却液流动的方向
a) 纵流式　b) 横流式

② 按散热器芯的构造形式分类，可分为管带式、管片式和板式三类，如图6-19所示。

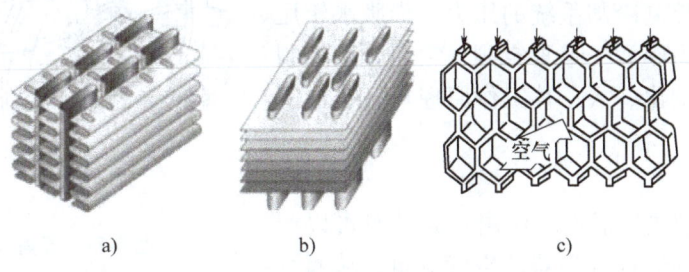

图6-19 按散热器芯的构造形式分类
a) 管带式　b) 管片式　c) 板式

(3) 原理 为了避免发动机过热，发动机的零部件必须进行适当的冷却。散热器负责对冷却液进行冷却，散热器的冷却管和散热片用的是铝制材料，冷却管的断面被做成扁圆形，散热片被做成带波纹形状，增加散热器的散热面积，提高散热器的散热效果，汽车行驶时空气流动的方向和散热器垂直，这样会减小风的阻力，提高冷却效果。冷却液在散热器内流动时与散热器外的空气相互交换，从而使热的冷却液变冷，温度低的空气变热。

4. 散热器盖

（1）结构 汽车发动机都采用压力循环水冷系统。这种水冷系统广泛采用具有蒸气阀和空气阀的散热器盖，其结构如图 6-20 所示。蒸气阀在弹簧的作用下，紧紧地压在加水口，密封散热器。在蒸气阀中央设有空气阀，弹簧使其处于关闭状态。这两个阀门的作用，不但可以提高冷却液的沸点（108~120℃），还可防止当散热器内冷却液量减少或压力降低时冷却管被大气压瘪。

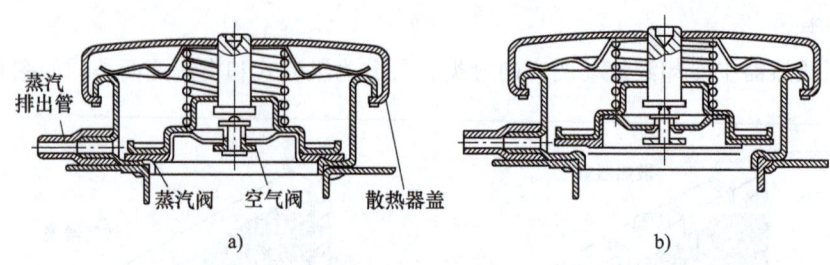

图 6-20 散热器盖
a) 空气阀开启 b) 蒸气阀开启

（2）工作原理 当散热器内温度升高产生蒸气，使压力升高到一定数值时（一般为 26~37kPa，某些汽车散热器盖可达 100kPa），蒸气阀打开，水蒸气从蒸气排出管排出。冷却液沸点的提高，就是因为冷却系统内的压力升高所致。当散热器内因冷却液冷却温度下降而产生一定的真空度时（一般为 10~20kPa），空气阀被吸开，空气从蒸气排出管进入散热器内。

现在有很多车型采用无盖式散热器，且散热器上设计有通气螺塞，如图 6-21 所示。膨胀水箱压力盖的作用与散热器盖相似，但它通过控制膨胀水箱内气体的压力来控制冷却系统的压力。膨胀水箱压力盖也有一个压力阀和一个真空阀，它们分别控制膨胀水箱中气体的出、入，其工作原理与散热器盖相同。

5. 风扇

风扇安装在散热器后面，风扇在旋转时可以产生轴向吸力，增加经过散热器的空气流量，从而可以加速对散热器芯内冷却液的冷却，提高散热效果，使发动机的冷却效率得到加强。途安汽车风扇叶片数目为 7 片，横断面多为弧形，叶片之间的夹角一般不相等。为了提高风扇的效

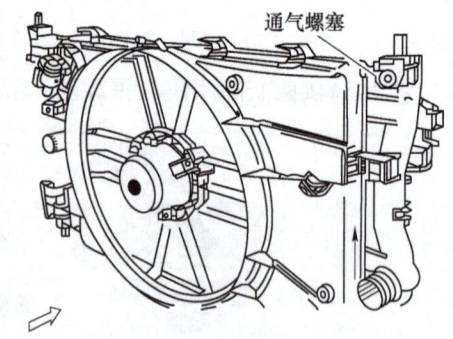

图 6-21 无盖式散热器

率,在风扇外围通常装有一个护风罩。途安汽车发动机冷却系统采用的是电子风扇。电子风扇由冷却液温度传感器、风扇电动机、风扇和电动机控制开关组成。根据冷却液的温度情况,使风扇断续地工作可以提高汽车的整体经济性能。途安发动机冷却系统电子风扇的启动是由温控开关控制的,它装在散热器的一侧。当冷却液温度达到92℃时,温控双速电动风扇开始低速转动;当发动机冷却液温度达到97~101℃时,温控开关接通风扇电动机的高速档,风扇开始高速转动;当发动机冷却液温度降到92~97℃时,风扇电动机恢复为低速档;温度低于92℃时风扇电动机停止运转,空气自然流过散热器。

6. 补偿水桶

补偿水桶由塑料制造并用软管与散热器冷却液加注口上的溢流管连接。当冷却液受热膨胀时,部分冷却液流入补偿水桶;而当冷却液降温时,部分冷却液又被吸回散热器,所以冷却液不会溢失。

在补偿水桶的表面上刻有"低"线和"高"线两条标记线,补偿水桶内的液面应位于两条标记线之间。若液面低于"低"线时,应向桶内补充冷却液,在向桶内添加冷却液时,液面不应超过"高"线,如图6-22所示。

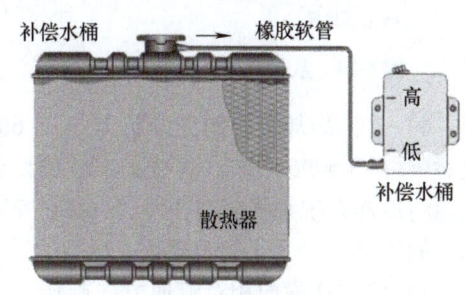

图6-22 补偿水桶

任务实施

1. 准备工作

1)将实训车辆停放在检测区域,确保人员和设备的安全。

2)检查实训室通风系统设备工作是否正常。

3)准备冷却系统检测设备、冷却系统加注装置V.A.S 6096、常用工具、车辆挡块、翼子板布、三件套防护用品、冷却液等。

2. 实施步骤

根据任务要求,每六人一组,每组选出一名组长,组长对小组成员进行任务分配。以小组为单位,根据实训室的车辆配置,完成以下相关的操作:

1)打开冷却液膨胀罐盖,如图6-23箭头所示。

2)拆卸发动机舱底部隔音板,将收集盘放在散热器下面。

3)松开弹簧卡箍,并从散热器上拔下冷却液软管,如图6-24所示。

4)松开弹簧卡箍,如图6-25箭头所示,从涡轮增压系统散热器上拔下冷却液软管。

5)安装散热器上的冷却液软管。等冷却液排空后,安装冷却液软管和发动机底部隔音护板。

图6-23 打开冷却液膨胀罐盖

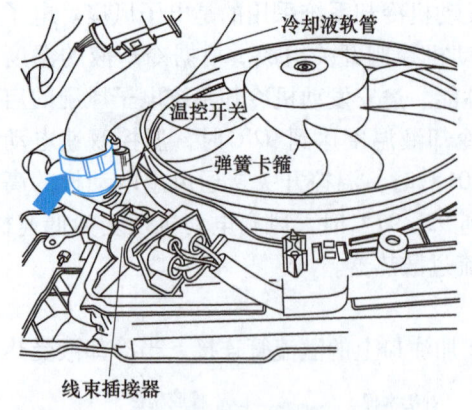

图 6-24 从散热器上拔下冷却液软管　　图 6-25 从涡轮增压系统散热器上拔下冷却液软管

6）连接冷却系统加注设备 V.A.S 6096，如图 6-26 所示。将适量的冷却液加注到冷却液罐 V.A.S 6096/1 中。将冷却系统测试仪的适配插头 V.A.G 1274/8 拧装在冷却液膨胀罐上。将冷却系统加注设备 V.A.S 6096 安装在冷却系统测试仪的适配插头 V.A.G 1274/8 上。排气软管导入一个小的容器内。

7）将拉杆横向相对流通方向旋转，关闭阀门 A 和 B，如图 6-27 所示。将软管连接上压缩空气。将拉杆旋转至与流通方向垂直，打开阀门 B，此时显示仪表的指针必须位于绿色区域内，如图 6-27 所示。

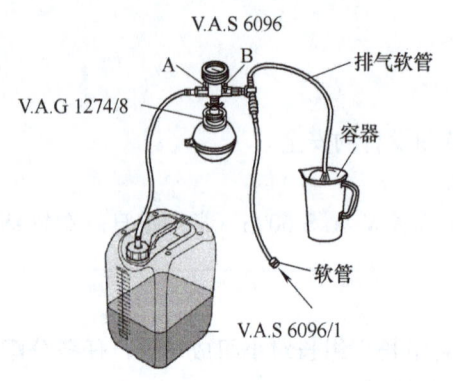 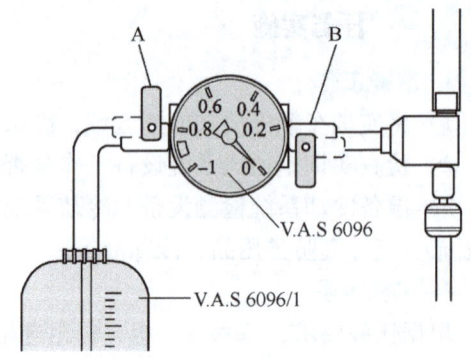

图 6-26 连接冷却系统加注设备 V.A.S 6096　　图 6-27 关闭阀门 A 和 B

8）向流通方向旋转拉杆，短暂打开阀门 A，以便冷却系统加注设备 V.A.S 6096 的冷却液膨胀罐软管内充满冷却液。充满后重新关闭阀门 A。继续打开阀门 B 2min，然后关闭阀门 B。

9）先拔下压缩空气软管，再慢慢打开阀门 A。

10）加注冷却液到膨胀罐直至加不进为止，冷却液将位于 "max" 以上。拆下冷却系统加注设备 V.A.S 6096。

11）此时膨胀罐中的冷却液液位将会下降。将冷却液膨胀罐中的冷却液液位调整至 "max" 位置。打开暖风装置约 30s，将暖风装置设置到 "暖风状态"。关闭空调压缩机，起动发动机，将发动机运转至 1500r/min，不得超过 2min。拧紧冷却液膨胀罐盖，发动机怠速运行直到冷却液节温器打开，冷却液膨胀罐上部冷却液软管与下部冷却液软管变热。关闭发动机，并将其冷却。

12）检查冷却液液位。发动机达到工作温度时，冷却液液位必须位于"max"标记处，而冷机时，则必须位于"min"和"max"标记之间，如图6-28所示。如有必要，添加冷却液或吸出多余的冷却液至标准液位。

13）完成实训任务后，对工作过程进行自我评价，提交实训工作单，接受指导老师的技能考核。

14）整理并清洁工作场所，清点和收拾借出的工具、设备和资料，交回实训室。

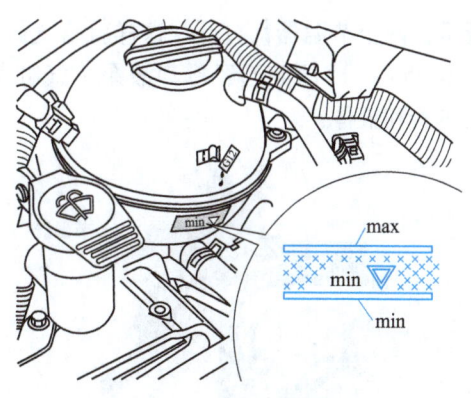

图6-28 检查冷却液液位

知识拓展

双 节 温 器

大众EA111发动机冷却系统采用了双节温器，如图6-29所示。双节温器冷却系统的特点是在气缸体和气缸盖中分别有不同温度的单独通道。冷却液的流量是由冷却液分配壳体中的两个节温器控制的。一个安装在气缸体中，打开温度为95℃；另一个安装在气缸盖中，打开温度为83℃。

（1）温度低于83℃时节温器的工作状态 温度低于83℃时节温器的工作状态如图6-30所示，两个节温器都处于关闭状态，这意味着发动机的温度上升很快。冷却液流经冷却液泵、气缸盖、暖风系统热交换器、机油冷却器和膨胀箱。

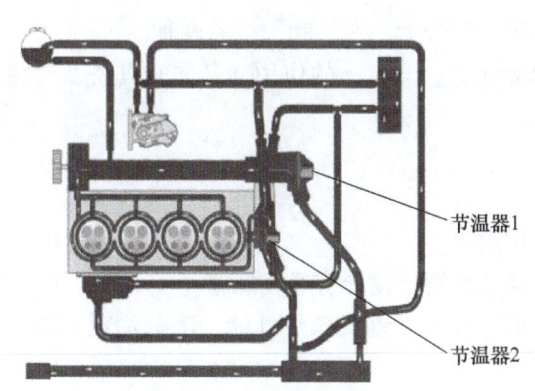

图6-29 双节温器冷却系统

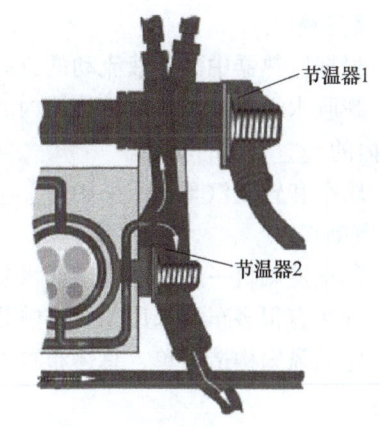

图6-30 温度低于83℃时节温器的工作状态

（2）温度在83~95℃时节温器的工作状态 温度在83~95℃时节温器的位置如图6-31所示，节温器1打开，节温器2关闭。这样就将气缸盖中的温度调节至83℃并且进一步增加气缸体中的温度。冷却液流经冷却液泵、气缸盖、暖风系统热交换器、机油冷却器、膨胀水箱和散热器。

（3）温度高于95℃时节温器的工作状态 温度高于95℃时节温器的工作状态如图6-32

所示，两个节温器都打开。这样就将气缸盖中的温度调节至83℃并且把气缸体中的温度调节至95℃。冷却液流经冷却液泵、气缸盖、暖风系统热交换器、机油冷却器、膨胀水箱、散热器和缸体。

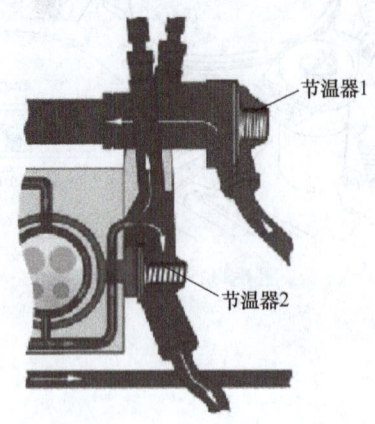 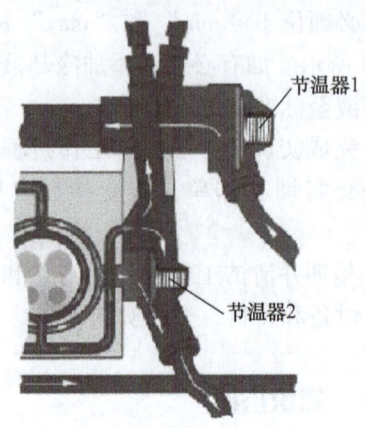

图6-31　温度在83~95℃时节温器的工作状态　　图6-32　温度高于95℃时节温器的工作状态

学习小结

1. 水冷却系统一般由散热器、节温器、水泵、水道和风扇等组成。
2. 散热器芯由许多冷却管和散热片组成。
3. 汽车发动机都采用压力循环水冷系统，采用具有蒸气阀和空气阀的散热器盖。

自我评估

1. 填空题

1）根据散热器中冷却液流动的方向可将散热器分为_____和_____两种。

2）膨胀水箱除了具备对散热器内的冷却液起到_____的作用，又同时具备及时将冷却系统内的_____的功能。

3）轿车和轻型汽车广泛采用_____。

2. 判断题

1）汽车发动机一般采用转子式水泵，结构简单。　　　　　　　　　　　（　　）

2）现在有很多车型采用无盖式散热器，且散热器上设计有通气螺塞。　　（　　）

3）电动风扇构造简单，总体布置方便，可以改善发动机预热性能，降低油耗，减小风扇噪声。　　　　　　　　　　　　　　　　　　　　　　　　　　　　　（　　）

3. 选择题

1）电子节温器相比传统的蜡式节温器，其优势在于（　　）。
　　A. 控制更精确　　　B. 工作范围更广　　　C. 阀门开度更大　　　D. 成本低

2）水冷却系统中，冷却液的大小循环路线由（　　）控制。
　　A. 风扇　　　　　　B. 百叶窗　　　　　　C. 节温器　　　　　　D. 分水管

项目七 发动机整机拆装

本学习项目可与1+X技能等级考核证书《汽车动力与驱动系统综合分析技术》的相关模块对接，主要对汽油发动机整机拆装进行学习，共一个工作任务：拆装汽车发动机。通过本工作任务的学习，能够掌握对汽油发动机规范拆装作业。

坚持知行合一 以知促行、以行求知

党的十八大以来，习近平总书记多次强调"知行合一"，要求党员干部既要加强理论学习，走在前列；又要结合实践，干在实处。

习近平总书记强调，在学习理论上，干部要舍得花精力，全面系统学，及时跟进学，深入思考学，联系实际学。学习习近平新时代中国特色社会主义思想，要深刻认识和领会其时代意义、理论意义、实践意义、世界意义，深刻理解其核心要义、精神实质、丰富内涵、实践要求。要紧密结合新时代新实践，紧密结合思想和工作实际，有针对性地重点学习，多思多想、学深悟透，知其然又知其所以然。学习理论最有效的办法是读原著、学原文、悟原理，强读强记，常学常新，往深里走、往实里走、往心里走，把自己摆进去、把职责摆进去、把工作摆进去，做到学、思、用贯通，知、信、行统一。

任务 拆装汽车发动机

任务情境

☞ **任务描述**

某车主到4S店反映其轿车"烧机油"特别严重，油耗非常高，作为汽车医生，需掌握发动机整体构造与原理，并能够对发动机整机进行常规检查和拆装作业。

☞ **任务分析**

根据客户反映的问题，经检查后，通过测量气缸压力，发现各气缸压力均十分低，建议进行发动机大修。这个工作任务需要学生全面掌握发动机拆装流程，进行发动机整机拆装作业。

任务目标

☞ **知识目标**

1. 掌握发动机拆装流程。

137

2. 掌握发动机拆装注意事项。

☞ **能力目标**

能使用发动机拆装工具对发动机进行规范拆装。

一、发动机拆装工具

1. 通用工具

（1）呆扳手　呆扳手是最常见的一种扳手，如图 7-1 所示。其开口的中心平面和本体中心平面成 15°，这样既能适应人手的操作方向，又可降低对操作空间的要求。其规格是以两端开口的宽度 $S(mm)$ 来表示的，如 8~10mm、12~14mm 等。

（2）梅花扳手　梅花扳手的两端是环状的，环的内孔由两个正六边形互相同心错转 30° 而成，如图 7-2 所示。使用时，扳动 30° 后，即可换位再套，因而适用于狭窄场合下操作，与呆扳手相比，梅花扳手强度高，使用时不易滑脱，但套上、取下不方便，其规格是以闭口尺寸 $S(mm)$ 来表示。

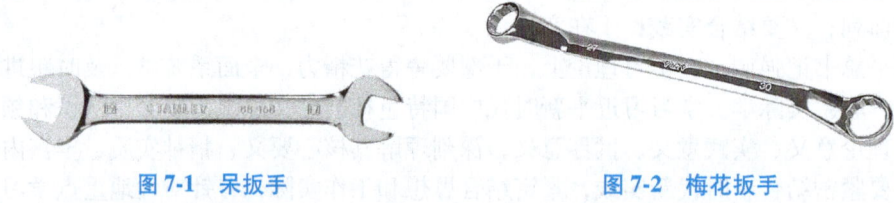

图 7-1　呆扳手　　　　　　　　图 7-2　梅花扳手

（3）套筒扳手　套筒扳手的材料、环孔形状与梅花扳手相同，适用于拆装位置狭窄或需要一定拧紧力矩的螺栓或螺母。套筒扳手主要由套筒头、手柄、棘轮手柄、快速摇柄、接头和接杆等组成，各种手柄适用于各种不同的场合，以操作方便或提高效率为原则，如图 7-3 所示。

（4）活扳手　活扳手如图 7-4 所示，其开口尺寸能在一定的范围内任意调整，使用场合与呆扳手相同，但活扳手操作起来不太灵活。其规格也是以最大开口宽度 $S(mm)$ 来表示的，通常是由碳素钢制造而成的。

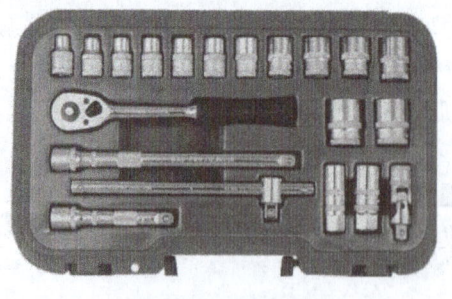

图 7-3　套筒扳手　　　　　　　　图 7-4　活扳手

（5）扭力扳手　扭力扳手是一种可读出所施力矩大小的专用工具，如图 7-5 所示。其规格是以最大可测力矩来划分的；扭力扳手除用来控制螺纹件旋紧力矩外，还可以用来测量旋

项目七　发动机整机拆装

转件的起动转矩，以检查配合、装配情况。

（6）内六角扳手　内六角扳手是用来拆装内六角螺栓（螺塞）的，规格以六角形对边尺寸 S 表示，如图 7-6 所示。

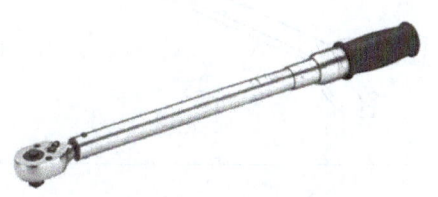

图 7-5　扭力扳手

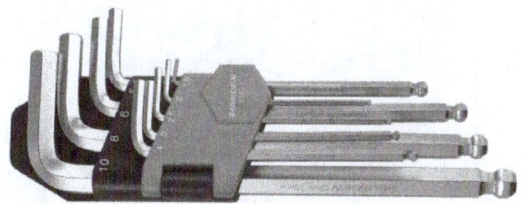

图 7-6　内六角扳手

2. 专用工具

（1）活塞环拆装钳　活塞环拆装钳用于拆卸和安装发动机活塞环，可以避免活塞环受力不均匀而折断，如图 7-7 所示。使用时，将活塞环拆装钳卡住活塞环开口，轻握手柄，慢慢收缩，活塞环就慢慢张开，将活塞环装入或拆出活塞环槽。

（2）活塞环压缩器　活塞环压缩器是收紧活塞环的专用工具，如图 7-8 所示。当活塞安入气缸时，活塞环在自由状态下直径大于缸径，需用活塞环压缩器将活塞环收紧。

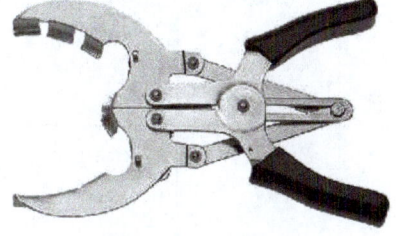

图 7-7　活塞环拆装钳

（3）气门弹簧钳　气门弹簧钳是拆装气门弹簧的专用工具，有弓形气门弹簧钳、杠杆式气门弹簧钳等多种，如图 7-9 所示。

图 7-8　活塞环压缩器

图 7-9　气门弹簧钳

弓形气门弹簧钳的凸台用来顶住气门头部，压头是半边切开的，压缩气门弹簧时，两锁片便落在压头的凹槽内，将其取出即可。

杠杆式气门弹簧钳用于拆装顶置气门。使用时，将前端孔套到缸盖螺栓上，旋上螺母定位，并使槽孔对准气门弹簧座，然后压下弹簧钳手柄压缩气门弹簧，用尖嘴钳取出气门锁片。

（4）EA211 发动机专用工具　EA211 发动机专用工具见表 7-1。

表 7-1 EA211 发动机专用工具

序号	代号	功能	图片
1	T10172	固定冷却液带轮、固定进气凸轮轴带轮	
2	CT10530	点火线圈顶拔器	
3	S3415	固定曲轴带轮扳手	
4	CT80009	固定曲轴带轮	
5	T10368	曲轴垫圈	
6	CT10499	偏心张紧轮扳手	

（续）

序号	代号	功能	图片
7	T10340	曲轴转动锁止销	
8	T10477	固定凸轮轴	
9	T20143/1	油封拉拔撬杆	
10	T10478	油封装配工具	
11	T10134	曲轴密封凸缘安装器	
12	Hazet4766-1	火花塞套筒	

(续)

序号	代号	功能	图片
13	S3362A	气门拆装工具	
14	V164.2	活塞拆装工具	

3. 零件的拆卸原则

1) 在拆装顺序上,本着"先装的后拆,后装的先拆,能同时拆的就同时拆"的原则。

2) 在拆卸范围上,本着"能不拆的就不拆,尽量避免大拆大卸"的原则。因为每拆装一次零件都会有所损耗,装配精度都会比原来降低。

3) 在拆卸目的上,本着"拆是为了装"的原则。因此,拆卸零件时,要特别留意观察、记录零件的安装方向、装配记号、耗损状况,并做好零件的分类存放。

4. 发动机拆装注意事项

(1) 机体组件、曲柄连杆及配气机构安装调整注意事项

1) 安装前应全面清洗发动机零部件,尤其是相互配合的运动件表面应保持清洁,并应涂抹润滑油。

2) 安装顺序一般与拆卸顺序相反,由内向外进行。

3) 各配对的零部件不能互相调换,安装方向也应该正确。各零部件相对装配关系应保持正确。

4) 各紧固螺钉应按规定力矩和方法拧紧。

5) 发动机正式修理时,所有的油封、密封垫等一次性的零部件都应该更换。

(2) 螺钉拆装 拆卸时螺钉应从两端向中间旋松,安装时螺钉应从中间向两端紧固。气缸盖拆装应注意对角旋松、紧固。

(3) 活塞 安装活塞时用专用工具(活塞环压缩器),各活塞环开口互相错开120°,一、二道气环位置安装正确,不能互换,活塞连杆轴承盖上的缺口应对齐。

(4) 油底壳 油底壳拆装时应对角拆,为了使其受力均匀,防止油液泄漏。

5. 汽车维修作业"5S"

5S是指整理(SEIRI)、整顿(SEITON)、清扫(SEISO)、清洁(SEIKETSU)、素养(SHITSUKE),因其日语的罗马拼音均以"S"开头,因此简称为"5S"。

1S—整理:区分"要"与"不要"的东西,对"不要"的东西进行处理,腾出空间,提高生产率。

2S—整顿：要的东西依规定定位、定量摆放整齐，明确标识，工具物品选用方便，减少寻找工具物品的时间。

3S—清扫：清除工作场所内的脏污，设备异常马上修理，并防止污染的发生。

4S—清洁：将上面 3S 的实施制度化、规范化，并维持效果，通过制度化来维持成果。

5S—素养：人人依规定行事，养成好习惯，提升"人的品质"，养成对任何工作都持认真态度的人。

任务实施

一、准备工作

1）将 EA211 发动机摆放在拆装区域，确保人员和设备的安全。

2）检查实训室通风系统设备工作是否正常。

3）准备 EA211 发动机两台、维修手册两本、常用工具两套、专用工具一套。

二、实施步骤

根据任务要求，每六人一组，每组选出一名组长，组长对小组成员进行任务分配。以小组为单位，根据实训室的发动机台架配置，完成以下相关的操作。

1. 进气系统的拆装

（1）拆卸

1）旋出螺钉，拆下节气门控制单元，如图 7-10 所示。

2）旋出螺栓，拆卸进气歧管，如图 7-11 所示。

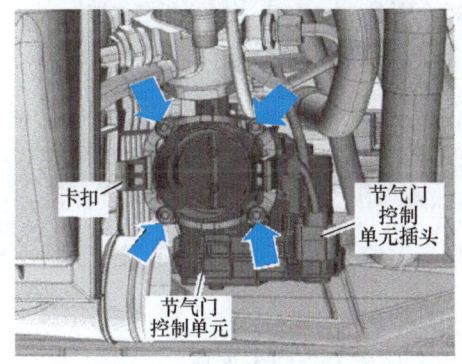

图 7-10　拆卸节气门控制单元

图 7-11　拆卸进气歧管

（2）安装　安装应以拆卸的相反顺序进行。

2. 油气分离器的拆装

（1）拆卸　如图 7-12 所示，按螺栓编号 9→1 的顺序拧出螺栓，并检查螺栓损坏程度；小心地将油气分离器从黏结面上松开，并清除黏结面上的密封胶，清理干净。

（2）安装

1）如图 7-13 所示，将密封胶均匀地涂在干净的油气分离器接合面上，密封胶厚度为 2~3mm，涂上密封胶后，必须在 5min 内安装油气分离器。

2）然后按 1→9 的顺序拧紧螺栓。

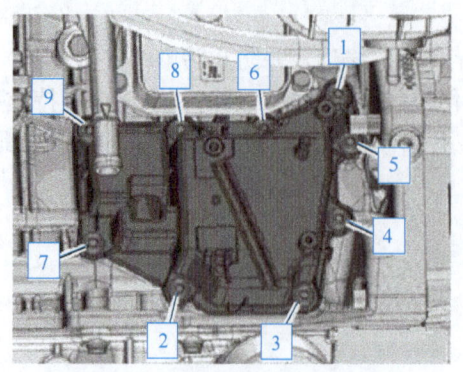
图7-12　EA211油气分离器螺栓拆装

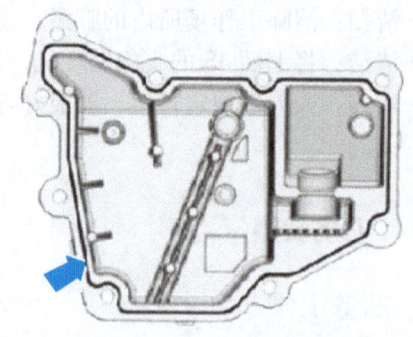
图7-13　EA211油气分离器密封胶分布图

3. 冷却液泵的拆装

（1）拆卸

1）拆卸同步带轮罩盖。

2）如图7-14所示，用T10172及适配器T10172/2松开冷却液泵同步带轮螺栓并拆除此螺栓，取下冷却液泵同步带轮。

3）如图7-15所示，按螺栓编号 5→1 的顺序拧出水泵固定螺栓，拆下水泵。

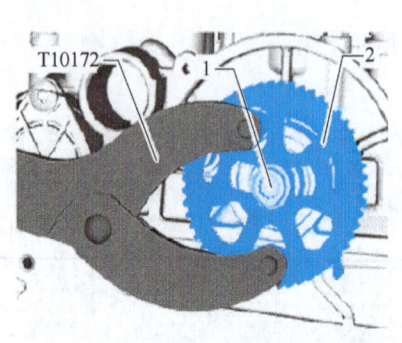
图7-14　拆卸冷却液泵齿形带轮

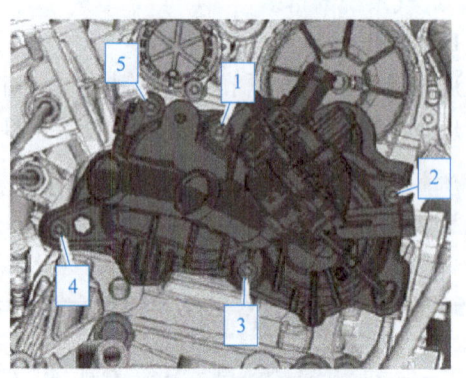
图7-15　螺栓安装顺序

（2）安装

1）如图7-15所示，按螺栓编号 1→5 的顺序用手拧紧水泵固定螺栓。

2）按螺栓编号 1→5 的顺序用扭力扳手拧紧水泵固定螺栓至10N·m。

3）更换冷却液泵同步带轮螺栓并拧紧，然后装上罩壳。

4）如图7-16所示，凸轮轴上的凹槽1、2为非对称，冷却液泵传动带驱动轮上的凸耳（如箭头所示）同样为非对称设置，将冷却液泵传动带驱动轮放置在凸轮轴上，使得非对称槽与传动带驱动轮上的凸耳相配合。

4. 节温器的拆装

（1）拆卸　拆除冷却液泵，按图7-17所示标出的顺序由F→A拧出螺栓，将冷却液泵从冷却液泵壳体上抽出，从冷却液泵中取出节温器1和节温器2，如图7-18所示。

项目七　发动机整机拆装

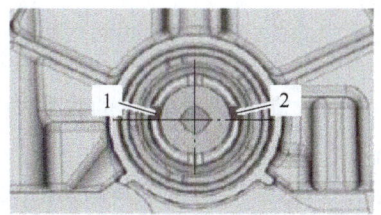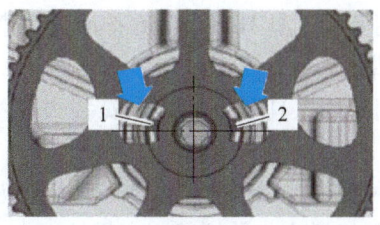

图 7-16　凸轮中凹槽标记

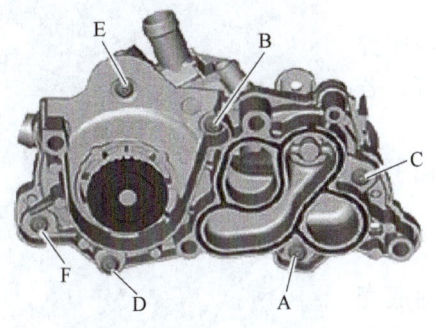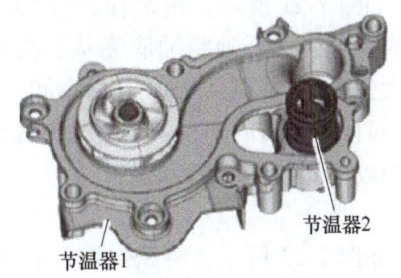

图 7-17　螺栓拆装顺序　　　　　　　图 7-18　节温器

（2）安装

1）更换密封圈。用冷却液沾湿密封圈，将冷却液泵壳体装配在冷却液泵上，冷却液泵壳体对准冷却液泵上的定位销，如图 7-19 所示。

2）按图 7-19 所示，按 A→F 的顺序拧紧螺栓，拧紧力矩为 7N·m。

5. 点火线圈的拆装

（1）拆卸

1）拔下电气插头插接器，旋出点火线圈固定螺栓。

图 7-19　节温器定位销的位置

2）将专用工具 T10530 插入点火线圈上的螺栓孔中，沿箭头方向拧紧螺母，直到 CT10530 卡紧为止，然后用力往上拉专用工具，拔出点火线圈，如图 7-20 所示。

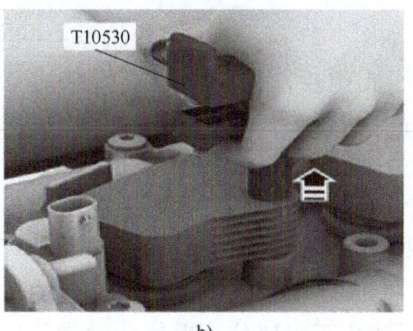

a)　　　　　　　　　　　　　　　b)

图 7-20　点火线圈的拆卸方法

145

3）使用专用工具 Hazet 4766 拧出火花塞。

（2）安装

1）使用专用工具 Hazet 4766 安装火花塞，紧固火花塞，火花塞的拧紧力矩标准值为 25N·m。

2）用手均匀柔顺地将点火线圈套入火花塞上，切忌使用击打工具敲击点火线圈，连接点火线圈的电气插头，并拧紧固定螺栓。

6. 油底壳的拆装

（1）拆卸

1）如图 7-21 所示，按螺栓编号 ⑲→① 的顺序拧出油底壳螺栓，小心地将油底壳从黏结面上松开，若密封胶太紧可用热风枪加热软化后拆卸。

2）可使用旋转的塑料刷来清除油底壳接合面上的剩余密封胶，如图 7-22 所示。

（2）安装

1）如图 7-23 所示，将密封胶涂在干净的油底壳接合面上，密封胶的厚度为 2~3mm，密封胶过量会产生堵塞油道的危险。涂上密封胶后，必须在 5min 内安装油底壳。

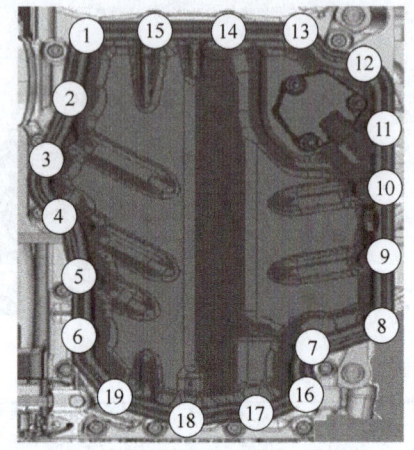

图 7-21 油底壳螺栓的拆卸顺序

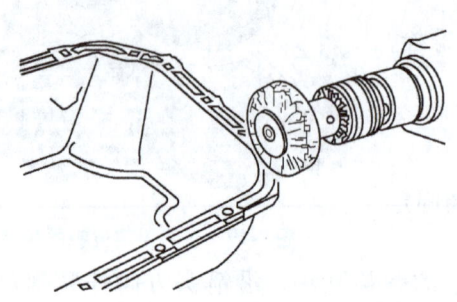

图 7-22 油底壳密封胶处理

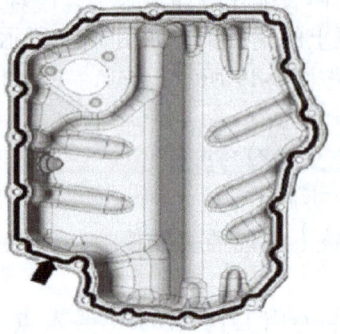

图 7-23 油底壳密封胶的处理

2）如图 7-21 所示，按螺栓编号 ①→⑲ 的顺序拧紧油底壳螺栓，完成油底壳安装后，必须过 30min 后才允许加入润滑油。

7. 曲轴带轮的拆卸

1）用 S3415 及 CT80009 固定曲轴带轮，用 Hazet 6294-1 将其螺栓拆除，如图 7-24 所示。

2）将 T10368 套入螺栓中并拧入曲轴带轮孔中，为了防止正时错位，拆掉曲轴带轮后要使用 T10368 垫到原带轮位置，注意与链轮的配合，如图 7-25 所示，然后将带轮螺栓拧紧。

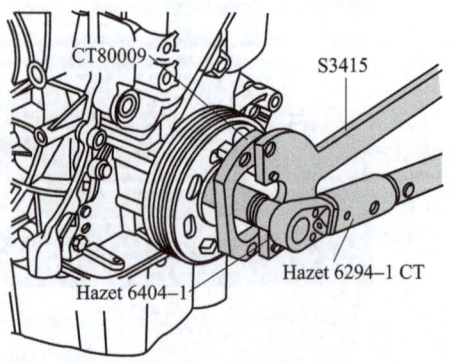

图 7-24 曲轴带轮螺栓的拆卸

8. 正时护罩的拆卸

如图 7-26 所示，EA211 发动机取消了整体式正时护罩，采用三段分体式，按正时护罩标识顺序拆下凸轮轴罩盖、曲轴前罩盖、中间罩盖。

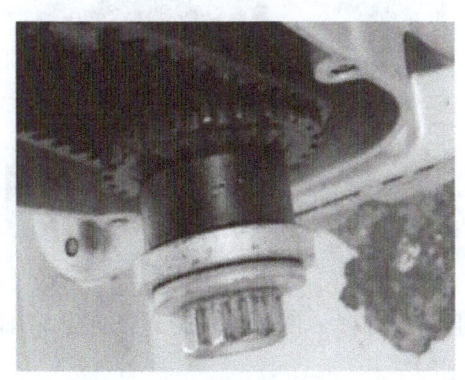

图 7-25　T10368 的固定

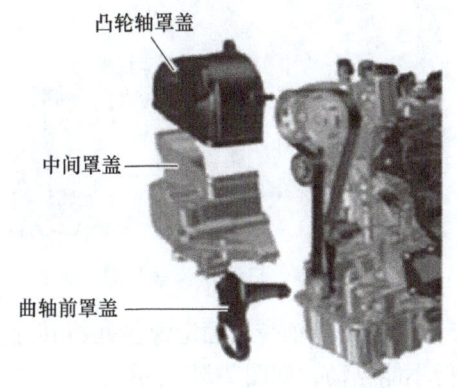

图 7-26　正时护罩的组成

9. 正时带的拆装

（1）拆卸

1）如图 7-27 所示，用 T10172 固定进气凸轮轴带轮，拧松固定螺栓，并用同样方法拧松排气凸轮轴带轮的固定螺栓，此螺栓都松开一圈。

2）如图 7-28 所示，松开张紧轮固定螺栓，用 T10499 松开偏心张紧轮。

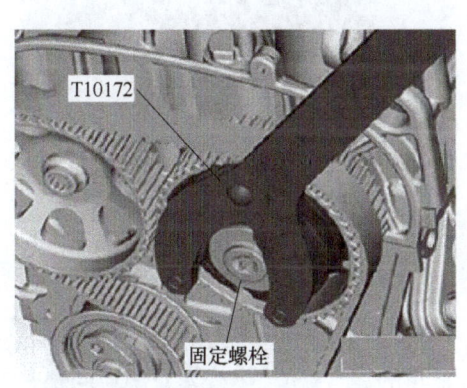

图 7-27　凸轮轴固定螺栓的拆卸

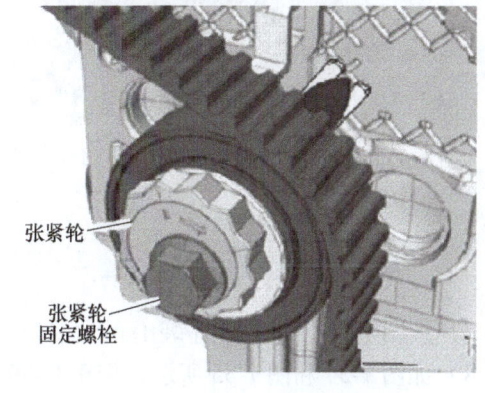

图 7-28　张紧轮固定螺栓的拆卸

3）将正时带拆下。

（2）安装

1）拆下一缸火花塞，放入长条形工具（如螺钉旋具），旋转曲轴，找到曲轴的一缸上止点大概位置。然后顺时针转动曲轴，使其转过一缸上止点 270°左右。

2）如图 7-29 所示，将缸体上用于密封"一缸上止点"孔的锁定螺栓拧出，装入 T10340 并以 30N·m 的力矩拧紧。然后将曲轴沿顺时针方向转动，至限位位置。

3）T10340 顶在曲轴侧壁，它只能在发动机转动方向上锁定曲轴于上止点的位置上。用凸轮轴锁 T10477 将凸轮轴固定在上止点位置。

4）如图 7-30 所示，安装 T10494 的时候必须先装入水泵带轮。

图 7-29　T10340 安装位置

图 7-30　T10494 安装位置

5) 更换凸轮轴带轮固定螺栓并将其拧上，但不要拧紧，使凸轮轴带轮能在凸轮轴上转动，但不能晃动，如图 7-31 所示。

6) 如图 7-32 箭头所示，安装张紧轮，使张紧轮的凸耳必须嵌入在气缸盖的铸造孔内，张紧轮的固定螺栓用手拧紧。

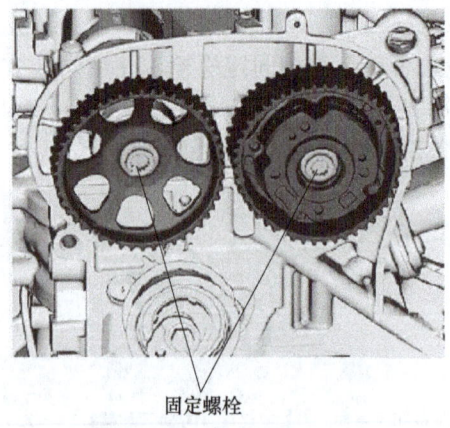

图 7-31　凸轮轴带轮固定螺栓

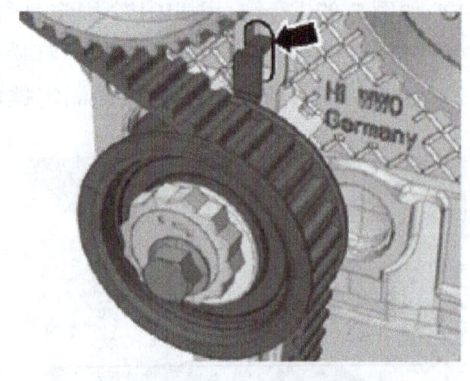

图 7-32　张紧轮凸耳固定位置

7) 按图 7-33 所示的顺序装上正时带。

8) 如图 7-34 和图 7-35 所示，用 T10499 将张紧轮的偏心轮沿顺时针方向转动，直到指示针位于缺口右侧 10mm 处（目的是使传动带绷紧），接着逆时针转动偏心轮，直到指示针正好位于缺口中间。将偏心轮保持在该位置上，同时用 T10500 拧紧固定螺栓。

9) 如图 7-36 所示，用 T10172 将凸轮轴带轮的固定螺栓拧紧至 50N·m。

10) 拆卸凸轮轴固定工具 T10477，拆卸 10340 并安装缸体上密封上止点孔的锁定螺栓。

（3）检查

1) 拆下一缸火花塞，放入长条形工具（如螺钉旋

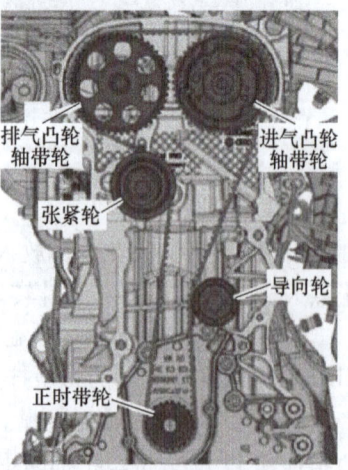

图 7-33　正时带安装顺序

具), 旋转曲轴, 找到曲轴的一缸上止点大概位置。然后顺时针转动曲轴, 使其转过一缸上止点270°左右。

图 7-34　偏心轮固定（一）

图 7-35　偏心轮固定（二）

2) 将缸体上用于密封"一缸上止点"孔的锁定螺栓拧出, 安装 T10340 并以 30N·m 的力矩拧紧。然后将曲轴沿顺时针方向转动, 至限位位置。

3) T10494 可以很容易地安装到凸轮轴的上止点位置, 并能用固定螺栓轻易地拧到底, 则正时调整正确, 否则需重新调整正时。

10. 曲轴前油封的拆装

（1）拆卸

1) 如图 7-37 所示, 机油泵及曲轴前油封盖总成的固定螺栓在拆卸时必须按照图中标明的顺序进行拆卸。

2) 用 T20143/1 拆下油封, 如图 7-38 所示。

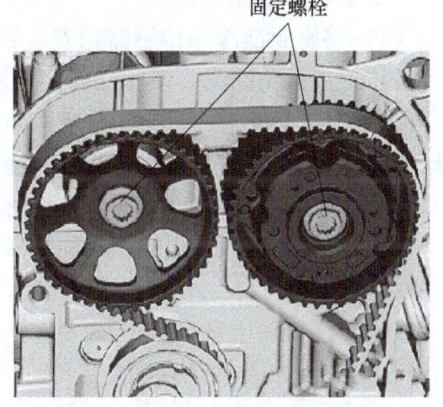

图 7-36　凸轮轴带轮螺栓紧固

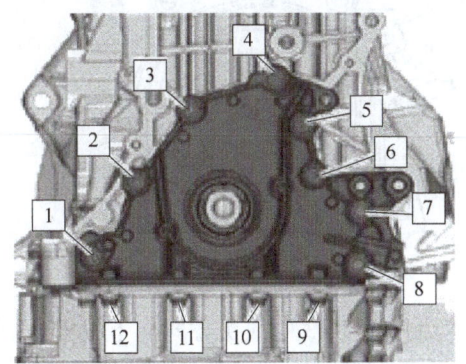

图 7-37　曲轴前油封盖螺栓的拆卸

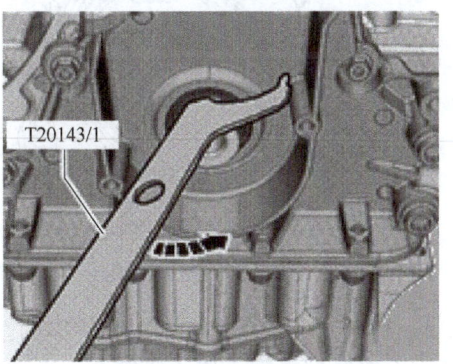

图 7-38　曲轴前油封的拆卸

(2) 安装

1) 如图 7-39 所示，将没有涂油的油封沿 T10478/3 推到 T10478/2 上，然后取下 T10478/3，再将 T10478/2 和油封装在凸轮轴上，用 T10478/1 和凸轮轴正时带轮螺栓将油封拧紧到位。

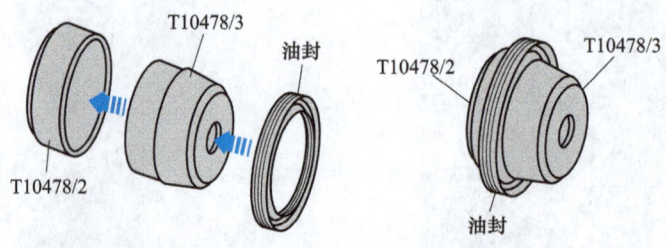

图 7-39　曲轴前油封的安装

2) 安装曲轴油封盖，必须以拆卸相反的顺序拧紧固定螺栓。

3) 机油泵与曲轴前油封盖总成与缸体、油底壳的密封面要涂密封胶，密封胶不要涂得太多，因为残余的密封胶会导致润滑系统被污染。涂上密封胶后，必须在 5min 内安装机油泵及曲轴前油封盖总成。

11. 曲轴后油封的安装

（1）将密封凸缘和传感器轮安装到 T10134 上

1) 旋入六角螺母，使丝杠的夹紧表面能够夹入一个台虎钳上，然后向下压组装壳体直到靠到六角螺母（箭头方向），再旋入六角螺母，使 T10134 的内件和组装壳体处于相同高度，如图 7-40 所示。

2) 从新的密封凸缘上拆卸固定卡，如图 7-41 箭头所示。

3) 传感器轮上的定位孔 A 必须与密封凸缘上的标记 B 对齐，如图 7-42 所示。

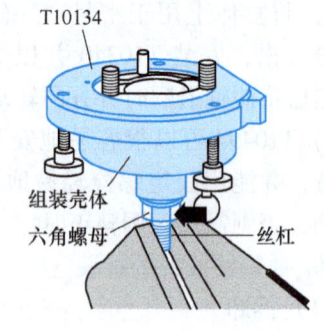

图 7-40　使六角螺母夹到台虎钳上

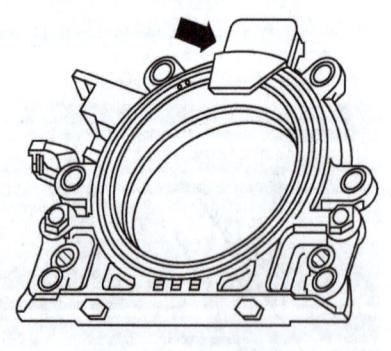

图 7-41　拆卸固定卡

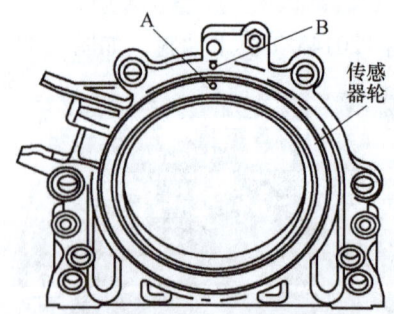

图 7-42　A 孔与 B 孔对齐

4) 将密封凸缘正面向下放在干净的平面上，然后按图 7-43 中箭头方向向下推密封唇支承环直至接触到平面，传感器轮上边缘和密封凸缘前端必须平齐。

5) 将密封凸缘放置在 T10134 上，使得定位销可以插入传感器轮的孔 A 上，确保密封凸缘平齐地压在 T10340 上，如图 7-44 所示。

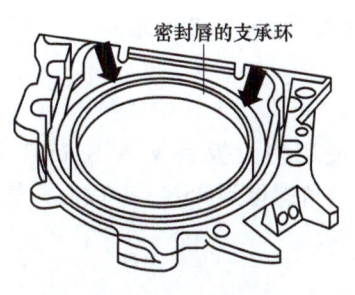

图 7-43 下推密封唇支承环

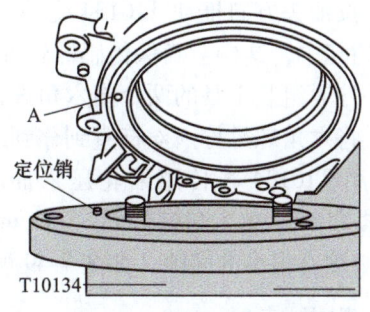

图 7-44 将密封凸缘放置在 T10134 上

6）将密封凸缘和密封唇的支承环压到组装工具 T10134 的表面上，同时拧紧三个滚花螺钉，使定位销不能从传感器轮孔中脱开，如图 7-45 所示。

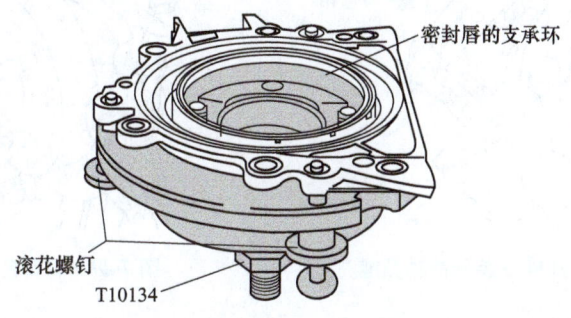

图 7-45 拧紧三个滚花螺钉

（2）将 T10134 连同密封凸缘安装到曲轴凸缘上

1）将六角螺母旋到丝杠末端，按图 7-46 中箭头方向按下 T10134 丝杠，直到六角螺母靠在组装壳体上。

2）将组装壳体的平面端与曲轴箱密封表面的油底壳端对齐，然后使用内六角螺栓将组装工具 T10134 固定到曲轴凸缘上，如图 7-47 所示。将内六角螺栓拧入曲轴凸缘内（约5圈）。

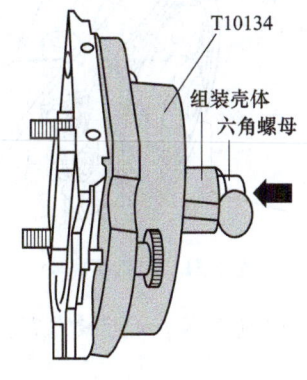

图 7-46 六角螺母靠在壳体上

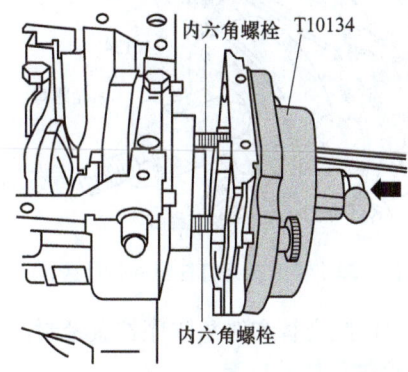

图 7-47 T10134 固定在曲轴凸缘上

（3）将 T10134 安装到曲轴凸缘

1）用手按箭头方向推动 T10134 壳体使密封唇的支承环接触到曲轴凸缘，然后将导向销推入曲轴的孔中，这样会确保传感器轮准确安装到位，如图 7-48 所示。

2）用手拧紧组装工具的两个内六角螺栓。

3）用手将六角螺母拧入丝杠直到靠到组装壳体上。

（4）使用 T10134 将传感器轮压入曲轴凸缘　使用扭力扳手 V.A.G 1331 和 V.A.G 1332/11 拧紧 T10134 的六角螺母到 35N·m，在拧紧六角螺母到 35N·m 以后，气缸体和密封凸缘之间必须有很小的间隙，如图 7-49 所示。

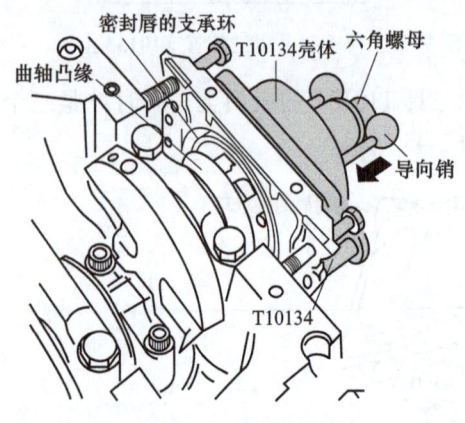

图 7-48　将 T10134 安装到曲轴凸缘

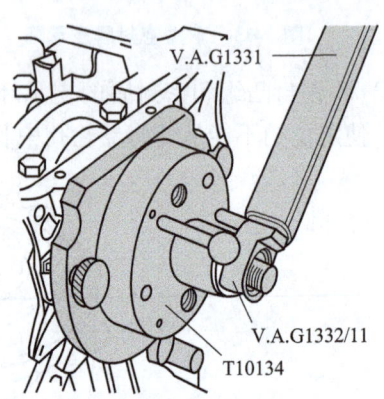

图 7-49　将传感器压入曲轴凸缘

（5）检查

1）将六角螺母旋到丝杠末端，然后从气缸体上拆卸两个螺栓 A，再将三个滚花螺钉拧出密封凸缘，如图 7-50 所示。

2）用拆卸工具 T10134 拆卸密封唇支承环。

3）用游标卡尺测量曲轴凸缘和传感器轮的距离 a。如果曲轴凸缘和传感器轮之间的间隙 $a=0.5mm$，则传感器轮安装正确，如图 7-51 所示。

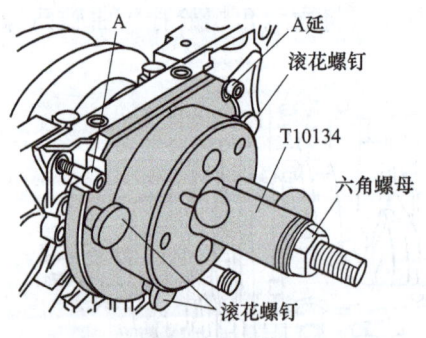

图 7-50　将滚花螺钉拧出密封凸缘

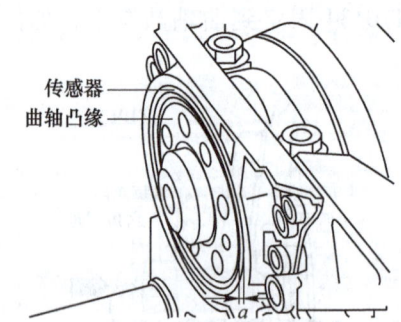

图 7-51　测量距离 a

4）然后按照交替和对角顺序拧紧密封凸缘的固定螺栓到 10N·m 拧紧力矩。

12. 凸轮轴箱体的拆装

（1）拆卸　按照图 7-52 的顺序旋出凸轮轴螺栓。

（2）安装

1）用两个双头螺柱拧在气缸盖上，小心地将凸轮轴箱从上部垂直沿双头螺柱放到气缸盖上，如图 7-53 所示。

2）凸轮轴箱体螺栓按 1→15 的顺序按力矩要求拧紧，拧紧力矩为 10N·m+180°。

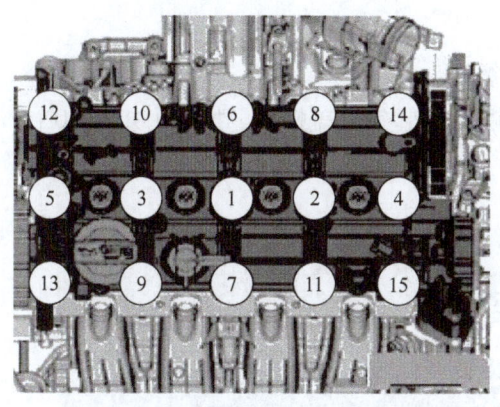

图 7-52　拆卸凸轮轴箱体

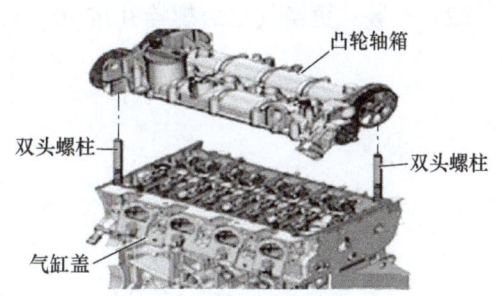

图 7-53　安装凸轮轴箱体

13. 气门组件的拆装

（1）拆卸

1）拆卸凸轮轴箱，使用 Hazet 4766 旋出火花塞，然后将各气缸活塞推到下止点位置。

2）将 CT40012/1 旋入相应的火花塞孔中。将压力软管连接到至少 600kPa 的压缩空气上，用 S3362A 拆下气门弹簧，如图 7-54 所示。

3）用钳子 Hazet 791-8 拔出气门杆密封件，如图 7-55 所示。

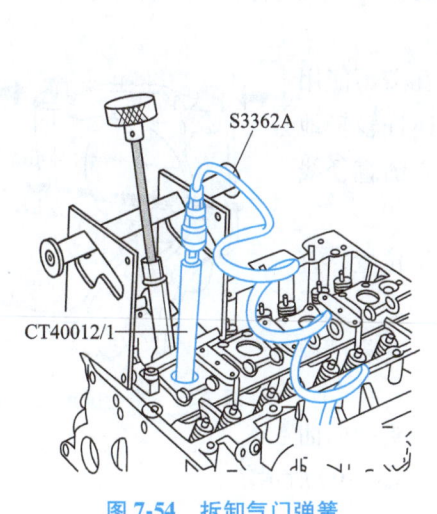

图 7-54　拆卸气门弹簧

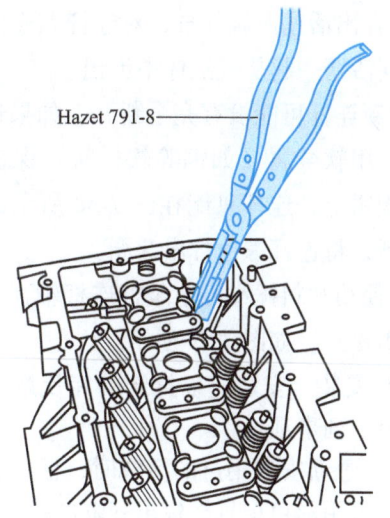

图 7-55　拔出气门杆密封件

（2）安装

1）为了避免损坏新的气门杆密封件，将塑料套筒放置在相应的气门杆上。在气门杆密封件的密封唇上涂机油,并装入压力工具 3365 中,小心地将它推入气门导管上,如图 7-56 所示。

2)取下塑料套筒,将气门弹簧和气门弹簧座放在气门导管上,用气门拆装工具 S3362A 安装气门弹簧。

3)安装火花塞。

14. 气缸盖的拆装

(1)拆卸 按照图 7-57 的顺序旋出气缸盖螺栓。

(2)安装 更换气缸盖螺栓并按 10→1 的顺序拧紧气缸盖螺栓,拧紧力矩为 40N·m+ 90°。

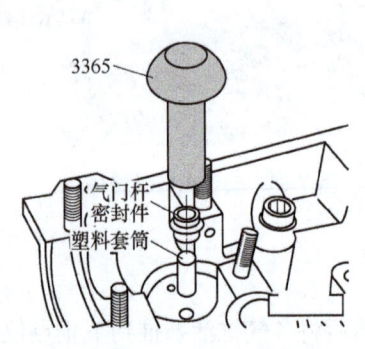

图 7-56 安装压力工具

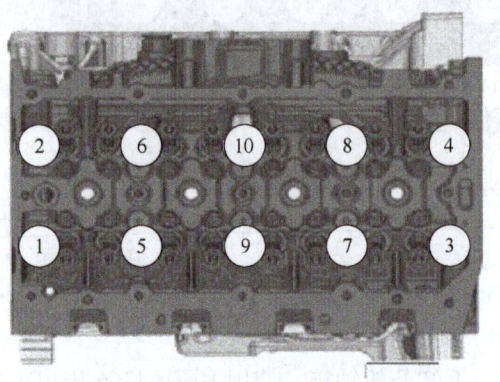

图 7-57 拆卸气缸盖螺栓

15. 活塞的拆装

(1)拆卸

1)标出活塞所属气缸,对连杆和连杆轴承盖所属气缸进行标记,拆卸连杆轴承盖,将连杆连同活塞一起从气缸体中拆出。

2)新连杆可能没有完全断开,如果连杆轴瓦盖不能用手拿开,用软金属(如铜等软材料)保护板将连杆轻轻地夹在台虎钳上,连杆只能在图 7-58 所示的过圆心的直径线下面夹紧,将连杆螺栓拧出 5 圈。

3)使用塑料锤小心地敲打连杆轴瓦盖的箭头位置,直到轴瓦盖松开,如图 7-59 所示。

(2)安装 安装应以拆卸的相反顺序进行。安装过程中要注意下列事项:

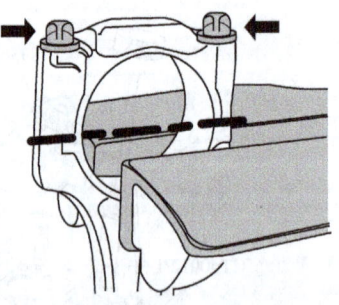

图 7-58 用台虎钳夹住连杆

1)在重新安装用过的活塞时,活塞顶部的箭头朝向曲轴带轮,可用彩色记号笔标出气缸的排列位置,如图 7-60 所示。

2)给轴瓦的运行面涂油脂。

3)安装连杆轴瓦盖,轴瓦必须安装在连杆和轴瓦盖的中间位置上,保证间距 a 相等,参见图 2-23 所示。

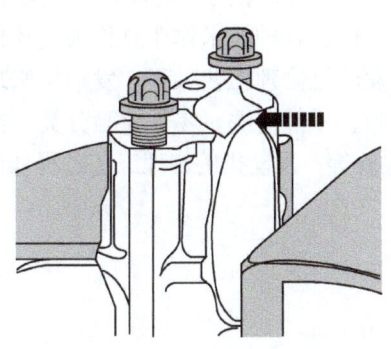

图 7-59　敲打连杆轴瓦盖

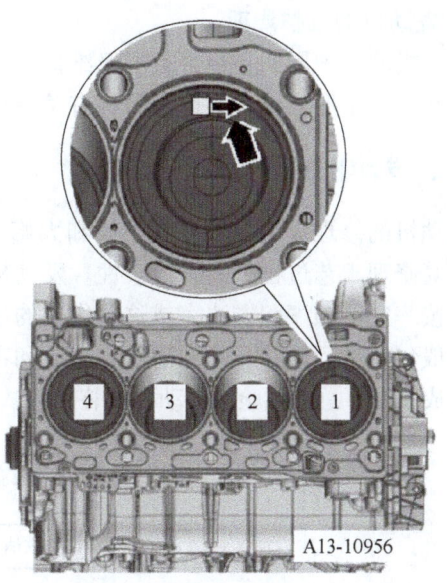

图 7-60　活塞顶部箭头标识

一、发动机的维护

同任何机器一样，汽车发动机在投入使用后，即进入了维护和修理的过程。正确的使用、维护和修理是保证一台制造质量良好的发动机正常工作的前提。

发动机的维护是指为了维持其完好技术状况和工作能力而进行的作业。维护的原则是：预防为主、定期检测、强制维护。维护的目的是：保持整洁，及时发现并清除故障隐患，延长零件的使用寿命，防止早期损坏和运行中出现故障，保证行车安全。

1. 发动机维护作业的内容

（1）清洁　清洁包括外表清洗，保持滤清器和水、油、气管道的清洁等。

（2）检查　检查是维护作业的基础，其他维护作业一般都要依靠检查作业的结果来进行。检查作业包括人工检视和仪器检测。

（3）紧固　紧固指的是检查并按规定力矩和顺序拧紧所有外露连接件的螺栓和螺母。

（4）补给　补给指的是按需添加燃料、润滑剂和冷却液等。

（5）润滑　润滑指的是按要求更换润滑油和给润滑点加注润滑剂。

（6）调整　调整指的是按规定对发动机各部位的可调节部分所进行的调整，如调整发动机怠速、点火正时、喷油正时、气门间隙和传动带的张紧力等。

2. 发动机维护作业的类别

发动机维护作业可分为预防性维护和非预防性维护两大类。其中预防性维护是指按事先规定的维护计划而进行的各种维护作业；非预防性维护指的是对于一些突发性故障所采取的事后维护，所以也称为事后维护。

3. 发动机的维护周期

发动机的维护周期是指进行同级维护的间隔期，一般以车辆行驶里程为依据。每种维护的项目在车主手册或汽车维修手册等有关资料中都有详细规定。

二、发动机的修理工艺

发动机的修理级别一般分为小修和大修。小修一般指 1~2 个局部的修理，大修指全面修理，其修理工艺过程最具有代表性。发动机大修时进行的各种技术作业总称为发动机修理工艺。按一定的顺序和方法完成这些作业的过程称为发动机修理工艺过程。发动机修理工艺过程一般包括进厂检验、外部清洗、总成和零件的拆卸、零件清洗、零件检验分类、零件修理、总成装配、总成试验、发动机总装及调试、出厂检验等。发动机的修理工艺过程如图 7-61 所示。

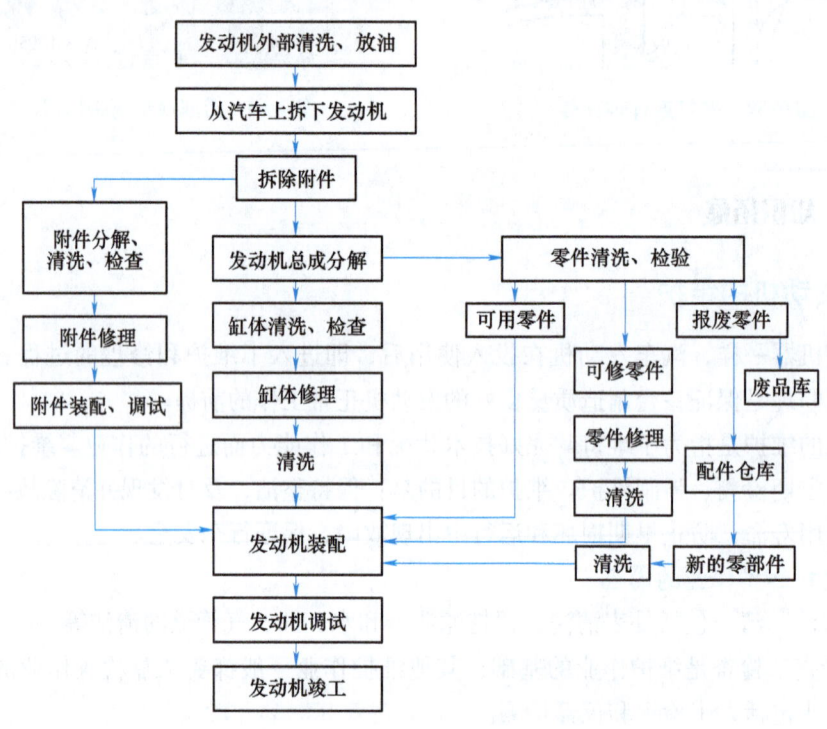

图 7-61　发动机的修理工艺过程

学习小结

1. 在拆装顺序上，本着"先装的后拆，后装的先拆，能同时拆的就同时拆"的原则。

2. 拆卸时螺钉应从两端向中间旋松，安装时螺钉应从中间向两端紧固。气缸盖拆装应注意对角旋松、紧固。

3. 5S 是指整理（SEIRI）、整顿（SEITON）、清扫（SEISO）、清洁（SEIKETSU）、素养（SHITSUKE）。

项目七 发动机整机拆装

自我评估

1. **填空题**

1）_____是一种可读出所施力矩大小的专用工具。

2）当活塞安入气缸时，活塞环在自由状态下直径大于缸径，需用_____将活塞环收紧。

3）_____用于拆装顶置气门。

2. **判断题**

1）呆扳手是最常见的一种扳手，其开口的中心平面和本体中心平面成25°。（   ）

2）二级维护作业的中心内容除一级维护作业外，以润滑、调整为主。（   ）

3）梅花扳手其两端是环状的，环的内孔由两个正六边形互相同心错转30°而成。（   ）

3. **选择题**

1）汽车维护应贯彻定期检测、强制维护和（   ）的原则。
   A. 计划修理　　B. 定期修理　　C. 视情修理　　D. 强制修理

2）汽车维修作业"5S"包括（   ）。
   A. 整理（SEIRI）　B. 整顿（SEITON）　C. 清扫（SEISO）　D. 清洁（SEIKETSU）
   E. 素养（SHITSUKE）

157

参 考 文 献

[1] 王雷. 汽车发动机构造与检修 [M]. 北京：人民交通出版社，2019.
[2] 胡胜. 汽车发动机构造与检修 [M]. 北京：机械工业出版社，2016.
[3] 赵国亮，庞德旭. 汽车电控发动机检修 [M]. 北京：北京交通大学出版社，2015.
[4] 李春明，焦传君. 汽车构造 [M]. 北京：北京理工大学出版社，2013.
[5] 袁亮，雷春国. 汽车发动机维修 [M]. 北京：人民交通出版社，2011.
[6] 王立志. 汽车维修常用工量具使用 [M]. 北京：人民交通出版社，2010.